U0651051

高等院校金融学教学与研究参考用书

Legal Digital
Currency

法定数字货币

宝山 文武 ◎ 著

中国金融出版社

责任编辑：贾　真
责任校对：张志文
责任印制：张也男

图书在版编目（CIP）数据

法定数字货币（Fading Shuzi Huobi）/宝山，文武著. —北京：中国金融出版社，2018.1

ISBN 978-7-5049-9383-0

Ⅰ.①法…　Ⅱ.①宝…②文…　Ⅲ.①电子货币—研究　Ⅳ.①F830.46

中国版本图书馆CIP数据核字（2017）第322013号

出版
　　中国金融出版社
发行

社址　　北京市丰台区益泽路2号
市场开发部　　（010）63266347，63805472，63439533（传真）
网 上 书 店　http://www.chinafph.com
　　　　　　　（010）63286832，63365686（传真）
读者服务部　　（010）66070833，62568380
邮编　100071
经销　新华书店
印刷　北京市松源印刷有限公司
尺寸　169毫米×239毫米
印张　28
字数　320千
版次　2018年1月第1版
印次　2018年1月第1次印刷
定价　60.00元
ISBN 978-7-5049-9383-0
如出现印装错误本社负责调换　联系电话（010）63263947

序　一

Legal Digital Currency

法定数字货币

　　法定数字货币是一种定型货币，构成货币分支，打开了货币另外一扇全新的大门，法定数字货币和原生型实体货币是孪生兄妹，加上抽象转账支付清算货币，形成货币全集中的三个子集。

　　原生型实体货币——纸币、硬币，也称为现钞（fiat currency），属于金融从业之根。国际组织将数字货币定位于数字法币（digital fiat currency）。为了有别于先期国民政府发行的法币，本书最终定名为《法定数字货币》，内文中的主题词均为法定数字货币，主旨思想在于从理论和技术上阐述法定数字货币归属现钞货币的替代品，在相对程度上将替代一部分现钞，也使一定数量抽象转账支付清算货币转型，货币形态在衍化。

　　本书以科研法定数字货币为主线，剖析货币机理，晾晒货币细胞，透视货币全集，求索货币子集，构建了原生型实体货

1

币——纸币、硬币，抽象转账支付清算货币（支票、本票、汇票、银行卡、手机移动支付、大数据网络平台载体工具）及法定数字货币立体学说。

法定数字货币科研力求尽快夺取阶段性成果或最终获得成功，首先要真正懂得什么是货币，否则针对法定数字货币的科研即是天方夜谭。针对货币的问号应作出回答这是立说的初衷，尤其是法定数字货币作为科研项目或系统工程，作为创新型定型货币。

《法定数字货币》共分为三篇、10章、61节，内容涵盖货币与支付工具诞生与发展理论、法定数字货币基础理论与技术和法定数字货币行业管理与风险防范。

本书第一章至第五章为法定数字货币基础理论，由我本人完成。其内容核心在于阐述什么是法定数字货币，以"一跑道、一通道、一管道""一库、一匙、一密钥"，鲜明形象地概括为"纺轮圈钱技术"，作为理论和技术框架展开论证，创新与填补空白性地提出并释义若干新金融、新货币理念，包括"法定数字货币""原生型货币""定型货币""九型法定数字货币"（虚实、法制、国度、开放、公众、高端、融合、环保、透明）"货币综合支付体""金融装备若干定义""实体货币宏观寿命周期率""实体货币微观寿命周期率""实体货币技术寿命周期率"等。另有一些章节，包括原生型实体货币运行换位思考、现代纸币（旧纸钱）智能化、票据银行卡手机智能化、电子数字货币智能化等、处理虚实货币的金融机具智能化、若干微观业务动态操作智能化等，它们本质同归，皆属于数字科技。

本书第六章由文武先生撰写，重点在于体现法定数字货币技术基础和科学技术研究的成果，也不乏针对法定数字货币理论的求索，内容主要包括法定数字货币的历史沿革、法定数字货币科学和系统概论、法定数字货币国际论证、法定数字货币与现钞的关系、法定数字货币的未来与趋势等。诸章节涵盖：20世纪90年代数字货币的崛起，21世纪Paypal的成功，普惠金融——发展中国家的移动支付，"异币"与区块链，法定数字货币的黎明eCurrency，系统架构、加密算法、接口和协议、国际标准现状、新型产业、推广案例、成本比较、外汇关系、使用场景、安全管理、消费者影响，法定数字货币的法规来源，国际清算银行与法定数字货币，法定数字货币与银行的关系，法定数字货币与人民币国际化等。针对法定数字货币在15年研究与实际应用基础之上求索升华，技术与理论兼备。

本书第七章至第十章（第八章由陈亮撰写，第九章、第十章由苏丽撰写）还分别从法定数字货币与金融机具的紧密关系，从金融电子信息诈骗，从史记、辩证、博弈、质量、量化、结构、库管、差错、事故、案件、洗钱、风险、真假、文化、艺术、科技、预期等角度论证法定数字货币。因此，面对一切虚实货币管理与监管均会在硬件、软件编制构建上助益法定数字货币科研。法定数字货币属于互联网金融业务，相比原生型实体货币——纸币、硬币，将在高科学技术层面上满足经济生活多样化、差异化等方面的更多需求，起到比现钞更实用、更灵活的作用。所以，相比各类电子支付风险，确保法定货币运行安全，由始至终归属第一要务。

当基础理论与技术基础产生碰撞后呈现了兼容性，中心意思在于法定数字货币需要在各个国家货币制度的框架下统一与安全发行。任何"异币"不存在发行的基础，不具备发行的条件，也根本与货币风马牛不相及，毫无存在的价值和意义。"异币"只能是脱离货币的东西，从"异币"滋生滋扰的初始阶段即应感悟到它的叹息性呼吸与死亡。秤不离砣，币不离法，其并非属于无解方程式，"异币"在裂变状况下一旦崩盘，各参与者将血本无归。什么动态、静态收益，坐在家里即可数钱，纯属白日做梦，假若不强化监管甚至有效遏制，其自由化乱象，以及种种市场反作用力将严重危害各国的法定货币，包括跨境洗钱、涉税、恐怖融资，将酿成市场经济的混乱，对全球经济一体化产生极其不利的影响。

本书为法定数字货币的生成奠定了理论与技术框架，基本结构"一跑道、一通道、一管道""一库、一匙、一密钥""纺轮圆钱技术"，意将法定数字货币作为定型货币，基于法定货币制度和已发行法定货币之下，具备中央银行统一货币发行性质，虚实兼顾，其运营的方式和安全性高于目前的三票一卡和手机移动支付技术，并同步利用银行卡、手机移动支付等多类支付手段，作为信息网络通道，且更具有操作便利、社会化、大众性、普遍性特征。

本书界定了法定数字货币、抽象转账支付清算货币、原生型实体货币三大子集构成宏观整体货币全集概念。原生型实体货币不会自行退出已经活跃了 5000 年的"自由王国"，法定数字货币与其他各类形式的抽象转账支付清算货币两权分立，同属一个属性，不同于各自的形态与存在的意义和产生的作用，法定数字货币诞生后将与原生型实体货币、抽象转账支付清算货币长期共容。原生型实体货币在经济决定货币、货币决定货币、市场决定货币三大因素决定货币总量条件下的占比渐进减少，增速逐步放缓，但由于货币总量基数加大，其运行、运作、运营依赖于原生型实体货币和抽象转账支付清算货币多类方式，酿成原生型实体货币不但会长期存在，并且还会在绝对量上与抽象转账支付清算货币同步攀升。

2017 年 7 月 14 日至 15 日，全国金融工作会议在北京召开，中共中央总书记、国家主席、中央军委主席习近平出席会议并发表重要讲话："金融是国家重要的核心竞争力，金融安全是国家安全的重要组成部分，金融制度是经济社会发展中重要的基础性制度。必须加强党对金融工作的领导，坚持稳中求进工作总基调，遵循金融发展规律，紧紧围绕服务实体经济、防控金融风险、深化金融改革三项任务，创新和完善金融调控，健全现代金融企业制度，完善金融市场体系，推进构建现代金融监管框架，加快转变金融发展方式，健全金融法制，保障国家金融安全，促进经济和金融良性循环、健康发展。"

维护巩固国家货币制度，发行货币，保卫货币，实现货币稳定的最终目标，体现新型货币的科学性、实用性，构成国际最为先进的货币型态，在经济全球化进程中顺畅流通，维护世界和平，促进经济发展，服务公众日常生活，依全人类共同发展所需是法定数字货币科研与未来发行的初衷，也是其恒定使命。这也就是我们研究并出版《法定数字货币》一书的真正意义所在！

宝山

2017 年 10 月于北京

Legal Digital Currency

法定数字货币

序 二

　　广东省凤凰公益慈善基金会宗旨是协助中国人民解放军退伍军人从业。

　　作为基金会理事长，我近期在与新华社、人民日报、北京大学等有关部门，以及中国农村小康发展研究中心的同人仁、学者研讨法定数字货币，这也是我自己一直在思考和关心的事情，随即跟进。

　　2017 年 1 月，在"中国消费金融·黄金高峰论坛"上认识宝山先生，不久前听他说在静心研究法定数字货币，从 4 月下旬开始至 8 月底，实实在在有三个月的有效时间在计算机上书写。他是一位已经退休 6 年的 68 岁老人，还在为国家法定数字货币发行求索。他闷在屋子里 90 多天，竟然一次电视也没有看过！七八月正值北京酷暑，闲在那里都是大汗淋漓，还要忍受着严重

1

的颈椎病、肩痛，坚持写作，终于凝聚近 26 万字笔墨结晶。协同文武先生、陈亮先生、苏丽女士的辛苦著述，一部 32 万字的法定数字货币大作即将问世了。

看到厚厚的这一摞书稿，我知道这背后是宝山先生等作者的辛勤汗水，我被他们的坚韧意志、强烈的事业心、对科学发展的孜孜以求的精神所深深感动。听闻大学老师、银行界的朋友们评价宝山先生是"中国现钞第一人"，是为数不多的研究纸币、硬币理论技术的资深专家，曾被《金融博览》网上投票评为"读者最喜爱的作者"。业界对宝山先生的赞许和肯定，更让我对他的才华和为人心怀崇敬！

2017 年 10 月 13 日，在北京召开的国际电联第一次法定数字货币焦点组工作会议，宝山先生所讲演的"造福人类，求索法定数字货币 ABC——'纺轮圜钱技术'论证"（Research on the Legal Digital Currency, a Subject to Benefit Mankind——Research on the technology of spin shaped coin）受到来自墨西哥、美国、俄罗斯、德国、瑞士、索马里和非洲诸多国家研究人员的好评。我认为这绝非是简单对宝山先生个人的评述，这是对国家货币科学技术研究创新的肯定。

货币是公众的，货币是国家的。法定数字货币科研涉及支付清算业务，也涉及纸币、硬币的发行和流通，对于人民币国际化、国际可自由兑换货币的讨论具有战略意义。不仅如此，法定数字货币研究也涉及社会、经济与百姓生活。时下，媒体热衷宣传消灭现金，步入无现金社会，因人们谈论时尚存在一些误区，所以针对法定数字货币，支付清算货币，纸币、硬币的理论学术探讨和科学技术研究就更显得尤为重要。

我自己多年从事黄金事业，资本交易研究，经济、金融、货币人才培训，也是慈善公益者，愿意支持宝山先生、文武先生的法定数字货币科研项目，包括搭建平台举办法定数字货币方面的论坛、出版法定数字货币科研成果方面的书籍资料等。

有幸参加"货币研究书群"、8 月在北京小范围自发形成的第二次法定数字货币研讨会以及 10 月 12~13 日国际电联第一次法定数字货币焦点组工作会议。

谨祝愿国家法定数字货币科研早日成功，为服务中国和世界人民的经济生活作出贡献。

周芷莉

广东省凤凰公益慈善基金会理事长

2017 年 10 月于北京

目 录

Legal Digital Currency

法定数字货币

Legal Digital Currency

法定数字货币

法定数字货币在过去几年内迅速成为一大热门，最初是由于几种"异币"的出现，商业银行对区块链大力度投入，世界各国的中央银行从一个原来是对货币具有法律上和管理上垄断性的权威机构，似乎突然变成旁观者，被动地卷入这场混乱的游戏之中。之所以称其为混乱的游戏，是因为目前被称为数字货币的这些技术，完全不符合传统货币的定义，也完全没有传统货币的功能。因此，本书首先想澄清这些概念，奠定法定数字货币的理论基础并为技术和管理作铺垫。

在《现钞货币学》[①]一书中，作者定义现代货币包含着有形态的实体现钞货币和无形态的转账支付清算货币两大类型，它们具有决然不同的基本功能，也有共通之处。在我们与各国中央银行交流的资料中，对应于无形态存款和转账货币，使用"Electronic Money"或"

---

① 陈宝山.现钞货币学［M］.北京：高等教育出版社，2004.

Digital Money"来称谓；而对应于现钞，使用"Fiat Currency"来称谓。基于上述定义，可以把与现钞有浮动兑换率的各类"异币"，无论是"加密货币""虚拟货币"归类于商品，（Commodity）或数字商品。在美国，这类数字货币归属于商品及期货交易委员会（CFTC）管辖。我们把私人机构发行的使用普通中心化的数据库或分布式账单及区块链技术来实现转账和支付功能的系统归类于第三方支付系统及 Electronic Money。最后，把由中央银行发行，具备数字化"有形态"的特点，具有与现钞同等的流通手段、价值尺度、储藏手段功能的数字货币称为数字法币（Digital Fial Currency，DFC）。这个名词最初由美国核心金融系统标准组织 ANSI X.9 副主席 Claudia Schwendseid 和文武共同提出，并通过 ISO TC68/SC7 于 2016 年 4 月正式发表。为了避免与以往国民政府发行的法币相混淆，本书均采用法定数字货币概念，与国际定位的法定数字货币竟相一致。法定数字货币的最大特点是由中央银行统一发行，可由各种银行业金融机构及第三方支付系统流通，并被所有消费者接受和使用。

一、全球数字金融的痛点及中央银行的应对

在当前创新领域中，大多数人对数字货币和法定数字货币有很大的误解，因此需要占用一些篇幅稍微详细地展开论证。这些误解主要体现在没有从法定数字货币的法律、经济和功能的角度去全面定义、设计和决定技术方案，而是从某种特定技术的构架先入为主，来重新定义法定数字货币的功能。换言之，这种误解也体现在不是通过严格、完整的定义法定数字货币需要解决的问题和必须具备的功能这一出发点来设计的，而是从某种技术方案出发，比较狭窄地局限了可以

解决的问题空间。例如，各类"异币"技术中的区块链，目前被大多数金融创新公司及部分中央银行认为是一种颠覆性技术。但是从法定数字货币的角度来仔细分析，各类"异币"中区块链解决的问题是在没有信任的群体中通过有效的共识机制来制造信任，并解决重复支付（double spending）而设计的一种冗余记账系统。它解决的这两个问题，在今天99.99%的消费者、商家、政府使用的电子货币支付系统中并不存在，与目前使用的其他支付底层技术相比，它更面临可靠性、兼容性、安全性和监管性的问题。法定数字货币需要解决的是如何在现有的这些电子支付系统上支持一种由中央银行集中发行并由这些系统安全流通，以至于让所有消费者和商家都可信任，高效率、安全的数字创新。在这里需要澄清的问题：区块链是不是一项颠覆性技术？是的，但是首先需要正确定义和确认需要解决的问题，再决定哪些技术和设计可以通过法定数字货币的功能来综合解决目前金融系统中的具体问题。以下从解决问题的角度出发，对目前世界各国中央银行对法定数字货币的发展和推动现状作出分类。

第一类主要是发展中国家。据联合国的统计，在发展中国家，有80%以上的公民没有银行账户。抛开特定的政治、经济因素，这类国家中央银行面临的一个重要问题是如何为这些国家大多数公民提供普惠金融服务，从而达到提高人民的生活水平、刺激经济发展的目的。从世界银行的普惠金融联盟（Alliance for Financial Inclusion，AFI）、英国的"金融体系深入"（Financial Sector Deepping，FSD）、美国国际开发署（United States Agency for International Development，USAID），到比尔盖茨基金，在过去十几年间一直在发展中国家推动数字金融，特别是基于移动支付的各种技术创新，如肯尼亚的

Mpesa。这些数字金融措施在过去十几年推动了发展中国家普惠金融的发展，甚至在某些国家移动支付总量占到 GDP 的一半以上。但是这些创新技术也给它们带来了清算、结算、监管和兼容性的效率和安全等方面的诸多问题。比如，国际电信联盟（ITU）盖茨基金资助的一个数字金融焦点工作组经过两年对这些国家数字金融进行追踪调查，在 2016 年 12 月举行的总结大会上证实了这些问题，并开始着手准备通过中央银行发行法定数字货币技术来帮助解决上述问题。这些国家中央银行关注的法定数字货币，其功能是为这些国家的普惠金融和实体经济提供安全、可靠、类似实体现钞货币功能的法定数字货币。

第二类主要是 OECD 发达国家。在这些国家，绝大部分公民拥有至少一家银行账户，同时还享受多种便捷的非现金支付手段，如信用卡。由于这些第三方支付系统通过银行账户实现转账和支付，因此不存在上述发展中国家移动支付带来的清算、结算、监管和兼容性的效率和安全问题。这些国家金融系统需要关注的主要问题是高度发达的虚拟经济，即货币市场、股票市场、债券市场、外汇市场、贵金属市场等各种基金、资本涉及的流动性、信贷、结算类风险管控问题。目前，中央银行只有通过行政手段（立法和各种规则）以及审计来防范风险，而区块链技术在经过大规模改造以后，被认为是解决这些实际问题的可行方案。这些大规模改造包括：（1）用集体共识机制（如联盟链）来代替去中心概念；（2）用多边加密机制来代替公开链，从而提供数据权限控制以保护隐私；（3）用多个分链及链对链协议来提供不同区块链之间的兼容性，从而解决所有交易存放于一个区块链带来的效率和兼容问题。为什么需要这种大规模改造呢？原因很简单：对于高度发达的虚拟经济金融系统，必须先完整和精确地定义需要解决的问题，才能开始设计解决办法。除了比特币和类似的共有链技术将其定义为"数字商品"外，目前最大的私有链平台 Hyper Ledger 和 R3 的 Corda，已经和传统的基于关系数据库、权限控制、数据加密、交易协议的技术没有本质上的区别。实际上，R3 已经公开证实 Corda 不是基于区块链，Hyper Ledger 是基于分布式账单构架。需要指出的是，在虚拟经济金融系统中实施新技术平台最大的挑战不是将目前所有金融系统的软件和工作流程升级到区块链技术带来的巨额费用和时间，而是从根本上将颠覆虚拟经济金融系统操作者之间的商业关系和利益关系。与第一类国家实施法定数字货币是为了润滑实体经济、提供普惠金融服务的目的不同，第二类国家实施法定数字货币的目的主要是提高虚拟经济金融系统的透明性和抗风险性。由于需要解决的问题不同，因此选择的技术方向也不同。这类国家，如英国、加拿大、新加坡等，已经开始进行基于区块链和结算币（settlement coin）的沙盒测试。正如英国中央银行 2016 年发布的《中央银行发行的数字货币及其宏观经济影响白皮书》提到的，其目的是降低虚拟经济金融系统的风险，提高透明度和可监管性，从而提高流动性和效率，达到刺激经济的作用。从推动结果来看，将近一年过去了，英国中央银行和加拿大中央银行还没有发布任何系统的测试结果和评估。

第三类是中国模式。中国既有世界最发达的移动支付技术和覆盖率，同时也面临高速发展的虚拟经济及其金融创新带来的挑战，机遇与风险同在，创新与共盈齐飞。由于中国传统上对金融的监管具有强有力的法律和法规等行政手段，它将可能开发出具备综合上述两种方案的各自优点，从而获得解决实体和虚拟经济金融系统问题的可行性方案。

二、法定数字货币的基本技术方案和实际推进现状

法定数字货币是一种由中央银行发行，通过商业银行等其他金融机构批发，最终通过现有移动支付以及其他新型电子支付系统提供给大众、商家、企业及政府等客户流通使用的高科技数字安全产品。eCurrency 是一家位于硅谷面向全球市场的金融科技公司，其核心技术是目前最先进也是唯一实现商业运营、无须改变客户体验，并首个获得国际电信联盟支持及标准化的法定数字货币产品公司。eCurrency 在过去五年中通过与二十多个国家（这些国家都是缺乏现代银行服务，但具有高度移动支付人口的发展中国家）的中央银行、商业银行、移动支付公司合作，成功设计并大规模试运行了这一产品。2016 年 9 月，eCurrency 在西非塞内加尔正式商业营运，并逐步推广到西非八国货币联盟。

不同于目前的虚拟货币、电子货币及区块链等技术，eCurrency 的产品不依赖于某种密码安全技术，而是通过系统地吸收现代货币生产管理流程、硬件加密技术、分布式账单构架，并通过与现有的银行结算、移动支付终端、网银及移动电子钱包等现有的支付系统接口，实现以下功能：（1）中央银行通过硬件加密技术可以完全控制法定数字货币的发行总量；（2）银行业金融机构通过简单的接口安装在支付系统后端，由中央银行管理的硬件加密设备来流通法定数字货币；（3）由于所有系统流通的都是法定数字货币，可以从根本上解决银行业金融机构支付系统间不兼容的问题；（4）大幅度简化目前

不同系统间支付、清算、结算的流程，实现即时现金结算的效率、完整性及防伪功能；（5）使用现有银行业金融机构支付系统的客户不需要改变用户体验；（6）中央银行可以完全实时监管法定数字货币的流通、总量及其他微观及宏观经济指标；（7）由于银行业金融机构支付流通的是中央银行发行的法定数字货币，中央银行无须通过储备金来监管（它们从中央银行／银行直接购买法定数字货币）；（8）客户无须顾虑从哪家银行业金融机构取得服务，可以对法定数字货币保持与现金等同的信任；（9）中央银行可以通过发行法定数字货币获得铸币税（Seigniorage）。eCurrency 可以提供由中央银行来发行、与现有金融体系接口的法定数字货币系列产品和服务。与印钞造币需要的工艺、技术、材料、设备类似，eCurrency 提供一系列的法定数字货币发行及流通，监管硬件和软件，中央银行对产品具有完全控制能力（基于硬件密键管理）。

法定数字货币从基础理论创新到技术架构革命，遵循了社会科学与自然科学技术科研发明为一体的新型货币形态，是在创造一种崭新的原生型实体货币。但这种实体货币又是无形态的东西，究竟什么是法定数字货币？作为货币基础理论和技术基础论证，法定数字货币属于古代至现代实体"原生型货币"，即纸币与金属硬币诞生、衍生5000 年之后的升级、再造、替身，其与纸币、硬币既是孪生姊妹，也是抽象转账支付清算货币的同胞兄弟，基于原生型实体货币脱胎换骨之后构成的现代智能型"再定型货币"。

第一篇

货币和支付工具
诞生与发展理论

Legal Digital Currency

法定数字货币

第一章

原生型实体货币、定型货币概述

◎ **本章概要：**本章共分为四节，主要介绍了原生型实体货币的诞生和衍生，论证了货币 5000 年质量与数量均存在连续性及货币科学属于先进生产力标志，并感悟法定数字货币。

"哪里有思想，哪里就有威力"（雨果）。货币科学将货币有机分类为实体与抽象两大领域，以此为抓手，从货币性质与技术两大侧面剖析法定数字货币，包括国家货币制度的建立、日常业务操作规程、安全与风险防范，旨在早日创新推出法定数字货币。

货币是商品，这一说法在 1000 年以前说起来是对的。因为从地球上出现原生型实体货币以来的 4000 多年（从中国 5000 年前的贝币诞生直至其衍生的 4000 年），货币基本定型在青铜铸造的方孔圆钱，论质地、论斤两、论面值、论价值一一对应，其货真价实的属于商品，虽然有劣币驱除良币的现象，但货币本身所代表的价值与其铸造和发行的价值基本统一，所以其无可置疑地可以被定位于商品。

但从 1000 年以来算起，再说货币是商品就在基本面上不对了。因为纸币的诞生，使得货币已经成为价值符号，成为一种虚拟的东西，除了加工费用，其本身已经基本不具有价值（排除金属、贵金属和收藏品），其已从商品改头换面、脱胎换骨，成为特殊商品。货币是从商品中分离的特殊商品，所谓特殊商品，在实质上已经不再是商品，或者说只是带着那么一点点商品的痕迹，也就是制造这个特殊商品的成本所具有的那一部分微不足道的价值。如果说货币是特殊商品回答了什么是货币，那么这种特殊商品则是地球上独一无二的东西。同时，作为特殊商品，其特殊性是货币的主要特征，属于度量经济生活的标准尺度，所以金融是经济运行的核心，货币是经济金融核心的核心，经济金融的涡旋总是围绕着货币旋转。作为特殊商品的货币理论必须把控以下几点：一是梳理宏观整体货币有形态与无形态辩证理论；二是分辨实体货币、面值与抽象货币金额融汇统一辩证理论；三是界定商品与特殊商品辩证理论；四是解析货币姓"公"与姓"私"辩证理论；五是明确货币法定与货币自由辩证理论。

关于宏观整体货币五个基本辩证理论将在以下章节渐进论证。有形态的货币与无形态的货币从表面看有区别，但在实质上它们都是一样的，有形态的货币看得见面值、面额，无形态的货币只有通过载体的运行、运作、运营，才在账面上显示金额。由产品到商品会体现商品的全部价值，包括产品加工和市场价值，以及营销产生的剩余价值均会以账面货币金额体现；由商品到特殊商品，则只体现特殊商品的加工成本价值，至于货币本身具有多少价值、价格有多大，必须通过载体的运作最终显示账面价值。特殊商品不能和原生型实体货币的面值同日而语，其价格和价值是不定数；而实体货币则无须再加工，即可直观地看到货币的面值，这就是商品和特殊商品的根本不同。货币姓"公"，即属于国家的、公众的；货币姓"私"，无疑就是私人的，这在本质上体现了公有制与私有制，表明了国家的性质，更揭示了货币的本质。"异币"皆姓私。根据多国货币制度框架，法定货币都是由各个国家发行，或者由政府委托商业银行发行，一般情况下私人或私人公司不会发行法定货币，否则容易失去货币的统一性，趋向自由化，在私人经营下排除了国家与公众利益，风险极大。

未来，宏观整体货币无疑包括法定数字货币。因此，本书第一篇货币和支付工具诞生与发展理论均直指法定数字货币，针对法定数字货币的论证是初衷、核心、主旨。

第一节　原生型实体货币的诞生

贝币（baby）属于华夏民族独特呈现的货币，也是世界上最早诞生的主流货币形态之一。自然海贝、人化自然的骨贝、铜贝、金贝构成贝币家族，享誉世界。

九章"勾股玄",货币"贝方交",古代货币芳龄以 1000 年作为结构科学、文明、进步、前行。周口店北京人遗址属于世界唯一保存了纵贯五六十万年史前古人类活动遗迹和古人类最早用火的遗址——旧石器时代;洞庭湖新石器文化遗址至公元前 10000 年;河姆渡文化是较早的新石器文化,至公元前 7000 年;大汶口文化遗址至公元前 6400—4600 年,属于新石器文化中期;半坡文化遗址至公元前 6700—5600 年,具有彩陶特征,此期黄帝曰"熊氏始做货币"(海贝);良渚文化出现在余杭,至公元前 5000 年,属于古玉时代,呈现了人化自然骨贝;三星堆文化,青铜器琳琅满目,至公元前 4800—2800 年,属于青铜器时代,此期呈现了铜贝;秦兵马俑文化,至公元前 226 年,此期确认了原生型定型实体货币方孔圆钱。中华民族是世界唯一没有断代文化历史的民族,货币文化是炎黄文化的重要组成部分,是民族文化的瑰宝。

山西出土宋金时期"二十四孝"之"郭巨埋儿"砖雕图,生动鲜明地刻有两串铜钱、两块平头束腰银锭(北宋银锭形制),在形式上反映了中华民族史上"仁、义、礼、智、信"文化,在本质上蕴藏着人类与货币的关系,人与货币一同从海洋来到陆地,并结下不解之缘。

知识点 ≫ **大海是人类和货币的祖籍**

沧海横流,江河澎湃,水是万物之源。两扇晶莹坚实的壳庇护着内里的美体就是贝,贝是货币的祖母。贝币已有 5000 岁高龄,属于华夏民族独特呈现的货币,也是世界上

最早诞生的主流货币形态之一。自然海贝、人化自然的骨贝、铜贝、金贝构成贝币家族，享誉世界。一间小房子藏着一个人构成了"贝"字，贝是钱，贝与钱和货币画等号，在本质上蕴藏着人类与货币的关系。数亿年前，人类从海洋走来，货币也从海洋走来，人类与货币同根同源，结下不解之缘。三皇五帝，华夏24史，5000年文字记载，货币的诞生、衍生，永远是一篇金碧辉煌的大文章。

Ocean is The Ancestral Home of Human Being and Currency

The river overflows its banks in an upsurge, water is the source of all things on earth. Two shells protect the beautiful body of a cowry, who is the grandmother of currency. Cowry is pronounced as baby in Chinese, but the "baby" is 5000 years of age, unique in history of world currencies, and one of the eldest currency in the world. The natural sea cowry, the processed bone cowry, copper cowry, as well as gold cowry have constituted a family of "baby" of great prestige in the world. In Chinese character, the cowry（贝）looks like a person hidden in a tiny room. Cowry is money, cowry equals money and currency. In itself is contained the relations between human being and currency. Hundreds of millions of years ago, the human being came up from the ocean, currency came up from the ocean as well. The human being and currency share a common root and an indissoluble bound. The three emperors and five sovereigns of the ancient China, the 24 history books of the Chinese nationality, the written record of 5000 years of history, the birth and derivation of currency, are an article of splendid and magnificent eternity.

知识点 ≫ 贝—贝币—贝字为偏旁部首的汉字

世间万物，为什么要选择人组成贝字？又以贝字描绘关键性社会生活？说到底，钱的事根本在于人。明媚阳光下，乌云密布时，只有当人顶天立地，钱才存在，货币才永生。炎黄汉字约 37000 个，常用 5000~8000 个，以贝字为主体的字可谓重中之重，如货、财、资、贷、贾、贺、赞、贡、赏、赐、贵、宾、贞、贤、赈、赡、贻、赠、赙、赊、贩、赋、贫、质、贼、赃、贪、贬、败、赔、赢、赚、赛、费、赋、赁、购、贸、贯、贮、买卖、贿赂、负责、赑屃、赓。赑屃，一种喜欢负重的大力神龟形动物，古代多被诸侯贵族仿形雕刻为碑座，寺宇多见，以北京东嶽庙内尤为集中，成百上千，规模巨大，艺术精美，白璧无瑕，寓意江山永固，永垂青史。赑，是会意字，三个"贝"叠加组成"赑"字，读音为币（bi），货币的"币"（bi）字也可能起源于此，赑明示了货币的极端重要性，数量多始称币。堆积负重，人类继续，亘古至今，物质第一性，在每个角落与时刻，在纷繁复杂的社会经济生活里，在宽泛的市场运行中，没有哪个地方可以脱离货币。

Chinese Characters with Cowry（贝，Pronounced as Bei）as Components

Among the temporal, the word human（人）is selected to compose the word cowry （贝）. The word cowry （贝）is selected to describe the critical social life. The key reason is all about people. In the bright sunshine, under the dark clouds, only when human stands in indomitable spirit, does money exist, does currency become immortal. Among the Chinese characters of 37000 in total figure, and of 5000~8000 in common use, the characters with cowry components （贝）enjoy priority of priorities. 货（commodity or selling）、财（fortune）、资（money）、贷（loan）、贾（business）、贺（congratulation）、赞（greeting or support）、贡（tribute）、赏（award）、赐（gift）、贵（noble or expensive）、宾（guest）、贞（faithful）、贤（virtuous）、赈（aid）、赡（support）、贻（bequeath）、赠（present）、赙（present a gift to a bereaved family）、赊（buy or sell on credit）、贩（dealer or selling）、腻（greasy）、贫（poor）、质

17

（nature）、贼（thief）、赃（stolen goods）、贪（corrupt）、贬（degrade）、败（fail）、赔（compensate）、赢（win）、赚（earn）、赛（match）、费（cost）、赋（tax）、赁（rent）、购（purchase）、贸（trade）、贯（string）、贮（store）、买卖（buying and selling）、贿赂（bribery）、负责（responsible）、赑屃（name of a dragon prince）、赓（continue）。赑屃，pronounced as Bi Xi，is a dragon prince of tortoise shape，fond of bearing load，often engraved as tablet pedestal for nobles and influential officials，mostly seen in temples. In the Beijing Temple of Mountain Tai God，The animal is in hundreds，in large scale，in fine art，in flawless white jade，in the hope that the sovereign is solid and long. 赑，an associative compound，is composed of 3 贝，or three cowries，or some money. The word 币（Bi）might origin from 赑（Bi），which expresses the extreme importance of currency.   币（Bi）might be the simplified form of 赑（Bi）. With accumulation and burden，the human history goes on. From ancient time to the modern society，in the universe of universes，substance stands primary. In all corners and times，in the complicated social and economical lives，in the broad operation of market，no one，no place is able to break away from currency.

追溯历史，生产力决定货币，货币的诞生与衍生可清晰地区分为九大阶段，归根结底属于生产力发展、科学技术创新与文化进步。

第一阶段的天然贝币，是一种特殊商品，开创了货币先河。5000年前，自然海贝始祖般地充当了货币，黄帝说："熊氏始做货币。""贝"无疑是一种装饰，初期它并非固定充当货币，但也没有否定它是货币的形态，甚至是当时最佳的货币形态之一。四川大小凉山昭觉彝族居住区已经有3000年以上的发展史，它们在内部或者对外，以物易物的商品货币交换有如下记载：一匹马＝一头牛＝五只羊；一只羊＝一头猪（约150斤）＝一石粮；一头小猪（约20斤）＝两只鸡＝两斗粮；一只小猎犬＝一只猫＝一斤半羊毛；一张羊皮＝一只鸡＝一斗粮；一件披毯（单层）＝一头小猪＝两斗粮；一件擦尔瓦＝一件披毯（双层）＝五斗粮；一张簸箕＝两斗粮；一驾犁＝两斗粮＝一口铧头＝一斤半羊毛；一石荞子＝一石谷子＝八斗燕麦＝八斗玉米；八斗黄豆＝八斗四季斗＝七斗大米；半斤盐巴＝一张羊皮；一斤盐＝一斤贝母＝两斤天麻；一把除头＝三升玉米；一根针＝十个鸡蛋……从中可以发现"一头猪""一张羊皮"在以物易物过程中反复出现，其实它们在本质上就是"贝"。

"贝"的本质在于稳定性、统一性，当人们在以物易物过程中将认识固定在某种特殊商品时，原生型货币的萌芽即诞生了。"贝"之所以能够帮助远古人认识商品与货币之间的关系，并从商品中分离出来作为货币，是因为它是古代人衡量商品价值并进行交换的"尺"，是在自然状态下客观形成的以个数为计量单位的货币集合。

第二节　自然货币向人化自然货币的转化

铜贝、骨贝、金贝问世，铸币萌生，炎黄大地真正的货币雏形诞生了。4000 年前社会生产力飞跃发展，青铜冶炼技术成为显著标志。青铜铸贝的出现使得"贝"向"贝币"的衍化迈进了一大步。青铜铸贝归属金属铸币之鼻祖。

当货币尚处在自然阶段时，依据社会生产力和科学技术水平，人们还不能直接制造货币，江河湖海贝作为货币实质上只是一种借用，完全处在一种自然状态。春秋战国时期，孙膑与庞涓下围棋所用棋子为贝，从一定意义上表明，贝当时没有专一承担货币职能，作为货币雏形可能只归属货币形态之一，或是贝在此前 5000 年里由始至终未能构成一种定型货币。骨贝、青铜铸贝、蚁鼻钱的出现，尤其是青铜铸贝大量铸造即是对江河湖海贝的否定。大西南地区的少数民族贵族家庭中的女孩以贝做项链衣饰，可见自黄帝 5000 年后贝之华贵。可定夺自然的江河湖海贝是华夏民族最早的货币形态，创造了由自然和人化自然货币向定型货币衍生的条件，称其为货币萌生的祖先绝不夸张，但其并不是定型货币也是事实。

原生型实体货币泛指人类经过亿万年进化，在社会生产实践和日常经济生活中将特殊商品从一般商品中分离出来的货币，如自然或人化自然的海贝、骨贝、金银铜铸贝、蚁鼻钱，其基本具备衡量商品的价值尺度及买卖交易流通贮藏的功能，定型货币是原生型实体货币的代表作，已经具备货币的全部职能，如布币、刀币、圜钱等。从古代货币诞生以来，货币发展走过了八个鲜明时期，即八个显著阶段，其中有五个阶段可以列入原生型实体货币，它们分别是自然海贝、青铜铸币、金银币（郢金）、定型货币（方孔圆钱为标志）和纸币（官交子）。之后三个阶段段，包括账务票据（纸质与电子票据）、银行卡（含借记卡、贷记卡和公交卡等社会多类金融卡）、手机移动支付均属于货币的重要支付凭证或归属可以承载现代电子货币支付的工具，具体到它们本身并非直接是货币。2016—2017 年针对法定数字货币的论证无可置疑地货币发展的第九阶段，从而促成货币九段立论。

货币发展九段论的实质，在于说明货币都是数字，在实体与虚拟货币之间不断衍生进化，后者改变前者，科学替代愚昧，长久保持着货币质与量的连续性。在推进普惠金融的过程中，法定数字货币伴随着数字科技不断展现新的特殊商品，属于生产力中的特殊生产力，构成先进货币的新生代。同时，在纸币诞生 1000 年之后，法定数字货币的即将问世，圆了千年货币分段之说，即 5000 年前为自然海贝；4000 年前为青铜铸贝；3000 年前为金银币；2000 年前为原生型定型货币方孔圆钱（圜钱）；1000 年前世界第一张纸币诞生在中国；在此 1000 年后截至今天法定数字货币科研成果即将面世。

知识点 ≫ 货币称谓

地球村一共囊括了 220 多个国家和地区，也就有 220 多种法定货币，这些货币类似加倍性质的存在近乎 500 个名字，有大名，有小名（乳名），大名代表主币，用于支付清算；小名用在辅币，承担找零钱的作用。例如，人民币元、角、分（文、厘、毫、仙、丝）；英镑、便士；美元、美分；欧元、欧分；克朗、欧尔、奥拉；马克、盆尼、芬尼；卢布、戈比；拉特、生丁；法郎、分或生丁；镑、皮阿斯特、米利姆、第纳尔；比索、分；克瓦查、恩韦；列弗、斯托丁基；列伊、巴尼、库邦；乌吉亚、库姆斯；马纳特、特因；玛纳特、吉尔皮克；卢比、派士；基普、阿特；盾、仙；拉菲亚、拉雷；苏姆、特因；吉林特等不一而足。其实，在这许多类似国家名片的冠名之外，依据经济、金融、商品、买卖贸易市场运行、运作、运营的实际状况，货币还被直接和间接地附加另外许多称谓：原生型实体货币、历史货币、古钱币、苏区货币、根据地货币、解放区货币、旧币、新币、整体货币、广义货币、狭义货币、M_0—M_1—M_2—M_3—M_8；一个完整的货币全集与三个直接关联的子集货币——原生型实体货币、转账支付清算货币、法定数字货币；大额货币、中档货币、下限货币、主币、辅币、骨干货币、流通中货币、账面货币、现金、现钞、钞票、票子、纸币、纸钱、银行券、贵金属与普通金属硬币，纪念钞、纪念币、流通币、损伤或残损币、原封新券、回笼完整券、发行基金、存款准备金、备付金、基金、对冲基金、资金、存款、贷款、电子货币、卫星货币、载体货币、隐形货币、替代性货币、宏观货币与微观货币、字迹货币、分步货币、预期货币、象征货币、本币、外币、地方币、特区货币、他国他地域货币、乡村货币、洲际货币、地球货币、附属性货币、法定货币、非法货币、主权货币、国际自由兑换与非自由兑换货币、外汇、股票、金银本位货币、债务、透支、赤字、赖账，冥币、挂钱儿、伪造货币、变造货币、真币、假币、金圆券、银元券、伪币、法币、异币。针对货币还有许多科学的或者是莫名其妙的叫法，均属经济生活现实。货币是地球上最好的东西，货币也是世界上最坏的东西。

Names of Currencies

The global village embraces more than two hundred and twenty countries and regions, together with more than two hundred and twenty legal currencies. These currencies own about 500 names, almost doubling the quantity of currencies, including formal and informal. The formal name is used for payment and settlement, while the informal for small nominal changes with the fractional currencies. For example, Yuan, Jiao, Fen in RMB（Wen, Li, Hao, Xian and Si in ancient Chinese currency）; British pound and penny; US dollar and cent; Euro and Eurocent; Danish Krone, Ore and Aurar; Finnish Marka and Penni, Deutsche Mark and Pfennig; Russian kopeck and kop; Lats and Samtimu; Franc and cent or centime; Egyptian pound, Piastre and Milliem; Peso and Centavos; Zambian Kwacha and Ngwee; Bulgarian Lev and

Stotinki; Moldovenesc Leu, Bani and Cupon; Mauritania Ouguiya and Khoums; Azerbaijan Manat and Tyin; Indian Rupie and Paise; Laos Kip and Ats; Indonesian Rupiah and Sen; Maldivian Rufiyaa and Laari; Uzbekistani Sum and Tijin; Malaysian Ringgit... so on and so forth. In fact, apart from the formal name similar to the name card of a nation, many other names are used directly or indirectly for currencies based on the true situation of the economy, finance, commodity, as well as the operation of the trading market, such as the primitive tangible currency, historical currency, ancient coins, soviet currency, currency of evolutionary base area, currency, old currency, new currency, currency as a whole, broad money, narrow money, M_0—M_1—M_2—M_3—M_8; a complete concept of currency and its three directly related subsets——primitive tangible currency, currency for transaction, payment and settlement, and legal digital currency; big denomination, middle denomination and small denomination, primary note, fractional coin, key note, currency in circulation, money in account, cash, note, banknote, coin in precious metal, coin in common metal, commemorative note, commemorative coin, note in circulation, unfit note, new note with the seal unbroken, withdrawn fit note, reserve fund, reserve against deposit, excess reserve, fund, hedge fund, capital, deposit, loan, electronic money, satellite currency, carrier currency, invisible currency, substitute currency, macro-currency, micro-currency, handwriting currency, substep currency, expected currency, symbolic currency, domestic currency, foreign currency, local currency, currency for special administrative region, foreign currency, village currency, intercontinental currency, global currency, dependent currency, legal currency, illegal currency, sovereign currency, internationally free exchangeable currency; foreign exchange, stock, gold and silver standard monetary system, debt, overdraft, deficit, deadbeat, Joss money, hell money, counterfeit, altered note, genuine note, counterfeit, gold coin, silver coin, illegal currency, legal currency, other currency.... There are some other names for currency, scientific or strange, but all based on the financial lives. Currency is the best thing on earth. Currency is also the worst thing on earth.

古代社会里只有一种货币，依照现代语言表述为 M_0。古代的 M_0 属于广义货币，或者说它代表了当时的全部货币。现代有三种货币，即原生型实体货币＋抽象转账支付清算货币＋法定数字货币（不久的将来）。货币的本质没有变，但外表形态衍生了，依现代语言表述即是 M_0、M_1、M_2、$M_3 \sim M_8$。转账支付清算货币作为在途或账面货币，它们以三票一卡、电子信息形式为载体，票、证、卡、券像似隐形、抽象，实则货真价实，元、角、分、厘、毫、丝，分文不差。未来，货币特点表现为：一是实体货币与广义货币之比，截至 2016 年 8 月底，我国大体为 4.2%（6.36 万亿元：151.05 万亿元）；二是实体货币与国内生产总值（GDP）之比，截至 2016 年初，我国大体为 9.33%（6.32 万亿元：67.6708 万亿元）。针对世界 10 个发达国家 50 年的监测，此项比例大体在 3%~11%，法国最低，日本最高，时下，美国最高（约为 4 万亿元：18 万亿元 ≈ 22.22%，假定美元 50% 在境外流通，数量减半，其国内构成为 2：18）。以票据、银行卡、手机移动支付等搭建网络平台的货币金额占 80%，笔数只占 20%；而只占 20% 交易金额的现金，其在货币流通市场的买卖交易运作笔数却占到 80%。但是，支付交易扼守百分之百，其通过抽象与实体货币任何一种货币形态交割均可。支付交易神通广大，无所不至，支付交易是人们日常生活的经纪人。

第三节　货币质量与数量的连续性

经济决定货币，货币决定货币，市场决定货币，文化界定货币，科学界定货币。前三句核心反映货币宏观总量事宜，后两句核心反映货币结构，主旨在于货币宏观总量的分化，涵盖第三方支付、银行业金融机构业务量如何划分。因此，作为货币职业者急需研究一些经济、金融课题，这是非常有意义、有必要的。

货币决定货币是求证五千年货币衍生九段论的重要话题，依然在于论证各种、各个阶段货币之间的关系。一是货币供应量、基础货币、流动性增加，货币总量必然攀升；二是货币总量增加，形成转账支付清算货币和原生型实体货币——纸币、硬币，两者同时、同步攀升；三是转账支付清算货币通过三票一卡与电子信息网络货币平台，从账面到账面云游，随时可能转换成原生型实体货币；四是纸币与硬币也随时可能转换成为账面货币。

货币形态总是在不断衍生，直到符合市场需求，构成货币流通规律。货币反作用于货币，可促使其增加或减少，也可以改变其形态，虚实相兼，自然淘汰。依时间、空间楔入，货币量化不可单纯谈论数量，包括相关占比指数的升降，如果指数质量改变了，当基数由小变大、由弱到强，新旧指数之间代表的函数会以十倍、百倍呈现。金融总资产、GDP、广义货币 M_2 与 M_0 均处于动态变化之中，稳步攀升是规律，应强力避免陡增或陡减的局面。

经济看好货币增加，经济不景气货币也增加，原生型实体货币印制与发行任务总是繁重，需强化理论认识与科学技术研究。

M_0 与 M_0、GDP、M_2 相比，目前，在经济、金融、货币领域产生两类、四组关联指数：第一类是 M_0 与 GDP、M_0 与 M_2 之比，其指数在下降；第二类是 M_0 与 M_0 自身之比，其指数在上升，史上罕见负数，且第二类自身指数之比，在大于第一类关联指数之比的同时也放慢了脚步，它们之间直接关联，并非等值，但宏观经济、金融、货币总量与原生型实体货币的绝对量均处于增加态势。四组关联对比指数如下：（1）当年货币发行量（M_0）与上年同期相比；（2）市场流通中货币总量（M_0）相比，即本期市场流通中货币（M_0）与上年同期相比；（3）M_0 与 M_2 相比，截至 2015 年底全国流通中货币（M_0）与 M_2 相比为 4.46%（6.32：139.23=4.54%），截至 2016 年 6 月底全国流通中货币（M_0）与 M_2 相比为 4.21%（6.28：149.05 ≈ 4.21%）；（4）截至 2015 年底，M_0 与国内生产总值 GDP 之比为 9.33%（6.32：67.6708=9.33%）。

2015 年 4 月 29 日，中共中央政治局召开会议，分析研究经济形势和经济工作，会议强调要坚持扩大适度总需求。由中国人民银行牵头，国家发展改革委、科技部等 10 部门共同参与的"十三五"重点专项规划编制工作正式启动。经济要发展，社会奔小康，从经济与货币运行的广义相对指数和货币自身运行、运作、运营的绝对量考察，经济与货币强相关，M_0 相对指数降低是表面现象，绝对量增加是实质。"十三五"规划 2020 年国家经济总量在日前 67.6708 万亿元基础上，将实现逾越 90 万亿元规模，年均增长保持在 6.5% 以上，遵循积极的财政政策和稳健的货币政策，广义货币（M_2）余额在 2015 年底 139.23 万亿元的基础上必然稳步伴行。其中，农业发展银行五年 3 万亿元扶贫目标，面对 58.9 万个村民委员会，资本下乡，村庄再造，贫困地区、山区、老区、"三农"地区、民族地区、渔区、牧区、边疆地区等呈现的主要是现钱、现金、现钞、纸币与硬币。由于 GDP 与广义货币（M_2）总量增加，接踵而至，多种货币形态呈现，其中现钞必然攀升。按照经济预期的客观分布状态，根据流动性产生即时与滞后作用力，预测 2016 年净投放货币量（M_0）应在 5000 亿元较为适宜，即在 2015 年比 2014 年净增 75%（2957 亿元：1688 亿元）的基础上趋向加倍。"十三五"期间最高年度净投放货币（M_0）峰顶应定位在 5 位数，即 10000 亿元左右；市场流通中货币（M_0）应实现 6 位数，即 10 万亿元左右。

从 2016 年 6 月底全国净回笼现金 398 亿元、市场流通中货币（M_0）余额 6.28 万亿元、同比增长 7.2% 来分析，相比 2015 年同期全国净回笼现金（M_0）1655 亿元，市场流通中货币（M_0）为 5.86 万亿元，同比增长 2.9%（7.2%-2.9%=4.3%），可以看到同期相比全国现金净投放量多增加了 4.3%，少回笼 1257 亿元。在 2015 年和 2016 年元旦到春节货币连续投放量大体趋同前提下，一反一正轧差等于多投放了千亿元，即实质性表明市场流通中货币量（M_0）多增加 0.42 万亿元（6.28-5.86=0.42 万亿元）。近期国家经济部门针对上半年中国经济作出总体平稳、稳中有进的结论，包括经济结构继续优化，供给侧结构性改革取得进展，GDP 增长 6.7%，最终消费支出对国内生产总值（GDP）增长贡献率占 73.4%；财政收入为 8.5514 万亿元，同比增长 7.1%；新增人民币贷款为 7.53 万亿元，M_2 余额为 149.05 万亿元，同比增长 11.8%，以上数据均表明 2016 年底全国净投放现金（M_0）预期基本存在实现的客观条件〔2017 年初中国人民银行货币政策报告公布 2016 年全国净投放货币（M_0）为 5087 亿元〕，预测准确率为百分之百，面对客观实际，实事求是属于预测准确的基本条件。

那么，如若未能达到上述几项实体货币运行的宏观指数，表明在货币整体运行的量化演变关系中，针对移动支付等电子信息货币对实体货币的替代性认识不透；针对移动支付等电子信息货币与实体货币之间的衍生逻辑或衍化程度有所混淆；针对移动支付等电子信息货币对实体货币的覆盖率估价不足；甚至针对移动支付等电子信息货币的存在，而这种真实的存在对货币流通规律的本质判断产生了差异。这种时段性思考可定夺于 2016 年底，届时其呈现了在 2015 年基础上净投放量翻一番的景况，即以实绩证实了经济决定货币、市场决定货币、货币决定货币论理的正确性。这是一个"惯性遥测"，惯性泛指根本遵循着经济决定货币、市场决定货币、货币决定货币理论，流动性增加，实体货币必然增加的逻辑。但是，在此并不排除货币的"现性遥测"，其侧重于科技替代，即 2020 年，"十三五"期间我国经济总量超过 90 万亿元，科技进步对经济增长贡献率将达到 60%，其中自然联想到法定数字货币等，包括手机移动支付以"无现钱，消灭现金"口号为代表，认为明天钞票即不复存在的无现金论，尤其是年轻人依赖移动支付的生活方式与日俱增，这样必然带来现金的相对减少。

速度对等数量，法定数字货币研发的进度、手机移动支付等载体替代货币的形式都决定着现金量的多寡。届时实体货币（M_0）真的未能呈现上述预测结果，或者偏差极大，说明针对"现性遥测"论证不充分，针对"惯性遥测"看得过重，基本认识偏差了。

总而言之，现钞、现金、现钱，纸币、硬币尚会继续增加，作为实务工作者应具备市场预期和信心。

目前，经济、金融运行中存在抽象转账支付清算货币与原生型实体货币两种形态。原生型实体货币可直接支付法偿，抽象转账支付清算货币需要三票一卡、手机移动支付等网络电子信息工具进行支撑，产生在途或滞留账面过程，落地了才构成货币。推进支付行业与经济生活深度融合体现货币创新，梳理原生型实体货币与抽象货币的关系属于泽与创的辩证；创新法定数字货币则是驱动货币发展战略的一颗满载高科学技术含量的金融卫星。科学、实用、安全乃货币立身之本，研究并认识各类货币存在的程度及相互关系，才能使货币为进一步深化改革服务，为国家经济、金融服务。

其一，主体在于求索法定数字货币；其二，在宏观财政与货币政策作用下针对原生型实体货币增减带来的鲜明结果，产生作用力的程度；其三，旨在申明货币形态演变背景下原生型实体货币依然大量存在着，作为抽象转账支付清算货币自身，作为各类承载货币工具之间也发生着变革，产生着相互替代，且替代的数量占据绝对比重。目前，实体货币的印制生产部门、研发入市金融仪器、机具、设备、装备公司，包括相关的一些外资企业都感到茫然，针对关联原生型实体货币业务存在相当程度的模糊认识，缺少套路。

回归本源、存款立行、贷款兴行、支撑实体经济，银行业金融机构依然离不开原生型实体货币实实在在地支撑门面，产生着有形无形的巨大效益的东西时常还取决于钞票，对此应密切关注。

纸币与硬币的运作在于"实"，比如票面上的 OVI 光变特种墨迹在不同角度观察就是看书分页，需要一页一页地翻；又比如 OVMI 光彩光变特种墨迹运行起来产生光带性连续滚动的立体效果。原生型实体货币从印制初始构成"原封新券"，至投放（净投放）、市场流通（反复流转）、回笼（净回笼），直到由"原封新券""回笼完整券"蜕化为"残损券"被净化、注销、宿命，存在一个完整的物理生命周期律。钞票的运营需要清、分、检、扎、捆、存储、运送……从实在角度测算工作量，其等于抽象虚拟支付清算货币运行工作量的 N 倍，这是人们开始厌烦钞票的直接原因。然而，科学界定货币才是人们开始舍弃钞票的根本原因，在不具备支付宝支付、微信支付的条件下，在不具备手机移动支付依托互联网平台为网上购物创造了条件的情况下，市场买卖交易不是多用钞票吗？条件论中物质第一性是哲学逻辑，也是货币科学运行的法则和规律。相当一部分人都认为钞票越来越少了，但是事实并非如此。我们认为，现在钞票越来越少了，但其实不是。

在国外餐馆见到挂牌示意"只收现金"的现象。在国内，其实不用说农村，就是在北京西四、西单、前门、宣武门、北海等地餐饮，比如在炸酱面馆、茉莉花茶馆、咖啡店、包子铺等名店消费，也多用现金，排斥银行卡，更少用移动支付。有人会问：为什么？回答：无WiFi，网络不通，POS机坏了……更有直言不讳"老板告诉只收现金"。根据对数十位出租车师傅问询调查，乘客以现金支付计程费用的概率超过50%，有的师傅压根儿只收钞票。并非是钻牛角尖，也并非否定非现金支付清算，在北京也可体味到即使只消费一两元也可以移动支付，目前使用非现金支付的形式和场合慢慢多了起来，比如机场商务电子机票办理登机牌和安检很快捷、沃尔玛手机移动付款很实用，然而使用现金和转换为不再使用现金之间确实存在一个未知过程。

欧元区自2002年发行欧元至2015年底，13年发行总量为1.1万亿元，从零开始，年度平均递增比率约为35%；美国1959年流通中货币（M_0）仅为284.8万亿美元，截至2015年底流通中货币（M_0）增至4万亿美元，56年累计年度平均递增比率约为8%。1948年12月1日，中国人民银行成立同一天发行人民币，截至1978年底全国流通中货币（M_0）为212亿元；1979—2016年底，即改革开放后36年，全国流通中货币（M_0）为6.83万亿元，后者是前者的300倍，年度平均递增比率约为18%，原生型实体货币与日俱增的趋势并未改变。

中华民族是全世界唯一一个没有文化断代史的民族，货币文化在这个民族文化之中的位置非常重要，货币质量与数量的连续性贯穿货币诞生与衍生文化的全过程，原生型实体货币的质又涵盖货币躯体自身质地和货币价格与汇价诸方面的话题，原生型实体货币的量同样涵盖两大侧面：首先是五千年历史文化中历朝、历代发行了无以明确统计和无以精准计算的货币品类；其次是量化事宜，五千年中的各个时期都有货币发行，到底发行了多少货币？不但货币名录拉不出完整清单，求索数量也是大海里捞针。然而，这并非讨论事物的主要矛盾面，炎黄子孙创造和发行货币的脉络清晰，贝币、布币、半两钱、五铢钱、交子纸币……一路走来引领世界，繁华盛世的关键时段体现大国经济、金融、货币风范。此时，法定数字货币科研如火如荼，方兴未艾，华夏儿女努力冲刺。

第四节　定型货币理论

一、定型货币的发展

定型货币在货币发展史上属于极为重要的关键词，承前启后，继往开来。货币未定型前是发散的，定型后是法治的，纲举目张，有了尺度即成方圆，定型货币是一切古今货币研究的零点起步。

能够固定充当一般等价物的特殊商品才是货币。以此定夺，以商品流通、贸易往来，市场、经济、金融定夺，泛地中海文化将货币问世的时间段确认在 2300 年前，黄河与长江文化将货币诞生期确认在

2500—5000 年前。

公元前 226 年，秦始皇统一货币，表明在 2242 年前炎黄大地已经有了多种货币，涵盖贝币、布币、刀币、郢金……定型货币的发展，经历了以下五个标志性时期。

第一，自远古时期以来，精美的江、河、湖、海（骨、铜、金）贝艺术品本能在于装饰，只能归属物物交换商品形态之一。贝币则出类拔萃，作为特殊商品，它首当其冲具有原生型实体货币体征，诚然，其尚不具备普遍性，将其定位早期货币萌生的雏形恰如其分。

第二，科学技术是第一生产力，青铜冶炼技术的飞跃性发展与金、银、铁、锡等普通与贵重金属的发现均为铸币创造了条件。春秋战国前后大量铸造布币，终于呈现了"定型货币"，真正的中国货币在此间诞生，它们虽然广泛分布在齐、楚、燕、韩、赵、魏、秦诸侯国，以及古代莒国等地，但是在币体上已经清晰地铸有"货币"字样，出土的古代货币文物为此提供了铁证。

第三，"半两钱"是华夏货币统一的标志，也是货币从"礼"意识下展开自然的物物交换，进而发展成商品贸易的初始时期，其将之前数千年处于以物易物、斤斤两两的状态，向币值、面额演化，属于以金额论证价格、价值的显著标志。"半"为二分之一，"半"为 0.5，带有奇数之意，史上阿拉伯地区即有二分之一、四分之一币值的货币。"半"为 12 铢，又带有偶数之意，奇偶兼顾，半两钱归属货真价实的货币结构综合体。

第四，"五铢钱"显然为奇数，五铢近似 0.2 两，从"半两钱""五铢钱"称谓和秤重计量统计方法论，能够清晰地看到金属铸币币值的本意根本在于重量，一是一，二是二。良币抵御劣币，劣币驱除良币，关键词在于质量。劣币，一是质次，铸币基材纯度低，成色差，混、杂、冒、假；二是量减，不足铜、不足金、不足银。从另一角度解析，"半""五"币值的确认与日常经济生活用钱直接关联，它们为现代科学"货币 1-2-5 券别结构体系"的创造奠定了基础。世界 220 多个国家和地区中，有 90% 以上采用"货币 1-2-5 券别结构体系"，即采纳 1 分、2 分、5 分、10 分、20 分、50 分；1 元、2 元、5 元、10 元、20 元、50 元、100 元……

第五，采用"货币 1-2-5 券别结构体系"生产与使用货币，可以节省 30% 以上的印制基材，同步提升生产力和银行业金融机构的工作效率。针对现钞货币学和转账支付清算工具，涵盖支票、本票、汇票、银行卡、手机移动等电子信息网络支付多类货币运行方式的研究，应实事求是，深入细致，"古为今用、洋为中用"，重在实际应用，体现与形成原生型实体货币科学生产力。在中世纪，账务率先诞生于古罗马。300 年前，中国的票据诞生了，平遥"日升昌票号"清晰记载。"一纸风行"可以出票，兑换现金、现银，票号与钱庄是抽象货币与实体货币相互转换的代名词。目前，纸质实物票据业务持续下降，2015 年，全国共发生票据业务 4.17 亿笔，金额为 238.23 万亿元，同比分别下降 27.87% 和 11.07%。电子商业汇票系统业务量快速增长，截至 2015 年底，电子商业汇票系统参与者共计 396 家，出票 134.08 万笔，金额为 5.6 万亿元，同比分别增长 58.68% 和 78.92%。我国银行卡发卡量保持稳步增长，截至 2015 年底，全国银行卡在用发卡数量为 54.42 亿张，较 2014 年底增长 10.25%。

货币出现之后，账务接踵而至，为支付清算提供了条件。近现代信息发达，基于支票、本票、汇票、银行卡、手机移动支付这些重要货币凭证或信用工具，大数据网络平台又为数字科学树立了第五座里程碑。至此，诞生在人类社会文明进步起源时期的交换、交易、清算、账务，与近现代电子汇票、银行卡、手机移动支付、大数据网络平台，构成了"数字科技"五大要素。这体现人类处于远古时代的朴素性，因生存逼迫挤压的创造性；也呈现现代人的智能与先进性。归根结底，交换、交易、清算、账务、大数据网络平台五大要素的本质在于货币。货币是支付交易的实质，货币概念必须清晰。

古代至近代金币、银币、青铜铸币、纸币属于定型货币，现代与未来法定数字货币也属于定型货币。货币萌生后处在雏形阶段，还没有根本被人们所认识，没有普遍应用，或者根本不具备普遍应用的条件，它们只归属未定型的货币，既可以用，又可能不可以用，人们还在反复实践、反复认识，有经验，有教训，针对一些可以作为货币的商品使用得多了，渐进构成统一性，将一些最可以作为货币的东西进行解析，提升理念，将它们由不定型到定型，由朴素的、零散的使用，到统一的、带有法治性的运用，包括工艺技术材料设备的高层面采纳，使得货币的生产印制到发行流通开始稳固下来，世界的东方如此，西方也如此。定型货币就是现代人知道的、认识的、使用的货币，2000多年以来，其虽然不断地衍生演化，但基本的货币发行理论没有改变，货币属于国家，未来的法定数字货币也是如此，必须覆盖在统一的货币制度之下。

二、定型货币的定义和存在的要素

定型货币的定义是什么？定型货币是国家法定发行的统一的、稳固的特殊商品，在工艺技术、计量计价、购买能力、流通交易、区域范畴、法制属性、稳定程度、贮藏功能、汇率汇价、防伪措施诸基本面上与现代货币完全一致，本能地体现同期国家科学技术水平及生产力发展水平，作为橱窗和名片带着国家同期的政治、经济、金融文化文明进步的先进历史痕迹，涵盖着民族的综合要素。

（一）工艺技术

定型货币的制造并非是原始的东西，而是随着生产力的提升，面对铜、铁等金属冶炼、铸造与加工技术工艺的进步，代表国家水平的货币铸造。定型货币无愧特殊商品称谓，从三星堆等大量出土的古代文物观察，货币工艺在各类铸造工艺中总是名列前茅。

（二）计量计价

定型货币的显著标志在于具备了公平、公正、公开的计量计价功能，主要体现在两个方面：一是足值的货币，在质量、纯度、重量上百般定夺，率先论证其属于称重货币；二是计价的货币，币面上标出半两、五株的字样，直截了当地标明了货币的价格。历史上为什么会呈现劣币驱除良币的许多记载与实证，形式上是计量计价问题，本质上是由计量计价可以解析的货币与物质的关系问题。单方论证特殊商品的价格与一般商品的价格应一一对应，货币价格与商品价格基本画等号，自然作为定型的、备用的、通用的特殊商品，也就是定型货币，总量可以也应该多于一般商品，以起到服务商品买卖、交易、流通的媒介作用。作为货币基础理论，自 5000 年以来，货币的诞生与衍生存在质量与数量上的连续性，针对坚挺货币计量计价的量化研究，应放在首当其冲的位置。未来可能面世的法定数字货币的计量计价物质保障同样重要，法定数字货币是经过新一轮货币革命之后重新定型的货币。

（三）购买能力

用金子、银子这两样贵金属铸造或打制的货币，购买力很高，甚至于过高、过大、过强，其与商品价格不对应、不对称，因此，定型货币的单位价格（纸币、硬币、面值、面额）与同期的商品物价（CPI）应基本构成正比态势，这样在商品买卖流通市场上方可认账。定型货币在价格与购买能力上定位一般性、普遍性，针对购买能力排斥特殊性、高端性，货币适宜流通的职能必须与同期的商品市场价格相匹配。在货币坚挺条件下或者在货币占有量不足，与商品买卖、交易的市场需求量差距悬殊的条件下，均不便发行大额货币，它们雷同金币、银币，购买力昂贵，不方便一般公众使用。未来的法定数字货币在根本上解决了这个问题，作为定型货币，无须再论证券别结构体系课题，也无须再讨论面值限额，这样更适宜面对购买力的可多、可少、可大、可小，货币面值面额具备了伸缩性。

（四）流通交易

可行使、可买卖、可交易、可流通是定型货币的基本属性，具备这样的属性取决于货币本身的计量计价、工艺先进性、发行稳定性，成为社会公众可以信赖的市场商品买卖的价值尺度。有了这把尺，便可以循规蹈矩地进行日常经济生活，其中会减少很多麻烦，规避许多矛盾和争议。所以，货币不仅是衡量经济的尺子，也是度量人们和谐生活的准绳。

（五）区域范畴

在一个国家或是跨地域大范围流通的货币一定是定型货币，信誉高，影响力大，使用范围广。相反，一种货币出了一个小地方就不能再用，其是不是货币还要画问号，绝不属于定型货币。

（六）法制属性

法制货币易于理解，商鞅变法的纲目性内容涵盖货币，从一定意义上论证作为秦代统一发行的方孔圆钱实际上就是商鞅变法的主要结晶体，法制是货币存在和再生的父母。

（七）稳定程度

定型货币的产生和存在率先是国家和社会的稳定，时局稳定才具备论证经济发展的条件，货币才能现身市场，为经济发展服务，时局稳定的时期越久，货币稳定的程度越高。宋代交子纸币连续发行100届，稳定持续时间达200多年，足以证明稳定是货币的生命线，是货币诞生—成长—壮大的铺路基石。

（八）贮藏功能

定型货币必然具备贮藏功能，综合各种货币定型的条件，最带有本质意义的是坚挺值钱，值钱的货币可以放久一些，甚至在一个漫长的时期内价格不会产生变化。换言之，就是能够贮藏。金、银、铜、铁、锌、镍、铝等贵金属或普通金属货币如此，纸币虽然是价值符号，也如此，其代表的价值稳定少变，即便不升值也少贬值，即是值得储蓄的前提条件。

（九）汇率汇价

距今2500年前后的春秋战国时期，齐、楚、燕、韩、赵、魏、秦七国争霸，成功发行了一些非常定型的货币，虽然罕见考证它们相互之间的流通状况和涉及的汇率、汇价议题，但是各国之间、诸侯之间、百姓之间的往来频繁，即可以间接地表明在秦统一货币之前，各国对他国的货币已经十分熟悉；其中两三个国家在大范围铸造同一形制的货币，也说明在货币铸造与流通方面相互考证借鉴，也可能存在相互流通。

因此，在秦统一货币、发行方孔圆钱之前，上述国家的货币必然相互走动，构成潜移默化的汇价事项，货币走出国门，跨境支付清算，首当其冲涉及汇率、汇价。2000年前，西汉特使张骞通西域，丝绸之路的驼队创造的以中国铜钱为交易核心的国际清算体系无比壮丽辉煌。"南海一号"沉船和在黄海发现的古代中国沉船上都载有巨量钱币，足以证实作为定型货币，中国的货币早已走向了世界。目前，国家将发展的数字"一带一路"、数字科技、法定数字货币锦上添花。

（十）防伪措施

古代货币属于信用货币，主要讲究铸币的材质和重量，纯重的货币信誉高。由于生产力的水平有限，古代的货币没有复杂的防伪措施。在1000年前，世界第一张纸币诞生在中国成都之前的漫长的4000年中，金属铸币作为原生型实体货币属于单一流通模式，从初始的自然海贝到逐渐成熟的青铜铸币，它们代表了货币的全部属性，信誉第一，信誉等于防伪。面对金属货币摇一摇、敲一敲、掂一掂、看一看、咬一咬、听一听，甚至灿烂切割均为考证货币的信誉。色泽、轻与重均与货币材质和重量关联，人们日常经济生活中天天使用它，耳朵就是尺子，眼睛就是天平，耳朵可以量出货币的质，眼睛可以秤出货币的量，以防止劣币驱逐良币。

法定数字货币同样处在信用防伪范畴，货币从几千年实物性的东西到法定数字货币摇身一变成了虚的东西。诚然，虚且为实，泛指货币的实质，法定数字货币的存在就像纸币、硬币，可是从外表已经看不到它们，它们无疑处于虚的范畴，然而它们如同纸币、硬币，真实地存在着。法定数字货币不会存在实体性的假币，需要关注的是信誉，信誉防伪是原生型实体货币—纸币、硬币防伪的关键，也是未来法定数字货币防伪的关键，包括利用科学技术做好主动防范预案和依法打击反方向袭来的金融电子信息诈骗。

知识点 ▶▶ 定型货币

　　定型货币是由国家或地区统一发行的货币。古代自然或人化自然的原生型实体货币萌生后尚处于货币运行的雏形阶段，还没有根本被人们所认识，没有普遍应用或者根本不具备普遍应用的条件，它们均归属未定型的货币。人们还在反复实践，反复认识，有经验，有教训。针对一些可以作为货币的商品使用得多了，渐进构成统一性，将一些最可以作为货币的东西深入解析，提升理念，将它们由不定型到定型，由朴素的、零散的使用，到统一的、带有法制性的运用，包括工艺技术材料设备的高层面采纳，使得货币从生产印制到发行流通开始稳固下来，世界的东西方皆如此，定型货币即诞生了。定型货币存在的要素包括工艺技术、计量计价、购买能力、流通交易、区域范畴、法制属性、稳定程度、贮藏功能、汇率汇价、防伪措施等诸货币功能性能职能的基本面。定型货币在货币发展史上属于极为重要的关键词，归属各个国家定位法定货币制度的主体标的物，承前启后，继往开来。欧元、美元、人民币均为定型货币，货币未定型前是发散的，定型后是法制的，定型货币是研究一切古今货币的零点起步。

Formed Currency

Formed currency is the currency centrally issued by a country or region. Those ancient natural or processed primitive tangible currencies, as the rudiment of currency operation, were not fully recognized by people, neither competent to be applied nationwide. They were unformed currencies. People were still repeatedly practicing, continuously learning, accumulating experiences and lessons. With more and more use of certain commodity as currency, people gradually reached a consensus through researching and analyzing, improving and perfecting, eventually turning the unformed into the formed and operating it from the plain and scattered to the unified and legal way. With improvement of techniques, materials and equipment, the manufacturing, printing, issuing and circulation of the currency became stable and mature, both in the east and west of the world, to create a formed currency. The key elements necessary for the formed currency include: technique, measure and valuation, purchasing power, circulation and transaction, regional coverage, legal attribute, stability, storage function, exchange rate and security feature etc. Formed currency is a key word in the history of currency development. It is the subject of a nation's legal currency system, as well as a link between the past and the future. EURO, RMB, US dollars are all formed currencies. The unformed currency is emanative while the formed currency is legal. It is the starting point of all studies on the ancient and modern currency of any kind.

本章思考题：

1. 论述什么是原生型实体货币。

2. 论述原生型实体货币文化在政治经济生活中的地位。

3. 择要论述货币诞生的历史过程。

4. 论述自然货币与人化自然货币。

5. 论述 M_0 与 GDP 和广义货币 M_2 的占比关系。

6. 简述货币质量与数量的连续性。

7. 论述什么是定型货币。

第二章

Legal Digital Currency

法定数字货币

纸币的诞生

◎ **本章概要：**世界第一张纸币诞生在中国，通过考证宋、元、明、清诸代纸币发行与流通简史，纸币、硬币寿命周期律，防伪性能，冠字号码应用等方面的实际科学技术状况，认证纸币构成先进生产力的壮丽辉煌。

第一节　概述

1024 年，纸币率先在中国成都诞生了，这首先是生产力发展、科学技术创新的丰硕成果。学术界也有另外的声音，就是西南部地区匮乏铸造货币的铜类金属，而恰恰北宋朝野针对铸造货币的金属严格控制，造成巴蜀一带市场流通中货币供给量不足，这是促使科研并发行纸币的直接政治经济因素。论证上述印制发行货币的原因，科学技术促进了生产力发展最为根本。1792 年 4 月 2 日，美国国会确立了全国铸币制度，根据一项法案创立了铸币局，1799 年铸币局改革为独立机构，有直接向总统汇报情况的权利。目前该局成为财政部所属的法定财政机构，局长由总统亲自任命，以便能够随时监督其运作情况。1861 年 3 月 4 日，林肯就任美国第 16 任总统，4 月 12 日即爆发了南北战争，在战争期间，美国国会为缓解资金短缺问题，授权财政部发行美元纸币，用来替代硬币。显然，发行纸币替代硬币属于美国当时突出的政治话题，战争是政治的最高形式，战时货币为战争服务，和平时期的货币也并不排除战争因素，扩军备战依赖货币。所以货币链接着经济生活，也不排除政治因素左右着货币，战时货币体现货币运行的最高形式。

1913 年 12 月 23 日，美国《联邦储备法》正式生效，1914 年，美国联邦储备银行开业运行。第一次世界大战期间，随着军费开支的剧增，美国政府不仅多次通过降低联邦储备体系中的准备金比率扩大货币发行数量，还允许联邦储备银行直属银行保留准备金，附带条件也被取消，这就更增加了储备金流动的自由度。国会还要求联邦储备银行的所得与政府的需求挂钩，增加联邦储备银行的数量，并且为银行系统配备了当时最先进的设备，政府已经清醒地认识到金融体系在战争中发挥的作用，联邦储备银行不仅为商业、经济、金融提供了必要的货币流通性调节，更在战争中发挥了职能性功能。相反，对于联邦储备银行除维持了低利率以便于美国财政部以低成本借款并协调组织多次营销活动，将自由公债出售给公众，2000 万人筹集到 180 亿美元的信贷资金，战争让联邦储备银行在购买政治公债的过程中实现了另一种"创造货币"的方式，结果是货币扩张导致了战时和战后的通货膨胀。通过发行公债向公众筹集战款，这比美国南北战争时期在财政资金匮乏条件下发行纸币替代硬币有过之而无不及，仅仅两年多时间的公债在用于战争经费总支出中占到 61.3%，致使 1917 年 6 月至 1919 年 5 月自由公债与胜利公债的发行由 10 亿美元飙升至 255 亿美元，成为战时财政经费的主要来源，也成为政府通过"印刷新货币"实现"创造货币"的战略手段。

无论为经济、金融服务还是依从战争所需，货币本身不懂得什么是革命，也无所谓国别或地区差别，货币就是货币，具有全球共性。即便是战争时期迫不得已发行的货币，在货币发行背后隐藏的依然是科学技术问题，因为有能力才设计、生产、发行纸币，先进的生产力与科学技术存在，才具备构想发行纸币的思路，才能发行纸币。美国财政部于 1862 年 8 月组建美国雕刻和印刷管理局，专门负责设计、雕刻、印制美元纸币，以及印制债券、印花税票、外交护照、邮政汇票、政府金融票据等产品，直至 1877 年成为唯一的美元纸币的印制单位，属于美国政府直接控制的最重要的安全印务部门。1904 年，在美国纸币发行仅仅 43 年之后，清朝政府邀请美国雕刻和印刷管理局钢板雕刻大师海趣到中国传艺，到目前互联网及一些媒体经常披露的国宝级雕刻大师马荣已经是第五代传人，第五套人民币中的 50 元、20 元、10 元、5 元、1 元票面上的毛泽东头像均为马荣雕刻。科学没有国界，货币科学是人类创造的共同财富。

流通中货币应包括转账支付清算货币和原生型实体货币两大部分，转账支付清算货币主要为生产资料的分配服务，用于大宗的清偿债权债务活动，从国际金融业务统计分析数据考察其约占流通中货币总量的 85% 以上，原生型实体货币则主要适用于服务日常经济生活资料的分配，用于小额零售买卖，其占流通中货币总量的比重为 10%~15%。1988 年 10 月 1 日，国家公布了新的现钞管理暂行条例，强化对流通中货币（M_0）的使用和管理。情况出政策，表明了原生型实体货币的重要性，纸币、硬币在当年计划经济时代归属主体货币。

第二节 千年纸币简史

面对纸币，人们的第一感觉应该是实体性，拿在手上有感觉，有动静，稀里哗啦，有声有色。经济学家、金融家、银行家、货币专家眼中的纸币是银行券，是货币符号。课题的研究要想真正出结果，得到恰如其分比较吻合实际的结果，必然应该遵循历史唯物主义和实事求是的辩证思想来考察解析问题。纸币千年，银行百年，实际上纸币诞生初期，在纸币和金属币二元化流通的社会背景下，尤其在以金属货币为主体流通的漫长岁月中，纸币被视同为金属币的状况普遍存在，可以相互转换，可以保存收藏，金币、银币，金元宝、银元宝，金锭、银锭，金砖、银砖，金条、银条，铜钱、铁钱与纸币是一家人。在此前三五百年，中世纪才诞生账务，接踵而至出现了票据、银行卡、手机移动支付这样的支付清算工具，才将总体货币分为虚、实两大领域。基本是在此 500 年前，世界上只有一种货币，就是原生型实体货币，它涵盖纸币和所有的贵金属和普通金属硬币，它们代表了货币的全部意义、总价值和所产生的流通作用。因此，货币的基础理论，包括针对纸币的理论研究，应该从初始起步，从实体原生型货币作出判断，得到结论。当今人们针对纸币的研究应该着重把握三点：首先是货币的宽泛性，在整体上包括实体与抽象两大类，比如人民币现钞＋账面人民币才等于总括的全部的人民币。其次是虚实对应，虚，泛指总括的、全部的人民币；实，泛指货币应该对应的人们经济生活中所需的产品商品及社会市场或地球上自然蕴藏的全部物质。最后是紧密关注通货膨胀事宜，在先进的国家货币制度体系之下，货币发行的总量需要调控，货币流通的结构需要讲求效益，商品与货币运行之间有一条受到价值规律约束的基准线，货币发少了会抑制经济发展，影响正常经济生活；货币发多了会产生反作用力，妨碍甚至损害社会前行和正常经济生活。

纸币的理论是关系国家、民族、经济、金融安全的理论。

从天然海贝作为货币到青铜铸币，到方孔圆钱，再到官交子纸币，皆是经过了一个一个的千年。纸币诞生的根本意义在于继定型金属铸币之后吹响了货币革命的进军号，法定数字货币是在纸币诞生千年后再度展开的货币革命。

自官交子纸币诞生后，宋、元、明、清诸代，千年以来中华民族发行过千种货币，既有劣币驱除良币、假币滋生与滋扰的悲惨教训，也积累了丰富的货币发行经验。明代发行大明宝钞，票幅长一尺、宽六寸，创中国纸币发行小张钞票尺幅、之最。大明宝钞发行初期非常成功，但后期失败了，根源在于假币滋生与滋扰。因此，之后历朝历代的纸币发行后打击假币的法律惩处条款都非常严厉，甚至在票面印上伪造货币者斩的字样，没收全部所得并追加罚款，甚至要株连九族，使之一败涂地。

货币的更迭与政治、经济、科学紧密关联。中华人民共和国成立前，军阀割据，乱发货币，包括国民党政府发行的法币、金圆券、银圆券，总计有 360 多种。直接印制生产过程中分为大张、中张、小张，一小张货币就是人们日常经济生活中通常使用的钞票。

1948 年 12 月 1 日至 2017 年 12 月 1 日，人民币诞生、成长 69 年，中国人民银行总计将其更换了五套及若干版别。种、套为大，版为小，改版升级，可以内控、囊括一套货币其中，也可以彻底更迭。当前人民币印制过程中使用的"SD 凹印对印技术"已在国际上申请专利，号称印钞核心技术，领先国际水平。具体是指，在保留传统雕刻凹印全部功能的同时，具备正背面全方位对印、互补对印、接线对印、镶嵌式对印、数据化水印、同一图文双面精确叠加重合透视产生变色效果等防伪功能。科学技术的进步必然导致相关领域的技术革命，货币印制科学技术的创新会导致新版货币的诞生、改版、变种及换套。

截至 2016 年底，中国人民银行总计发行人民币 6.83 万亿元，包括 20 种券别、123 种版别。其平均改版换代的期限大体为 10 年，第一套、第二套分别为 7 年；第三套、第四套、第五套（截至 2017 年）分别为 38 年、30 年、18 年。

货币不一定时常换版，防范假币更主要是依靠法治，只有严厉打击假币才能扼制假币的滋生与滋扰。假设认为单纯依赖货币的主动防伪技术才能开展反假货币斗争，即形成了认识上的偏激。根据国家假币物理样张库珍藏的万张假币样本，可以将假币滋生与滋扰的实物形态归纳为第一套 34 种、第二套 13 种、第三套 40 种、第四套 76 种、第五套 52 种（另有技术分析确认为 9 个版别之说），共计 215 种版别（纸币）；截至 2017 年 7 月 1 日，全国市场流通中货币（M_0）总计 35 种版别（第二套 3 种、第四套 17 种、第五套 15 种），其中涵盖 25 种纸币 +10 种硬币；流通性纪念币为 100 种（套）；贵金属纪念币 2006 年有十大系列，包括 280 个项目、1600 个品种，其中包括 40 万枚金币、1000 万枚银币。地区性货币有澳门币、港币、台币。

纸币和硬币设计印制艺术精美，均为"国家名片"。自 1957 年 12 月 1 日发行人民币硬币初始，我国共发行了四套流通硬币，包括 96 个品种、108 枚普通纪念币、2000 余种贵金属纪念币（铝、铜、不锈钢、锌、镍、金、银、铂、钯）。目前商品市场还大量流通硬币，应强化管理与监管。

第三节　纸币、硬币寿命周期律

原生型实体货币——纸币、硬币也称为现钞，现钞货币宏观寿命周期律、现钞货币微观寿命周期律、现钞货币技术寿命周期律属于实体现钞货币学基础理论的系统内容，涉及国家政治、经济、科学技术发展大事，作为金融、货币创业、从业者应深入研究，使之进展。

一、现钞货币宏观寿命周期律

现钞货币宏观寿命周期律泛指一套钞票的政治生命，传统期限大体为 20 年，两套货币交替换版时间为 5 年，公布后正常流通 20 年。现代货币发行侧重在技术上换版，而淡化了传统意义上的换套，现钞的宏观、微观、技术寿命周期率之间密切关联。人民币已经发行了五套，总计 69 年，第一套为 7 年；第二套为 7 年，但其中 1 分、2 分、5 分铝镁合金硬币实为 60 年，截至目前尚在与第五套混合流通；第三套实为 38 年；第四套已经 30 年，截至目前尚未公布停止流通；第五套已经 18 年，截至目前和第二套、第四套混合流通。虽然在实质上周期律长短无定数，但各套货币宏观寿命周期律相互重叠的期限不宜过长，否则产生较多矛盾，疑难问题不便解决。本书论证法定数字货币将以"大一统金额"替代"券别""币别"，法定数字货币的安全运行、运作、运营将借鉴原生型实体货币防范风险的许多做法。纸币论中的"券别"一词出于 1950 年 10 月"中国人民银行发行库制度"；硬币论中的"币别"一词出于 1962 年 10 月 25 日"中国人民银行关于残损硬分币销毁问题的通知"。我们应针对现实流通中的以铝镁合金、不锈钢、铜包钢、镍包钢为材质的各种金属硬币，科学梳理币别概念，建立科学的货币低券别结构体系、货币低币别结构体系，以发行值钱的、坚挺的货币，同时充分发挥先进生产力水平，既节约基材又提升流通效率，从货币机理上解析货币细胞核，换位思考宏观货币理论，提升货币信誉。

现钞货币宏观寿命周期律本质意义在于政治生命，故此维护货币信誉，以货币的坚挺，坚持货币的稳定归属概念的核心。

二、现钞货币微观寿命周期律

现钞货币微观寿命周期律泛指一套钞票的物理生命，即通过纸张、墨、印版、机读等印制工艺、技术、材料、设备形成的一个大批次、大批量的崭新钞票投放市场后，经过反复流通直至退出流通的老化期。世界公认小额纸币为 1 年左右，中档以上纸币为 4 年左右，一些更大额纸币可能趋向 6~8 年。作为硬币寓于其中，现代硬币的寿命周期律趋向为 10~30 年，甚至达 50 年，一般铝制合金金属硬币生命老化期在 10~20 年，钢质金属硬币（包辅与合金材质）生命老化期在 20~50 年。

相对时期发行多少纸币与硬币，相对时期后应净化注销等量货币，初始发行量与最终宿命量构成 G=G 的恒等式。科学形成微观寿命，具体涉及印制质量、残损票币注销、兑换（半额、全额、不予兑换）、真假鉴定多项议题。

在人民币发行 12 天之后，1948 月 12 月 12 日《中国人民银行票样管理办法》即行出台，紧跟着 1949 年 10 月《中国人民银行关于颁发票样管理办法的通令》颁布，附件为《票样管理办法》。继《票样管理办法》出台之后，关于纸币兑换、残损处置办法繁多、细密，在1988 年 9 月 8 日颁布的《现金管理暂行条例》（中华人民共和国国务院第十二号令）覆盖下超过百种之多。主体是全额、半额兑换说；污损、熏焦、水湿、油浸辨认真伪说；挖补、拼凑、涂改、揭面、移位、重印说。1959 年，中国人民银行货币发行局与会计司合并建立中国人民银行会计发行管理局，其中设立贵金属科，黄金、白银业务纷繁复杂，包括金银、金银兑牌（兑金牌）、金银条、块、锭、粉，金银币、银元、混金、清金、包皮、夹馅、错边、洗版、私版、铜版、巧造、焊药（伪造和变造）、半开、银毫、银饼，铱金、高纯金（纯度 99.9% 以上）、高纯银（纯度 99.9% 以上）、足金、足银、包金、包银、杂色金、沙矿金、金水、杂银、一般厂矿金、高色厂矿金、一般厂矿银、高色厂矿银、金精矿（金矿石）、汞金（水银金）、金饰、银饰（戒指、项链、挂件、领卡、别针、眼镜架、金笔、金牙）、粗铜铜沙（金银项下）、金基与银基合金、银基合金触头和双金属复合触头、铝代银、银锌电池、金银三废（液、渣、件）、金银丝线、板、焊条、焊片……人民币发行后相继问世的办法和通令有两个关键点：一是宗旨为"巩固本币信誉"；二是具体实施方法提示为"用资鉴别，而利行使"。

以上涉及金银实物的专业术语非常多，比如，夹馅就是在银元的外层包裹银，而在中间会夹杂其他的成分，如铜、铁、钢、铅、锌等，摩擦一般不易磨出痕迹，敲击声音短促沉闷，重量比真银元轻；包皮与夹馅有相似之处；洗版是将正常银币用硝酸蚀去一层银，以此窃取一部分银质的手段，特点是图案模糊或有浮白色，敲击时发音微慢；焊药、巧造类似与纸币中的变造手法，拼凑时不能粘贴而需要焊接，锡、铅、镪水 + 火 + 烙铁（焊枪）属于巧造的必备工具和材料。以同类事物衡量同类事物，检查印制质量、流通中货币质量和鉴别假币，最为实用、管用的东西要属"票样、检测样张、假币样张"三物。多国中央银行制作的测试包即如此，从表面形式到本质性内容涵盖了上述三物。中央银行执行这一特殊使命的都是专家，懂得货币内涵，也懂得金融机具研发和应用技术。支撑这一举措的是"以真鉴真、以真鉴假，借假鉴真，借假鉴假"理论，其归属法定货币发行基础理论的重要组成部分。承担此项职能工作属于理论加技术之总和，涵盖点验钞机、硬币与纸币清分机、ATM、CRS、VTM 等机具的研发、生产、入市、应用。获得国家科技创新奖的《人民币鉴别仪通用技术条件》国家标准即依此理论而诞生。制定货币兑换与挑剔残损办法，含内部掌握说明，应在国家法定货币制度和体现的宏观货币政策框架内进行。金融活、经济活，金融稳、经济稳，属于大事，并非小事，应遵循商品、货币流通规律，市场价值规律的作用力与反作用力思考问题，这是做好货币兑换与挑剔残缺标准的基础。思路就是出路，有思路才有解决问题的办法，应在继承与创新科学技术的条件下进行人、机、货币对话，涉猎自然科学与社会科学应遵循现钞货币微观寿命周期律合理筛选，尊崇科学是制定货币兑换与挑剔残缺标准的灯塔性条件。

以金属硬币举证：制定兑换与挑剔残损标准，第一，属于货币性质问题，即国家与民生问题，涉及角度、位置，可参照纸币兑换与挑剔残损标准的精神进行，旨在保护公众和国家利益，率先存在认定真假，切勿混淆。第二，属于技术问题，识别、鉴别、鉴定应精准，一是一，二是二，不差厘毫，包括体貌差异（形态—维度—图纹清晰度、主图立体高度、币体厚度）、重量差异（质量—非属造币基材）、机具识读差异（数字图像采集、光电信号波长）等。比如，局部缺少不超过 2/5（含）、不影响面值与主体图案者可兑换全额，整体缺少 1/2 以上者（含 1/2）不予兑换，这就比纸币兑换标准掌握严格，因为硬币有厚度和圆弧，被切割或者被毁损的结果使得 1/2 的概念变得模糊，写一点算一点，处在 1/2 的地方不便确认；又由于其面值低不会主流影响兑换双方的利益。因在市场上长期流通正常磨损，出现裂口、扭曲、凹凸变形、漆渍、油垢、氧化锈蚀能够判定真币者酌情兑换；故意穿孔、切割、压薄……正、反面主体图案不能辨别真假者不予兑换。为了树立发行货币、爱护货币和防范假币意识，制定纸币与金属硬币的兑换标准应从严把握，防患未然。

自 1957 年 12 月 1 日国家发行 1 分、2 分、5 分铝镁合金硬币之后，针对硬分币流通出现的兑换、残损事宜，中国人民银行先后制定、发出若干通知，申明管理和监管办法。1958 年 7 月 23 日，《中国人民银行关于制发〈硬分币兑换办法〉的通知》之所以讨论兑换是因为流通中金属硬币出现残损现象必然导致兑换业务，纸币与硬币雷同。《硬分币兑换办法》的通知规定，流通过程中磨损受到损伤的硬分币，只要能辨别正面的国徽或反面的数字，即可兑换新的硬分币。作为此点十分关键，归属核心规定，第一，涉及货币信誉，涉及货币发行与流通的稳定性，紧密连接着法定货币制度稳定货币的目标。第二，密切关联社稷民生、公众利益，大凡可以辨认的货币予以兑换即在公众心里树立了坚定本位货币的信心，对发行货币、保卫货币起到积极作用。第三，涉及真假货币事宜，辨认货币的过程包括识别、鉴别、鉴定货币，识别属于一线防伪、公众防伪，依靠生理功能眼观、耳听、手触即可简单辨认货币真假，归属明色调理论；鉴别属于二线防伪、专业防伪，需要借助仪器装备对于假币进行点验，归属黯（暗）色调理论；鉴别属于专家防伪、秘密甚至于绝密防伪，其归属中央银行最终防伪。第四，维护货币印制质量，针对大误、小误、万一可能漏检出厂的产品应及时排查，作为残损票币予以公众调换。

综上所述，中国人民银行成立初期，从苏区、根据地、解放区银行出来的革命银行家们，甚至于囊括旧银行从事金银与纸币、硬币发行的职员（包括一些专家），他们积累了识别、鉴别、鉴定货币的宝贵经验，并总结升华为定型概念，入骨三分，值得后来人学习，更值得继往开来。从一些细微的东西里往往可以发现大事情，券别、币别即处于货币纲举目张的地位，延伸到货币券别、币别体系，均是构成一国货币制度和货币发行基础理论的重要内容。

基于理论和科学技术，社会科学与自然科学论证流通中金属硬币挑剔标准，存在"完好""残损"两组概念，"完好"之意即如同纸币"回笼完整券""原封新券"不言而喻，金属硬币雷同。"残损"概念最早出于 1962 年 10 月 25 日《中国人民银行关于残损硬分币销毁问题的通知》，从技术层面来看，涉及"残""损"两个课题；从管理角度来看，又涉猎硬币正常流通致残、致损与异常、特殊情况下致残、致损两大侧面。正常流通致残、致损归属现钞货币微观寿命周期律课题探讨，即属于货币物理生命话题。异常、特殊情况下致残、致损归属个别现象，应因情而异，因势利导，特殊情况作出特殊处理。上述认识涉及"残""损"两个概念。"残"表示严重性，可能处于异常、特殊范畴，泛指人为故意对货币酿成的侵害，使得币体、币面已经出现缺陷，不完整，包括用物理机械手段将金属硬币部分切割、挖凿、穿孔打洞，用化学试剂手段将金属硬币酸碱性侵蚀，使其币面深层质地氧化变质，以及各类原因造成的完整币体形态的缺失。"损"表示一般性，泛指在市场上正常流通的致残、致损硬币。比如，损伤的货币、磨损或受到化学侵蚀致使图案模糊可以辨认的货币及物理机械性误伤的货币。那么，如何准确区分正常与不正常的致残、致损呢？

主要应该看持币兑换的对象和所需要兑换的数量与其寻求兑换的币的形态，如果寻求兑换的数量较大，上述三者之中核实人的情况最主要，如果发现故意损伤嫌疑应彻查，其次才是技术问题。

三、现钞货币技术寿命周期律

现钞货币技术寿命周期律泛指一套钞票的技术生命。其存在于现钞货币微观寿命周期律与现钞货币宏观寿命周期律之中，属于近乎中性的东西，特指依科学发展、生产力提升，为货币更新创造了技术条件，在相对时期内一套货币可以呈现连续变化的多种版别，如1980年版、1990年版、1999年版、2005年版、2015年版等，它们之间的时间间隔大体为10年。例如，自2013年以来，欧元、美元、加拿大元、人民币陆续发行了新版货币。新版货币诞生为金融机具的研发、生产与销售增加了活力，核心体现在货币的主动防伪技术上，大体可分为两类情况：一是改版出现技术提升；二是换套出现质的飞跃，两者没有本质性区别，但存在程度上的差异。现钞货币印制水平衍生变化，日臻完善，传统工艺、技术与现代电子信息科学架构集成思维、综合理念。实体现钞货币本身形成一道坚实的"防火墙"，一是预防与驱除假币；二是便利流通，为机具清分处理货币创造了先决条件。机具接受货币的武装，在性能上和功能运作上又反作用于货币。以资借鉴、而利行使，以同类事物衡量同类事物，从而产生了现钞货币技术寿命周期律。

现钞货币技术寿命周期律基本定为10年。第四套人民币有1980年版和1990年版；第五套人民币有1999年版、2005年版和2015年版。因为现钞货币微观寿命周期律决定低面额辅币（纸币）物理寿命在 1 年左右，中档与大额主币在 4 年左右；而现钞货币宏观寿命周期律以人民币为例，已经有 60 年、38 年、30 年之说，且第五套人民币与第四套人民币尚在流通。现钞货币技术寿命周期律自然鉴于和居于现钞货币微观寿命周期律与现钞货币宏观寿命周期律中间，可谓寓于其中，规律性演化，相互产生作用力。现钞货币技术寿命周期律沿革着纸质工艺升华，时下塑质工艺风行，两者之间的定夺至关重要。其发展有三种可能性：一是延续传统纸质工艺；二是改为塑质工艺；三是介于纸质与塑质工艺合成之作。传承有序，创新有源，纸质工艺依然是纸币存在的主流，是金融机具研发与主旨市场导向之基。

实体货币技术寿命周期律涉及高端科学技术，科学可以重复，可以验证，时常质疑与被质疑的科学精神即为创新意识，即有可能打破传统的东西，改变旧有的方式，提升更为先进的解决方案。法定数字货币的科研亟待此种精神。

在若干地方提及法定数字货币是实体现钞货币的再造升级，2016 年中国的电子商务运行量为 26.1 万亿元，占全世界的四成，其中移动支付占 70.7%，使用手机移动支付的有 4.41 亿人，有关部门正强化线上与线下服务，力求使此技术加速推向世界。对此，试问把货币数字就当成法定数字货币行不行？合二而一好不好？事情绝非如此简单。法定数字货币不像支票、本票、汇票、银行卡、手机那样本来就是工具，法定数字货币自身是货币，是将纸币与硬币塞进了那张卡片里的法定货币。手机也雷同，只要启动了法定数字货币"一库、一匙、一密钥"的功能，即标明手机里有钱，而且是钞票，属于法定数字货币，存在里边或者花出去都是与纸币、硬币一样的钱，而不是平常通过支票、本票、汇票、银行卡和手机移动支付运行的货币数字。

第四节　纸币防伪性能

　　纸币的防伪性能包括主动防伪性能和被动防伪性能。主动防伪性能体现货币设计、印制生产、发行本身的防伪性能，被动防伪性能反向检测主动防伪性能，纸币、硬币的主动防伪性能越强，作为假币滋生与滋扰带来的被动防伪现象必然越少，使得反假币斗争顺利进行。所谓的宏观分析法是说在收付货币时科学利用比较法，即每一张货币在基本方面、大的方面、宏观方面应该是一样的，但是在微观方面、小的方面、细节方面又是不一样的，当你需要识别、鉴别、鉴定货币真假时，一定要抓住这个本质性。尤其在新版货币诞生之际，此点尤为关键与重要。

　　货币防伪，百措并举，主张综合理念和集成思维。核心防伪内容不必太多，旨在管用，易于识别，不易伪造。现代货币印制代表一个国家或地区高精尖科学技术水平，激光制版可以分解到百万分之一，与纳米、原子、分子、粒子的讨论同步。货币量化政策性探索应做到"币挺量为先，调控意志坚。审时应度势，民生必在前。"

知识点 >> 原生型实体货币——纸币、硬币的奥秘

　　传统与现代原生型实体货币——纸币、硬币的设计、印制、发行、防伪技术应体现为：主动防伪与被动防伪、明色调与暗色调对称、定性与定量对称、制版印刷技术对称、静态与动态对称、放大与缩微对称、自然人与机器人对称……从理论技术上解读货币：数学，首当其冲，属于排列组合货币之基（数字科技）；物理，其二，属于激活货币之光（鉴别）；化学，其三，属于分解化合货币之津（鉴定）；文学，其四，属于梳理承载货币之师；音乐，其五，属于唱响豁达货币之声；信息，其六，属于统领捍卫货币之神（机器识读）；艺术，其七，属于描绘审美货币之窗（识别）；商贾，其八，属于衡量判定世界货币之尺，度量地球之天平，秤重货币人生之砝码。

Primitive Tangible Currency
——the Secret of Note and Coin

　　Traditional primitive tangible currency V.S. modern note and coin – the design, printing, issuing and anti-counterfeiting are reflected in the following facts：initiative anti-counterfeiting symmetrical to massive anti-counterfeiting, light color symmetrical to dark tone, quality symmetrical to quantity, plate making technique symmetrical to printing technology, static state symmetrical to dynamic state, macro feature symmetrical to micro feature, human processing symmetrical to machine reading...From the points of theory and technology, currency is understood in the following points: mathematics, standing in the breach, is the foundation of currency denomination（numeric technology）; physics, standing in the second, is the light to activate currency（identification）; chemistry, standing in the third, is the magic for the resolution and combination of currency （authentication）; literature, standing in the forth, is the comb and carrier of currency; music, standing in the fifth, is the generous voice of currency; information science, standing in the sixth, is the god to command and guard currency（machine reading）; art, standing in the seventh, is the aesthetic window of currency（recognition）; business, standing in the eighth, is the ruler to judge the world currency, the scale to measure the globe, as well as the weight to measure the currency and life.

　　原生型实体货币——纸币、硬币属于印制品类工艺技术含量较高的作品，归根结底落点在防伪和通用两个方面，防伪归属安全，通用归属实用，本质上在主要方面归属数字科技。激光制版的精准程度在百万分之一以上，以数学科学计算即相当于 10 的负 10~40 次方，类似分子、原子、粒子、纳米、光年物理学的精深解析。大的里面含着

61

小小的东西，小小的东西微不可见，定位的东西光彩夺目，但观察或使用票币一旦更换了角度，构成动态，却又是另一番世界，如此效果生成的最终目的即是确保货币流通安全。纸币、硬币高理念防伪以及提供机器识读的处理技术，从数字科技角度论证与法定数字货币讨论电子信息技术同出一辙。

在纸币、硬币的防伪性能中，主动防伪是基础，被动防伪是补充。在主动防伪构想中存在凹凸平漏印刷，可观定位对印、对接、接线、隐形、微缩以及红外、紫外、荧光、磁性、同色异谱等明暗色调技术，分布在一线、二线、三线及公众、专业、专家防伪层面，可以提供生理功能和科学技术识别、鉴别、鉴定钞票的先期条件。

纸币、硬币的被动防伪是主动防伪的补充，伪造假币和进行电子信息诈骗的不法犯罪行为无法杜绝，从技术上设计防范和从法制上进行打击均属于被动防伪的范畴，关键是针对一些违法乱纪、逆流而动的犯罪行为，包括妨碍和危害货币的不法犯罪行为，主动做好技术上的防范。

纸币、硬币的设计印制分为大张、中张、小张，人们在日常经济生活中使用的钞票，拿在手上的就是一小张钞票。法定数字货币也要做到这个程度，在一小张钞票上设定防范风险的红线，把控确保安全的底线。法定数字货币的系统工程科研应该做好仿效，使崭新的、定型的货币运作起来，令不法犯罪分子无可乘之机，以造福民生，使公众利益不至于受到损失，创造市场货币流通的良性条件与安全氛围。

法定数字货币是现代数字科技的产物，只有做到安全与实用两全，才会有市场。

第五节　冠字号码技术的历史与现状

冠字与号码，存在一个大概念与两个小概念，大概念是全集，小概念是两个子集。史上通用的国际货币冠字基本由汉字、汉语拼音、罗马字、英文等文字构成。号码几乎百分之百采用阿拉伯数字，无论在艺术上如何修饰，万变不离其宗。

冠字号码属于货币的统一信用编码、代码，纸币票面上的冠字号码，一般有一个横向的号码或由横竖两个双号码构成，冠字与号码多为印制企业独家设计制造，具备唯一性、独特性，字形、字体存在大、小与异样之说，国际货币渐进采用通用字体，以利于跨境、跨国的国际市场货币流通和公众识别，并满足供机器识读的硬性需求。

冠字号码在炎黄文化的传承中有着重要的地位和悠久的历史。1024 年，世界第一张官方正式发行的"官交子"纸币，由山西人薛田发明并诞生在中国成都。约 100 年之后，1115—1234 年的金代纸币印版上已经设计了编号工艺技术，显而易见地构成了货币的冠字号码功能，其有据可查的准确时间为距今 990 年前。

因此，货币冠字号码话题的谈论可谓千年轮回，并非一朝一夕之事，也并非可有可无的举止轻弹。在纸币票面上设置冠字号码是科学技术举措，在强制性《人民币鉴别仪通用技术条件》国家标准上确认冠字号码作为检测货币的科学指数，本质上归类数字图像科学逻辑，实质上更属于高深的管理学，谜在其中，填补空白。

　　中国古代的法定纸币加盖有印发机关的印鉴，不仅如此，每一张纸币均必须编号。当时，纸币的编号并非启用数字而是采用举世闻名的汉字。中华儿女的祖先非常巧妙地将儿童课本《千字文》作为货币的密码，每每利用其中的两个字即可构成 100 万张纸币的有机排序印刷，以现代数学科学描述即是排列组合，一个集合又一个集合地形成全集中的子集。"天地玄黄，宇宙洪荒。日月盈昃，辰宿列张。寒来暑往，秋收冬藏。闰余成岁，律吕调阳……"就这样利用一千个字的科学运行排序货币的冠字，从设计印制到现实生活，针对货币编码的可操作性、实用性极强。金代货币编码率先运用了毕昇刚刚发明的属于中国古代四大发明的引领世界的活字印刷术。当时纸币印版的字料上方为什么雕琢了一个深深的凹坑？其正是安放活字的地方。另外，印版右侧设计有固定骑缝印章，其与印版浇铸为一体。如此，"活字印"与"骑缝印"构成综合理念、集成思维，通过"活印""死印"一次性印刷，同时完成冠字打印和兑现地名章的加印。兑现地名章所处的位置类似于今日美国以 12 个州际银行发行美元即标出固定代表 12 家银行的特殊冠字，分辨其主，一目了然。兑现地名章所处的位置实质上就是今日货币号码的位置。

　　一气呵成的一千个字，相比 1、5、10、50、100、500、1000 七个罗马字，相比英文 26 个字母或者相近于英文字母的汉语拼音进行货币冠字的排列组合无疑更好用，更利于防伪，更具中国特色。两个汉字加 8 位阿拉伯数字构成 1 亿小张的货币印制与继往开来的货币发行，这样可以大数据反复排列组合，不用因为冠字不够用而改来改去。因此，在人民币走向国际化之际，在货币技术升级或者改版换套的时候特别举荐此方案。至于纸纹防伪技术吻合货币致使冠字号码弱化的说法不可信，原因是货币的冠字号码不仅仅属于技术问题，同时还属于管理问题，其中绝大部分内容都属于市场货币流通管理的范畴。因此，它不是简单的、单一的技术性问题，还涉及政治、经济、金融、货币的宏观技术指数采集，涉及质量监督、纪律检查，案件侦破等。总之，冠字号码的作用宽泛。生活中花钱，尤其是花大钱，利用冠字号码技术，既可以防止真假币调包的违法犯罪行为得逞，还可以规避本来不应有的经济损失。

古代通过观察兑现地名章可得知与货币有关的发行机关事宜，今天通过了解货币冠字号码可清楚货币由哪家工厂印制，以及印制时间、地点、车间、班组、个人、质量等相关事宜，起到货币身份证、国家名片与护照的查询作用。中国人民银行在第三套人民币发行期间，即有专门通知要求记载大 10 元券（人民代表步出人民大会堂主体图案，史称大团结）的箱外代号，实质上根据公安部不断索要冠字号码的破案需求，锁定货币冠字号码属于行之有效的侦探法宝。

货币冠字号码的论证并非边缘性课题，由于信誉危机及针对货币的伪造与变造行径，其已经渐渐地升级为货币的探索主题。

知识点 >> 货币冠字号码

货币冠字号码构成票面要素之一，中国人在金代发明此种钞票印制工艺技术，距今已经 990 年。近现代陆续被各国货币所采用，属于世界货币通用设计印制技术，可联网大数据起到注册货币、检测货币、监管货币的作用。安全和计数是货币冠字号码的本质职能。冠字与号码分属两组概念，冠字处于引领位置，号码用于记录统计，特殊工艺技术设定的冠字围绕号码可定位在前、在后、在其中，遵循排列组合量化需求，一小张货币票面一般设置两个冠字，可并列在前或在后，可首尾相顾。冠字号码从外观上或内在机理上可呈现异型、接线，采用特种墨迹设定的明暗色调施放主动防伪和用于机读。一些票面设定一致的横和竖冠字号码。当票面呈现三个以上冠字时，其中一个冠字在于标明货币的发行机关或另具独到作用。小张钞票体现唯一性，而唯一性的根本条件在于冠字号码。

Currency's Serial Number

Serial number is one of the essential design elements in banknote. It was introduced by ancient Chinese in Jin dynasty 990 years ago, and widely adopted by many countries in recent history as a standard element on currency designing and printing. When connected to the internet big data, serial number plays such functions as banknote registration, inspection and administration. Security and statistics are the basic functions of the serial number. Series and number are two different concepts, the former is in the position of marking and leading while the later for recording and statistics. The serial letters are designed with special techniques, standing either in front of, in the middle of, or at the end of the numbers, depending on the quantity demand, in permutation and combination. On one small note, it is frequently seen that two serial letters are put, either in front of or at the end of the numbers, or one letter in front while the other at the end of the numbers. Serial numbers show from the external or internal, to be in abnormal shape, connecting thread, bright or dark tone with special ink, for active anti-counterfeiting as well as for machine reading. Some serial letters are designed in vertical or horizontal shapes. When three or more serial letters appear, one of them indicates the issuance organization or something special. A small note reflects uniqueness, and the foundation of the uniqueness is the serial number.

法定数字货币科研与发行应仿效货币冠字号码工艺技术，体现唯一性、可靠性、数据性等基本特征，其将防范风险化简到细胞单位，解脱随时随刻妄想侵袭它的寄生、伴生、绞生、牵绊、羁绊，从世界通盘考虑即便出现电子信息诈骗泛滥的严重事态，在金融风险防范领域也能做到未雨绸缪，将掮客、"鼹鼠"不法犯罪列入台账，搭建好特工队伍的科学契卡，杜绝各类危害可能酿成的重大经济损失。

第六节　原生型实体货币智能识读检测要述

　　法定数字货币在未来运行过程中的操作处理离不开金融仪器、机具、设备、装备，如同现行原生型实体货币的运行依赖金融仪器、机具、设备、装备一样。金融装备行业属于高端行业，涉及银行业金融机构，也宽泛涉及社会公众。论高端，其针对的唯一标的物是国家和世界的法定货币，包括法定数字货币。论宽泛，大凡使用货币的人均与这个行业紧密关联。论证这个行业的法定地位和神圣使命，责任重大，无可置疑。政府有关部门针对流通中货币（M_0）和直接关联的仪器、机具、设备、装备常态管理和严格监管，具有现实意义，涉及国计民生，涉及整顿金融乱象，涉及国家经济、金融、货币安全。2011 年 5月 1 日正式执行的强制性《人民币鉴别仪通用技术条件》国家标准和2017 年 7 月 6 日发布、2018 年 1 月 1 日实施的《人民币现金机具鉴别能力技术规范》指明了金融仪器、机具、设备、装备管理的方向，应严格遵照执行。从中可以看到，国家质检总局、中国人民银行等政府职能部门针对金融机具行业的现行管理和监管职能处在不同的阶段和涵盖不同的内容，初始者负责产品研发、性能、质量检测后颁发生产许可证，容许其准入市场；后者，在市场货币流通过程中针对机具的使用状况核查质量性能，实施管理和监管。初始者与后者面对金融机具行业考核的唯一标的物均为原生型实体货币，考察唯一标的物原生型实体货币的数字图像、红外、紫外荧光等光电特征、磁性磁图像，冠字号码等信息技术均会纳入数字科技。

基于企业上市、集团经营格局，完全市场经济的体制与机制发生了根本性变化，面对强劲的竞争对手，公司的前行路径在于创新性的体制与机制改革，在于高科技投入，率先是知识、技术、人才的培育或者是开发性引进，固守不得、封闭不得、垄断不得。完全市场经济条件下，体制改革落后，则无以活力、无以生命力；机制落后，则无以创新力，无以发展的潜力和后劲。无以市场需求的产品会渐渐丢失市场，原有的阵地也会被竞争对手占领，在份额与订单越加少的状况下终归将被挤出行业，被排斥于市场之外。置身金融机具土壤变化，解决问题的最好办法是梳理和树立龙头企业，实施企业兼并，强强联手，构建集团化公司，增强核心竞争力。从关系人民币的 1997 年旧国标到 2010 年新国标，从原有 127 家具有人民币伪钞鉴别仪生产许可证到现有 43 家获得 A 类、B 类、C 类点验钞机生产许可证，其中包括 31 家具有 A 类机证书（截至 2017 年）确实属于环境变化了，土壤变化了。梳理和树立龙头企业，增强核心竞争力是生产力水平的真实性和在真实性条件下的水平深浅话题，科学技术研究要防止虚假型大跳水，天不怕地不怕的二线产品不具备核心竞争力。CIS 线性传感器、FPGA 现场可编成技术、DSP 镶嵌式技术、RFID 射频识别防伪技术，实际上滋生了类似酒业的"机器勾兑"概念，构成综合理念、集成思维。

论证实体货币宏观寿命周期律、实体货币微观寿命周期律、实体货币技术寿命周期律，需要货币心理学，其是构成影响货币稳定的重要因素。首先，一种、一套、一版钞票、硬币，不可短期内相继、连续变换，应留给公众认识与行使的时间。其次，重心在于提供机器识读货币，大量的钞票需要仪器、机具、设备、装备处理，繁重的任务需要设备承担，尤其是在严密的成本利润核算条件下减员增效，需要配置高质量的大批量的、仪器、机具、设备、装备，在市场流通中货币（M_0）依然有所增加的条件下，原生型实体货币不会在短期内退出货币王国，其依然具备稳固性、长期性，这是各类金融机具存活的生命力，也是金融机具发展可以理顺的明确的方向。

论证金融仪器、机具、设备、装备的核心在于科学技术，其与实体货币技术寿命周期律竟相一致地构成一个话题，货币与机具的技术形成共同体，货币应提供丰富的科学技术内涵供机器识读，高质量、高性能的金融机具应该看穿货币，可读、可唱、可舞，使货币得以顺畅流通。时常面对一些外币，如美元、欧元、英镑、港元、日元、卢布、加拿大元、新加坡元、越南盾，以及周边多国货币进行观察、解析，先进的科学技术应用于货币设计、印制、发行，小小仪器能够打开世界之窗。全世界 220 多个国家和地区的 220 多种货币的科学技术应用得到考证，冠字号码与面额数字、票幅规格（长宽厚）、主体图案（凹凸平漏）、主体色调（基色）、可见光识别图文、红外识别图文、荧光识别图文属于数字图像技术；印刷可变图文、贴膜工艺、镂空、全息、三地动感特征、特种墨剂、透视窗工艺、水印高科技，属于光学特征技术；另外还有磁性磁图像技术。

2010 年强制性《人民币鉴别仪通用技术条件》国家标准获得国家科技创新奖，其高度概括的数字图像、光学特征、磁性磁图像三大科学技术领域完全覆盖了上述二十几项甚至世界货币 100 项具体的设计、印制、检测技术。作为标准，假定限死在一定范畴，只是一时地检测一项或者若干项具体的、特殊的东西，即脱离了本质，远离了规律，货币一旦产生变化其必然要随之改变，否则标准会即行废止。出现了伪造质量较好的假币或者真币本身发生了质量问题，一个很具体的标准即不可将其覆盖，因为科学是最为本质的东西、最为规律的东西、最为普遍和一般性的东西，也就是最为抽象的、高端的东西，由此表明了国家标准的高端地位。金融机具研发、入市、使用的生命力，率先在于其面对的唯一标的物货币的市场氛围，这是先决条件和存在的基础。基础之上是科学技术，生产销售金融机具的行业是否享有先进的、适合应用的科学技术，既是企业的灵魂，也是金融机具的灵魂。

金融仪器、机具、设备、装备的技术考察与学术理论研究格外鲜明，无疑属于推进制造业提质升级、支撑中国经济迈向中高端的领域。论纸币的顺畅运行、运作、运营，在现代科学技术迅猛发展条件下，其一，经济决定论。经济总量增加，抽象与实体货币双重增加。其二，生产力决定论。从古至今，纸币的研发与应用代表着同期生产力的发展水平，甚至于引领同期同行业的生产力发展。当今纸币的应用依然有诸多长于其他货币工具之处，从实用、急用、方便、安全等角度考察，其风险防范的程度在极大层面上高于其他支付工具。其三，素质决定论。基于人文素质与意识，要想在短期内取消现金，方方面面、角角落落都采取电子支付方式较难，这就为金融仪器、机具、设备、装备的发展埋下了伏笔。金融机具行业属于金融服务领域，2016年在国家GDP总量中服务业已经超过50%以上，可见，金融机具行业的发展不仅仅要考虑研发生产，方向性目标应定位服务，如果能够做到既能生产机具，那是最好的。

市场流通中货币（M_0）＋抽象转账支付清算货币的运行定位何种

形态？完全是由生产力发展水平所决定，完全是遵循货币流通规律而确认，并非是判定现金使用有其必要性的问题，策略界定货币、文化界定货币、科学界定货币，从政策性、文化与科学技术角度揭示了这个本质。什么样的人需要使用什么样的货币？什么样的经济需要使用什么样的货币？不能由主观意志随意决定。在强制性《人民币鉴别仪通用技术条件》国家标准出台之后，有了票面冠字号码记录、跟踪、分析的功能，现金运行的轨迹也是可以寻根问底，现金即时到账便于使用以及中央银行信用背书等特点发挥得淋漓尽致。在个人信息被无遏制盗取的氛围下，现金就像金融卫士，维护了社会公众的利益，不可排除许多人十分喜欢现金的市场行为，所以现金在一个相当漫长的时期内不会消亡。英格兰银行首席司库 Victoria Gleland 认为，现金还有相当的生命力；在全球范围内 85% 的零售交易在广泛地使用现金；每年 ATM 在全球生产销售安装的数量平均以 5% 的速度在增长，在未来 10 年内全球市场流通中货币（M_0）年度平均增速将在 3%~4%，这是世界著名跨国印钞 DLR 公司生产经营货币的经验与调研数据，该公司为世界数十个国家印制货币（M_0），属于精准地反映市场流通中货币（M_0）的"晴雨表"。以传统文化使用现钞的行为无法被叫停，依现代科学技术采用移动支付的行为也无法被命令，凭借现代生产力发展程度与传统文化的融合，在日常经济生活常态中人们乐意采用什么样的货币形态都由自己决定。法定数字货币一定会在一定数量上替代现金，并会在一定数量上替代转账支付清算货币，金融机具的成长需要吻合货币。

第七节　历代伪造货币法律惩处择要

中国是世界上最早使用纸币的国家，1000 年前在世界上最早发明纸币之后，历代王朝发行纸币均存在严格的管理与监管，率先成立有交子务、钱引务，直至当前中国人民银行货币金银局。

史册记载，姚涣于景佑年间进士及第不久即任监益州交子务，核查账目时发现吏人合伙贪污公款一万余贯，依法应处以极刑（死刑）。姚涣更换思维，提出愿以揭发贪赃得到的赏钱换几个小吏性命，既可为民除害，又教育了那些不奉公守法的人。上方长官被他的善行感动，改重刑为轻判，拯救了小吏。姚涣的做法受到广泛赞扬，被写入宋慈的《折狱龟鉴》，构成司法判案的典型范例。

北宋后期，范祖禹为郭子皋撰写墓志铭，记载与夸赞郭氏在宋神宗在位时担任成都府交子务时认为"纸币之设，本与钱相权，至是大坏，价贱不售，法几为废。君讲究其病，钱币复称，官民利之"。他的这一提议在当时发生货币危机的情况下起到了积极的缓解作用。作为下层小官敢于向朝廷谏言，解析纸币发行过量引发通货膨胀弊端，实为敢担当。

南宋中后期，郭淑谊于宋宁宗庆元六年（1200 年）被正式任命为监成都钱引务，针对钱引发行有决策权的长官决定削减新钱引的印制发行数额，而用减少回收旧钱引进行弥补的命令会导致混乱的问题，敢于向转运使汇报实情，使转运使大为惊叹。郭淑谊明确指出这一决定的错误，说"不讲出来心里有愧，讲出来就得罪了上司，肯定没好结果。但宁可得罪长官，也要问心无愧"，并行公文越级报告四川财政总领，终止了削减印制发行钱引数额的命令。为此，他得罪了上司，自己主动申请调离职位（《鹤山集》卷八三《知巴州郭君淑谊墓志铭》）。

南宋理宗继位不久，有人举荐邓明父担任监钱引务，当时蒙元军队攻入四川，成都地区遭受战乱，钱引务房屋倒塌，工匠困窘，纪律松散，人心浮动，一片狼藉。邓明父任职后全力整顿，恢复账籍，严格考勤、奖赏、财务收支制度，并向朝廷反映情况改善务内职员待遇，很快恢复了正常营业，有力地支持了抗击蒙元的战争（《鹤山集》卷八四《监成都府钱引务邓君应午墓志铭》）。

纵观世界货币的发展史，自从货币诞生，假币就相伴产生，在货币流通领域中或多或少地伴有假币滋生现象，统治者为抵制和打击假币采取多种措施，如惩罚假币制造者、奖励告发造假者。这里，列举数则中国古代反假货币条例，冀存此鳞爪，以窥一斑见全豹。

依文学家欧阳修撰写的墓志铭成文的《宋史·孙甫传》记载孙甫于天圣八年获进士，后成为范仲淹革新集团成员，一生做了许多有益于百姓的事情，任监益州交子务期间，四川地区发现大量伪造的交子纸币，执掌本地财政大权的转运使认为发行交子纸币引起许多违法行为，不如不发，将其废之。孙甫坚决反对，说："交子有人伪造，铁钱也有人伪造，由于被伪造就停止发行，那么铁钱是否也要停止铸行？出现伪造货币现象需要惩处犯法之人，才能保障对国对民都有益处的交子纸币发行。"孙甫刚正不阿的立场既打击了假币，保护了货币，更维护了法律，使得交子纸币得以顺畅发行和流通。

在湖北云梦睡虎地出土的秦简《封诊式》中有这样一则记载："某里士五（伍）甲、乙缚诣男子丙、丁及新钱百一十钱、容（镕）二合，告曰：'丙盗铸此钱，丁佐证。甲、乙捕索其室而得此钱、容，来诣之'。""容"是铸钱的范，二合构成一副。甲、乙不仅拿到丙、丁盗铸的110枚钱，还搜到一副钱范，证据齐全，向官府告发。此文虽未提及如何处罚，但反映出盗铸钱已经是一种犯罪。

《汉书·食货志》记载："孝文五年，为钱益多而轻，乃更铸四铢钱，其文为'半两'。除盗铸钱令，使民放铸。"这里的"放"字，就是"仿效"之意。文帝五年，除盗铸钱令后，贾谊谏诤曰："法使天下公得顾租铸铜锡为钱，敢杂以铅铁为它巧者，其罪黥。"这说明文帝五年除盗铸钱令后，是令民按政府公布的法钱仿铸，违反成色规定者处以黥刑。

西汉元狩四年（公元前119年）至西汉元鼎二年（公元115年），在中国历史上发生了一次大规模的反假货币的斗争。西汉元狩四年，汉武帝听从张汤的建议，以"检约奸邪""摧浮淫并兼之徒"为名，进行货币改制，发行三铢钱，同时，"造白金及皮币以足用"（《汉书·武帝纪》）。白金币，是银锡合金货币，有三种，通常称为"白金三品"。一是重8两的圆形币，以龙为花纹，值3000钱，名为"白选"；二是重6两的方形币，以马为花纹，值500钱；三是重4两的椭圆形币，以龟为花纹，值300钱。由于"白金三品"是一种巨额虚币，从而引起了社会上空前的大盗铸。在《史记·平准书》《汉书·食货志》中记载着："吏民之盗铸白金者不可胜数"；"自造白金五铢钱后五岁，赦吏民之坐盗金钱死者数十万人，其不发觉相杀者不可胜计，赦自出者百余万人，然不能半自出，天下大抵已虑皆铸金钱矣"。为此，汉武帝颁布了严酷的法令："盗铸诸金钱者罪皆死"(《汉书·食货志》)。

王莽时期，实行了四次币制改革。第一次币制改革是在居摄二年（公元 7 年），铸"一刀平五千""契刀五百""大泉五十"与汉五铢并行流通。"一刀平五千"重 30 克，"契刀五百"重 16~18 克，"大泉五十"重 7~12 克，分别等值于重约 3.5 克的汉五铢五千枚、五百枚及五十枚来用。第二次币制改革是在始建国元年（公元 9 年），铸"小泉直一"，与"大泉五十"并行流通。"小泉直一"重 0.6~1.2 克。第三次币制改革是在始建国二年（公元 10 年），最为复杂，史称"凡宝货五物，六名，二十八品"。即金、银、龟、贝、钱、布货，其中钱货分六等，由当一至当五十；布货十等，由当百至当千。第四次币制改革发生在地皇元年（公元 20 年），废除此前铸行的所有货币，另铸"货泉""货布"两品，其中货布一当货泉二十五枚使用，而重量仅为其数倍。王莽时期，每次币制改革都伴随有虚值大额货币的产生，而盗铸虚值大额货币可以获得高额的利润，在这种诱惑下，"民多盗铸者"(《汉书·王莽传上》)。为此，始建国二年，"盗铸钱者不可禁，乃重其法，一家铸钱，五家坐之，没入为奴婢。"(《汉书·王莽传中》)。地皇二年，"民犯铸钱，伍人相坐，没入为官奴婢。其男子槛车，儿女子步，以铁锁琅当其颈，传诣钟官，以十万数。到者易其夫妇，愁苦死者什六七"(《汉书·王莽传下》)。尽管王莽课以重刑，但仍然阻止不了大批的盗铸者，以致因盗铸钱而被没入为官奴婢者"以十万数"。

唐代对盗铸钱者的处罚比以往更为严厉。高祖在武德四年谕令："敢有盗铸者，身死，家口籍没"(《唐会要》卷八九)。"惠帝三年，相国秦遣御史监三辅不法事，有词讼者，盗贼者，铸伪钱者……

凡九条"（《唐六典》卷一三）。同时，对私铸钱还规定："诸私铸钱者，流三千里；作具已备，未铸者，徒二年；作具未备者，杖一百。若磨错成钱，令薄小，取铜以求利者，徒一年"（《唐律疏议》卷二六）。可见，当时的制币单位如果不按国家的统一标准，制造"薄小"钱币，以"取铜以求利者"，判处徒刑一年。

宋朝主要流通铜钱和铁钱，严禁民间私自铸钱。《宋刑统·杂律》规定："诸私铸钱者，流三千里。"同条所附《刑部格敕》又加重规定："凡私自铸钱或组织谋划者，一律处绞刑并决杖一百；从犯或容留犯人者，加役流并决杖六十；铸钱地邻保配徒一年，里坊村正决杖六十。"随着商品经济的发展，交易流转的加快，使用金属铸币分量重、价值小、不便交易与携带，难以适应经济发展的需要。于是，发明了世界上最早的纸币交子。交子最初产生于四川地区，先由民间发行，后改由政府垄断发行。北宋真宗时期，官发交子的创意者薛田和张若谷曾提出"私造者禁之"的意见。神宗熙宁初年（1068年），为保证交子正常流通，制定了《伪造交子法》，"立伪造罪赏如官印文书法"。随着交子流通区域由四川扩展到陕西、京西等地，崇宁三年（1104年）又立钞法，"通情转用并邻人不告者，皆罪之。私造交子者，罪以徒配"。南宋时期，印制有纸币关子和会子。绍兴"三十二年（1162年），定伪造会子法。犯人处斩，赏钱千贯，不愿受者补进义校尉。若徒中及庇匿者能告首，免罪受赏，愿补官者听"（《宋史·食货志》）。

金代前三十余年主要行用辽、宋旧钱。贞元二年（1154年），金政府在中央设立印造钞引库和交钞库，发行纸币——交钞。交钞上说明了伪造和捕告的惩赏条例，如"伪造交钞者斩，告捕者赏钱三百贯"（《金史·食货志》）这样的字样。

　　元代是中国历史上纸币空前盛行的时期，也是世界上最早推行纯纸币流通的朝代。元代伪造纸币非常严重，大德七年，郑介夫指出："今天下真伪之钞，几若相半。"又说："今民间之钞，十分中九皆伪钞耳"（《历代名臣奏议》卷六七）。这种说法虽有些夸大，但意在说明伪钞之多。于是，元朝政府立法加重惩处，《元史·食货志》规定："伪造者处死"；"伪造宝钞，同情者并处死。"钞面上还印有"伪造者斩，首告者赏银五锭，仍给犯人家产"等字样。此外，还规定有"诸造宝钞，首谋起意，并雕版钞纸，收买颜料，书填字号，窝藏印造，但同情者皆处死，仍没其家产……"元朝政府还常以重赏鼓励打假者，规定："告获印造伪钞者赏钞五锭，仍给犯人家产，应捕人减半。告捕挑剜补辏者赏中统钞拾锭，犯人名下追给"（《大元通制条格》卷二〇《赏金》）。

　　元朝政府在打击假币过程中，还根据犯罪情节的轻重处以不同的刑罚，如伪造钞币罪、分用伪钞罪、改钞补钞罪、奉法不虔罪、不昏为昏罪等罪名，足见元朝钞法的细密、周详。

　　明朝洪武元年（1368年）发行了"大明宝钞"。洪武七年，设立宝钞提举司。洪武八年，立钞法，发行了"大明通行宝钞"，宝钞上印有"中书省奏准印大明宝钞，与铜钱通行使用，伪造者斩，告捕者赏银二伯五拾两，仍给犯人财产"等字样。

　　咸丰三年（1853年），清朝户部奏呈了官票样式和章程，正式发行官票和宝钞。官票和宝钞被人们合称为钞票。官票上印有："户部奏行官票，凡愿将官票兑换银钱者与银一律，并准按部定章程搭交官项，伪造者依律治罪不贷。"宝钞上则印有"此钞即代制钱行用，并准按成缴纳地丁钱粮一切税课捐项，京外各库一律收解，每钱钞贰千文抵换官票壹两。"虽然清钞上无治罪之文，但在行钞的上谕中有"并著步军统领衙门认真稽查，如有伪造等弊，即行按律治罪"的规定。后来，刑部定的惩处中有"如有私造之犯，拟斩监候；为从及知情买卖者，发新疆给官兵为奴；其私造当未行用之首犯，于斩罪上减一等，杖一百、徒三年；为从者各减一等"（《钞法汇览》）。由此可见，清朝对纸币打假防伪的立法，相对于宋、元、明伪造纸币者斩，同情者问死罪的规定，显得不甚严厉，只判斩监候（死缓），其余则逐次减等。在发放收兑中的违纪犯例者也没有惩治的规定。

综上所述，从货币立法角度可以看出，我国古代不同时期反假货币采取的措施，这些措施给我们今天货币防伪与反假带来了深刻的启示和有价值的借鉴作用，面对法定数字货币的未来问世，涉法问题是不容回避的大课题，从中应有所领悟。

本章思考题：

1. 论述宋代交子与钱引纸币。

2. 试论纸币防伪技术与法定数字货币科研。

3. 法定数字货币科研在纸币冠字号码应用中的启示。

4. 中国古代货币法制典范举证并论述。

5. 论述原生型实体货币宏观寿命周期率。

6. 论述原生型实体货币微观寿命周期率。

7. 论述原生型实体货币技术寿命周期率。

第三章

Legal Digital Currency

法定数字货币

金银货币属性

◎ **本章概要：** 本章关乎换位思考法定数字货币论证，笔重墨浓，分为属性黄金、繁荣黄金、实力黄金、消费黄金、共性黄金、文化黄金、慈善黄金、民间黄金、资本黄金理论九个部分，主要阐述了黄金天然是货币与商品的二重性，突出一个"实"字，以及黄金在今天的经济生活中的地位。

论证黄金，率先是黄金、白银具备的商品属性和货币属性两重身份，在贝币到法定数字货币九段论中，在一个漫长的古代与现代历史时期，许多国家的法定货币发行曾以黄金、白银作为本位制度，美元即是如此，长时间与黄金挂钩。未来的法定数字货币与黄金有直接关系，因为都是货币，可以相互转换。法定数字货币是一种科技创新文化，黄金是辉煌灿烂的古典货币文化，两个货币文化之间存在着内在的基因性的必然联系。

第一节　1971 年，属性黄金

将金币涵盖银币作为市场流通中货币，史称金银本位制度，主旨包括一是用黄金规定货币所代表的价值，每一枚金币都有法定的含金量，各国货币按其所含黄金的重量，制定相应比价；二是金币可以自由铸造，任何人都可按法定的含金量自由地将金块交给国家造币厂铸造成金币，或以金币向国家造币厂换回等量的金块；三是金币是无限法偿的货币，具有无限制支付手段的权利；四是各国的货币储备是黄金，国际间结算也使用黄金，黄金可以自由输出或输入。以上属性体现了自由铸造、自由兑换和自由输出入的基本特点。由于金币可以自由铸造，金币的面值与其所含黄金的价值就可保持一致性，金币数量就能自发地满足市场流通的需要，从而起到原生型实体货币供求平衡的作用，不会发生通货膨胀或货币贬值；由于黄金可以在各国之间自由转移，保障了外汇行市的相对稳定和国际金融市场的统一，所以金本位制构成了一种比较健全和稳定的国际货币制度。1816 年英国颁布了《金本位制度法案》，率先实行金本位制，促成黄金转化为世界货币。1871 年德国步其后尘，丹麦、瑞典、挪威等国于 1873 年相继实行金本位制，19 世纪末至 20 世纪中期，自由资本主义国家普遍实行了金本位制。但是亿年、万年、千年、百年，人类的前行绝非风平浪静、一帆风顺，螺旋性上升理论还不足以表达和描述人类前行的轨迹，实质上，有巅峰，也有谷地，更有颠覆和沉船，但是人类始终没有气馁，不断走向文明进步，这就是人类区别于低级动物之处。

1931 年，欧洲金融市场爆发了扩散性金融危机，5 月奥地利挤兑存款浪潮波及匈牙利、捷克斯洛伐克、罗马尼亚、波兰等国；7 月初德国的银行危机迫使美国、英国、法国决定让德国延期偿还贷款 3 个月；7 月下旬英国的挤兑风潮使得经济体在短短两个月内流失了至少 2 亿英镑的黄金储备，英国政府被迫于 9 月 21 日宣布脱离金本位，国际金本位体系正在崩溃。这场金融恐慌在波及整个欧洲后，回过头来迅速转向了美国，1932 年 6 月美国也流失了近 20 亿美元的黄金。危机面前各国各自逃生，采取以邻为壑的低级做法。在金融方面，与英镑保持固定汇率的国家和地区相继放弃金本位，促成了英镑集团。1931—1932 年，哥伦比亚、玻利维亚、奥地利、阿根廷、希腊、捷克斯洛伐克、南斯拉夫、拉脱维亚、丹麦、爱沙尼亚、哥斯达黎加、罗马尼亚、日本和巴拉圭等国实施外汇管制。法国源于自己黄金储备充足而坚持实施金本位，并从 1931 年 9 月起连续将美元储备兑换成黄金，到 1931 年 12 月中旬从美国联邦储备系统换走共计 3.5 亿美元以上的黄金。同步于此，比利时、瑞士、荷兰等国的银行也相继向美国联邦储备系统提出将美元储备兑换成黄金的要求，酿成美国联邦储备系统陷入了恐慌，黄金流失达到 7.55 亿美元。自此，第一次世界大战后重建的国际货币体系从本质上彻底崩溃了。1933 年 3 月 6 日深夜，罗斯福总统紧急宣布银行大休假（停业），中断黄金赎回和禁止黄金出境，挤兑浪潮以强制银行系统瘫痪的方式暂告结束。上述发散到世界的黄金潮表明了黄金不可小视，法国、瑞士等国增加了自己的黄金储备，美国、英国、德国等国家示弱，金融是经济的血脉，货币是衡量经济之尺，尤其是在当时那个阶段，黄金不但带有商品和货币两种属性，而且在金本位下唯一履行了货币职能，这就更突出了黄金的地位和重要性。

1971 年布雷顿森林会议将世界货币与黄金脱钩，梳理和树立了美元的霸主地位。事后 50 多年以来，人们远离黄金了吗？

3000 年前，郢金诞生炎黄荆楚大地，得以作为商品交换、流通的媒介物，本质表现为称重计量，采纳"切块"形式标明货币质量、币值、币价。中国是世界上发明与使用金币、银币最早的民族。金、银本位是货币世界的国王和皇后，由于货币基材价值昂贵，其不论以形态、称重、币值哪一种形式问价，均鹤立鸡群，首当其冲。黄金没有负数，作为保值储备归于吻合货币流通之要选，但数千年来金币从未承担过作为炎黄货币普遍流通的职能。

论黄金，继炎黄有文字史记五千年，自历代考古文化研究可见，黄金与白银呈现给华夏子孙的时间遥遥领先世界。看中国，3000 年前，金币已经诞生在古老文明的荆楚大地，号称郢金，历史悠久，源远流长。看世界，公元前 600 年，金币出现于小亚细亚地区，中国的黄金利用技术较早地立于世界之林。

"黄金赋予最丑的人以迷人的魅力，离开了它一切都将黯然失色。"法国作家莫里哀诗样的描述给黄金染上了文学的色彩。

知识点 >> 黄金

黄，本意为佩玉，黄部，象形字，甲骨文、金文均像古人身上饰带佩玉之形，借以表土地之颜色，相关的词语如炎黄、黄帝、黄货、黄白之物、黄金切割、黄金本位、黄金时代。金，金部，会意字，上下结构，顶部从人，像覆盖之形；中下从二、从土，左右两点若金在土中之形。金为常用字，本意为金属总称，元素符号为aurum，缩写为AU。黄金（gold）为化学元素，是金的单质形式。一种软性的金黄色抗腐蚀贵金属，泛指金、银、铜、铁、锡五金，金子，天然、有限。有些形成的金，如沙金、矿金、生金、熟金、纯金、赤金、色金，质软、均匀、适分、性强、比重大、熔点高、耐酸碱、价值厚、可流通、能储藏；另外还包括一些形式，如九九金、金块、金条、金币、饰金、纸黄金、试金石、金衡盎司、司马两、沙金、世金、金币、货币与金银贵金属纪念币、民金、市场藏金、国金、国库金银储备、金德。属性黄金＋繁荣黄金＋实力黄金＋消费黄金＋共性黄金＋文化黄金＋慈善黄金＋民间黄金＋资本黄金＋法制黄金＝互联网＋黄金，黄金灿灿、富而有爱。

Gold

黄, pronounced as Huang, originally meant someone wearing jade. As a pictographic character, it appeared in oracle and bronze inscription to describe an ancient with jade as ornament. It was also adopted to describe the color of the soil. Relevant words include 炎黄（Emperor Yan and Huang）、黄帝（Emperor Huang）、黄货（gold）、黄白之物（gold and silver）、黄金切割（perfect cutting）、黄金本位（gold standard）and 黄金时代（golden time）. 金, pronounced as Jin, is an associative compound with up-down structure. The top of the character is 人, or human being, in a shape of cover. From the top to the bottom is 二, pronounced as Er, and土, pronounced as Tu. From the left to the right is the image of gold in soil. Jin is a frequent character in Chinese; it refers to metal in general. Its element symbol is aurum, Abb. AU. AU is a chemical element and elemental form of gold, a soft, yellow, corrosion resisting and precious metal. It also refers to the five metals including gold, silver, copper, iron and tin. Such forms of gold as gulch gold, aragane, raw gold, medium gold, pure gold, pink gold and colorful gold, appear to be soft in nature, balanced in proportion, easy for cutting, strong in capability, high on melting point, resistant to acid and alkali, high in value, and suitable for circulation and storage. Such forms as 99% gold, bullion, gold bar, gold coin, gold ornaments, paper gold, touchstone, troy ounce, Hong Kong Syma grams, gulch gold, the world gold fund, gold coins, currency and gold and silver commemorative coins, citizen owned gold, the gold in market, state owned gold, gold and silver reserves in treasury and golden quality are also related to gold. Attribute gold + Prosperity gold + Strength gold + Consumption gold +commonality gold + charity gold + culture gold + gold among the people + capital gold + legal system of gold= Internet + Gold. The gold is shimmering, rich and loving.

针对黄金和白银实物进行技术鉴定，属于物化检测的高深科学技术，包括经验型检测，看、触摸、掂量，采用传统的天平、对金牌（黄金纯度标样）进行物化检测，针对金银实物外观色泽、质量比重、硬度、纯度等精湛确认。老一辈金银鉴定专家溜银元动作娴熟，听声音即可剔除假的东西。现如今多利用现代光电仪器、设备，采用反射、衍射等原理，检测精度很高，防止了以往只凭经验检测可能存在的粗线条、误差大的状况。对黄金实物成色的界定甚至于可以达到9999.999的水平，高色、低色不差毫厘，国际标准金锭（12.5KG）即是如此。中国人民银行下属的黄金冶炼企业冶炼的黄金被世界黄金协会，伦敦、纽约、香港等黄金交易所公认。

黄金属于实实在在的东西，青睐度永恒，古往今来，总是构成热门话题，金市并列于股市、债市、币市、汇市，成为金融五大市场，与经济、金融、货币，与全社会息息相关，家喻户晓，百姓皆通。因此，黄金属于经济生活的称道触点，必然构成金融领域需要探索的大事项、大课题。针对黄金，各国均制定相应的管理政策，中国的黄金管理体制和政策独具风格。在体制上，中国人民银行与国家黄金局、武警黄金部队携手数十年分别履行黄金管理和生产两大职能。在管理上，计划经济年代数十年施行统购、统销政策，国家黄金局、武警黄金部队及民间开采的矿金、沙金，一并由中国人民银行统一冶炼和集中仓储保管，构成大一统的管理与监管格局。改革开放后，尤其以世纪之初上海黄金交易所成立为标志，中国黄金市场开始向着逐渐放开的目标，以稳健的步伐向前迈进。

黄金，在世界上唯一具备"商品与货币"双重属性，美国就有上万吨黄金储备。以现代语言表述，黄金等于数字科技旗下的数字货币。

第二节　2002 年，繁荣黄金

一、辉煌的黄金管理体制改革历程

中国的黄金管理体制改革已经走过了辉煌的里程，与时俱进，页页新篇："2000 中国黄金经济论坛"吹响了我国黄金管理体制改革的号角；2000 年 12 月 22 日，中国人民银行提出要综合配套，统一、有序地推进黄金管理体制改革；2001 年 4 月 27 日，时任中国人民银行行长戴相龙宣布将取消黄金统购统配的计划管理体制，建立黄金交易市场；2001 年 6 月 11 日，中国人民银行开始启动周报价制度，国内金价逐步与国际金价接轨，作为黄金产品市场化改革的重要成果，它拉开了建立黄金市场价格机制的序幕，同时为黄金产品实现市场化奠定了基础；2001 年 8 月 1 日，国内黄金饰品零售市场价格全面放开，一改传统上由国家统一定价的模式，实行由经营企业根据市场变化自主确定价格，使黄金市场开放向前迈进了一步；2001 年 9 月 12 日，时任中国人民银行行长戴相龙在"21 世纪的中国与世界"国际论坛上表示，中国年内将在上海建立黄金交易所，完善金融市场体系；2001 年 10 月底，中国人民银行、国家经贸委、国家工商行政管理总局、国家税务总局联合发出《关于规范黄金制品零售市场有关问题的通知》，改革黄金制品零售管理审批制，实行核准制，取消黄金制品零售业务许可证管理制度，这是黄金管理体制走向市场化的重要进程；2001 年 11 月 28 日，上海黄金交易所进行模拟运行，这是中国人民银行继黄金收售实行周报价制、取消黄金制品零售许可证管理制度后在黄金管理体制改革方面又向前迈出的实质性的一步；2002 年，上海黄金交易所成立。

　　1000 年前，一枚著名银便士作为硬币在欧洲大陆面世了，起源于此的正统货币概念相传至今。国家为什么这样重视黄金？组织生产、储藏、储备或者营销黄金？其根源源远流长、意味深长。纵览古今中外，世界黄金在历史长河中，先后经历了若干次革新式的阶段，它们涵盖了古代与近代金本位时期、布雷顿森林货币体系初期和中后期……直至现代国际货币体系时期。黄金由最初的产生与发展到其鼎盛时期，有着一个千变万化的演化过程。黄金与英镑、黄金与美元、黄金与同时期的其他坚挺的外汇相比，或者"并驾齐驱"，或者"互为犄角",或者"取而代之",它们在货币化与非货币化之间徘徊,不论在伦敦、东京、纽约还是在任何有黄金的地方,其依然充当令世人瞩目的具有储备、投资等货币功能的特殊"角色",从黄金职能作用的演变发展规律,可以看出黄金在世界经济与金融生活中依然保持着不可估量的作用和举足轻重的地位。

中华人民共和国成立后黄金储备经历了从无到有、从粗具规模到逐步充实的发展过程。黄金作为战略资源,其作用与外汇相近,在宏观上始终被赋予货币性质,被进行高度集中、统一的严格管理,在一些国家禁止民间买卖,统一由中央银行收购和配售,这对特定时期稳定金融物价、平衡国际收支、保障国家经济建设都起到了十分积极的作用。但是,随着市场经济的不断深入发展,旧的黄金管理体制存在弊端,有许多不适应之处,目前实行的黄金管理体制改革即是在此基础之上,为了顺应市场经济的发展,优化黄金产业结构,提高黄金生产能力,特别是促进国内黄金生产、流通、消费的健康发展而深入进行的一次黄金管理体制的革新与革命。

二、继续深入推进黄金管理体制改革

黄金管理体制改革的基本目标是取消对黄金统购统配的管理政策,开放黄金市场,充分发挥市场对黄金资源进行配置和调节的基本性作用,建立和形成全国统一、调控有力、公平竞争、规范有序的黄金交易市场体系,促进国内黄金的生产、流通、消费健康、协调发展。在经济、金融发展全球一体化的形势下,根据黄金管理体制改革的基本目标和思路,中国人民银行为了提高黄金市场理念,疏导流通渠道,创造交易条件,将黄金市场起步的路走得更扎实一些,将其定位在一个高的起点，会同国家有关部门，分析情势、研究情况、在实践中吸取经验与教训，研究制定了黄金管理体制改革的政策，构想和筹建黄金交易所的基本框架与实施方案，积极稳妥地推进各项改革措施。

黄金市场建设大体分为以下三个阶段：

第一阶段为政策准备阶段。研究制定黄金管理体制改革政策，筹建上海黄金交易所，制定市场监管的法律法规，调整现行黄金管理的具体措施和办法，为实现黄金管理体制改革的平稳过渡创造条件。这一阶段的工作进展情况良好，2001年11月28日上海黄金交易所成功地进行了模拟运行。

第二阶段为市场初步开放阶段。上海黄金交易所正式运行，广泛吸收具备条件的国内生产、流通、消费企业和商业银行进入上海黄金交易所参与交易，积极培育和发展市场中介，活跃市场交易，降低流通成本。交易方式从现货交易开始，随着市场功能作用的发挥和市场运行机制的完善，经国务院和有关管理部门批准，还将逐步增加期货等多种交易方式。根据国内市场发展的需要，允许商业银行对居民个人展开黄金投资产品的零售业务，增加投资产品，形成一个以上海黄金交易所为主、商业银行和其他会员服务为补充的全方位、多层次、多渠道的黄金交易市场体系，为国内黄金提供高效、便捷、安全、低成本、多方式的交易渠道和交易服务。

第三阶段为市场全面放开阶段。根据我国加入世界贸易组织的进程和国家外汇管理体制的改革情况，将逐步取消黄金进出口的限制，允许具备条件的国外商业银行进入黄金交易所交易黄金，从而形成市场机制完善、监管规范并与国际市场全面接轨的黄金市场体系。

三、黄金管理体制改革任重道远

珠宝饰品与黄金、白银有着千丝万缕、密不可分的联系，它们共同构成珍宝贵重物品的大家族，是人们经济生活的一个独到而又十分重要的领地。黄金与白银是奠定珠宝饰品的基石，珠宝是镶嵌金银饰品的鲜花。金银与珠宝互为依托，因此，在它们中间，你中有我，我中有你，结伴生存。实践和现实都证明了，搞好黄金与珠宝市场管理的极其重要性，它们是市场经济发展中不可缺少的部分，对稳定社会、繁荣经济、美化生活有着十分重要的地位和作用。黄金管理体制改革是一项长期而艰巨的任务，涉及面广，内容繁多，情况复杂，有宏观决策议题，也有微观操作事项，对此应该有足够的思想准备，在积极推进改革的同时，也要做好攻坚不怕难的长期打算。

黄金管理体制的改革既然是一场革新与革命，人们的认识也应该伴随前行，认识在先，先睹为快才能付之行动。市场并非空泛之物，它是认识与实践的结合，它是理念与实务的有机体。因此，需要大家共同解决好这个问题。要看到开放黄金市场挑战与机遇同在，应高瞻远瞩，具有敏锐的市场洞察力。要认真研究市场、充分认识市场、及时捕捉市场、大胆开拓市场、率先占领市场、成功运用市场，成为市场经济的主人。黄金市场是中国与世界经济、金融、商品市场的重要构成要素，中国的黄金市场目前虽然只是一个雏形，但其具有潜在的广阔前景。随着中国综合国力的增强，人民生活水平的不断提升，人们对珠宝饰品、金银制品等的需求量与投资力度将不断加大。中国黄金管理体制改革所走过的历程是辉煌的，中国黄金管理体制改革任重道远。

第三节　2003年，实力黄金

对于特殊商品——黄金的强化管理，涵盖生产与市场两大侧面。第一步是对生产的管理，并进一步引申到对产品与商品的管理，而产品与商品的流动涉及市场。从黄金的生产到黄金市场，从产品到商品，其本质性内容、核心性概念是货币问题。所以，不可简单地从形式上讨论黄金，只是将其看作条块状的有形体的死疙瘩，而是要由此而论深层面的关于货币议题，由黄金波及的资本项下的货币议题与外汇相提并论的涉及金融安全，是经济、金融运行中的颇具纲目性的大事。对于黄金生产与市场管理两大侧面的讨论，此刻落笔于从货币角度研究黄金市场、储备和管理体制的改革。中国的黄金产量已经连续五年排世界第四位，以10%～15%的年平均增长率由产金大国向着产金强国迈进。在生产上，涉及浅层矿金的保护与再开采以及矿金深度资源的科学探索；在生产管理上，涉及支持大型黄金企业的基本原则，大型黄金企业则要积极构想以黄金为本、行业领先、多元发展、跨国经营，成为具有国际竞争力的行业排头兵，以稳定国内黄金市场，无愧和巩固第一供应商的地位。对于私下交易黄金的不法行为以及十分猖獗的黄金自流、暗流行为，各国均有新、旧黄金管理条例一类的法规对其施行较为严格的管理，以构成对国内、国际黄金市场的保护，包括对做市商与黄金企业利益的保护，针对强化黄金生产与市场管理，针对黄金文化市场的展望与创新战略，世界和各国的黄金协会作出了应有的贡献。

2004 年 3 月 8 日，欧洲中央银行与 14 个欧洲国家的中央银行签署新的黄金销售协议（《华盛顿协议》），协议声明："1. 黄金仍将是全球货币储备中的重要组成部分……4. 本协议将在 5 年后重新审议。"一个时期以来，黄金与美元之间煞有介事的大有互为替补之意。黄金价格陡然攀升，也可能急骤滑落，归根结底，其与美元生死攸关。美元汇率下跌，黄金价格上涨；美元汇率上涨，黄金价格下跌。世界经济、金融、货币容身其中，在美元不景气条件下，黄金总会于高价位上波动，一时间兴许再创高峰。特殊商品—黄金、特殊商品—货币，经过特殊商品一词的替代概念之后，黄金与货币的关系即非同一般了。尽管黄金与白银本位时期早已经远远地过去，但从货币流动性预期观察，本次黄金热潮的涌动起码是在一定范畴体现的一次货币黄金互动的规律性反弹，从世纪之初可能漫长地延续下去。

一、黄金储备的重要意义

黄金作为战略资源的储备，其作用与外汇相近，在宏观上始终被赋予货币属性，被高度集中、统一的严格管理，与时俱进，时事变迁。时下，黄金再度显现了特殊商品非同一般的魅力，为世人所瞩目。从社会现实看，几种主要的国际储备汇率的波动，常常成为影响国际黄金市场价格的重要因素。1948 年美国官方黄金储备高达 21682 吨，占世界各国官方黄金储备的 75%，占包括民间储备在内的全世界黄金储备的 71.84%；美国黄金储备是全部发展中国家储备 2118 吨的 10 倍有余，是其他发达国家储备 4822 吨的 4.5 倍。尽管近几年一些国家和组织多有抛售黄金、减少黄金储备的行动，发达国家的黄金储备依然占有世界黄金储备的绝对量。因此，美元和持有黄金数量较多的发达国家的货币与黄金的波动，哪怕是轻微的动荡，即会推动黄金价格的上涨或下跌。黄金与货币直接相关，一些业界人士甚至认为黄金的黄金投资时代已经再次到来。从商品、货币流通、经济、价值规律论，从高界面理论而言，黄金价格与各类商品价格一样，均依从市场规律而定，显然决定和影响黄金价格走势的重要或者是根本因素是黄金的总供给与总需求。然而，正是因为黄金仍是兼有货币、金融、储备等多重属性的特殊商品，具有投资、保值、相对有效的防避风险的作用，所以货币价格的波动即影射到黄金。适当提高黄金储备规模，会表明国际地位和综合经济实力的进一步增强。黄金作为国际储备资产的组成部分，对于稳定国家金融安全、提高国际资信等方面有着特殊地位。1997 年曾经发生的亚洲金融货币危机，在极大程度上验证了黄金与货币、黄金与规避风险的重要性和战略意义。

近几年，中国的经济总规模、国际贸易和投融资规模不断扩大，黄金产量出现相对平稳的增长势头，形成世界第五大产金国，主要反映出中国黄金管理体制改革及加入世界贸易组织后，为黄金生产业带来了难得的发展机遇。中国的黄金企业通过组建大型企业集团，实现资源的统一规划、合理开发、规模经营、降低成本、提高效益和企业竞争能力等方式逐步走上了平稳发展的轨道。从国内黄金供给面来看，产量基本满足消费需求，所以，不会针对世界引起黄金价格大的波动，黄金储备的增加与经济、金融的发展同步，与综合国力的增强也是同步的。人民币尚不是国际储备货币，在资本项下也没有实现完全可兑换的时间表，现行汇率安排与中国的经济发展阶段、金融监管水平和企业承受能力相适应，是符合中国国情的选择，继续实行以市场供求为基础的、单一的、有管理的浮动汇率制度，保持人民币汇率基本稳定的政策，其不会成为现代国际市场黄金价格的影响因素。自然，中国黄金市场的发育程度较低，有着巨大的发展潜力，尤其是黄金投资产品的开发可能在较大程度上提高黄金需求量。在其他因素不变的条件下，特别是在各国的黄金储备政策不发生变化的情况下，中国黄金市场的发育程度和发展速度，包括未来进出口黄金政策的定夺，必然会影响到国际市场上的黄金需求量，进而影响到国际黄金市场金价的中长期走势（见表 3-1、图 3-1、图 3-2）。

表 3-1　各国（地区、组织）黄金需求量、黄金市场金价以及占储备的百分比情况

国家 / 地区 / 组织	黄金需求量 （百万盎司）	黄金市场金价 （亿美元）	占储备的百分比（%）
1. 美国	260	975	57.0
2. 德国	110	413	43.2
3. 国际货币基金组织	103	386	
4. 法国	97	364	55.2
5. 意大利	79	296	45.8
6. 瑞士	57	214	33.0
7. 荷兰	27	101	48.5
8. 欧洲中央银行	25	94	
9. 日本	24	90	1.7
10. 中国	19	71	2.1
11. 西班牙	17	67	15.4
12. 葡萄牙	16	64	41.2
13. 中国台湾	14	53	2.8
14. 俄罗斯	12	45	7.3
15. 印度	11	41	5.4
16. 委内瑞拉	11	41	27.8
……			
56. 韩国	0.4	2	0.1
87. 中国香港	0	0	0.0

资料来源：世界黄金协会和国际货币基金组织的国际财务数据，2003 年 6 月。

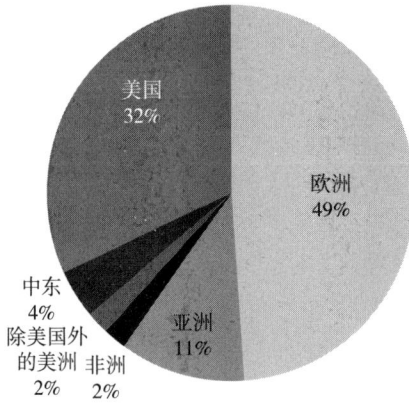

资料来源：世界黄金协会和国际货币基金组织的国际财务数据，2003 年 6 月。

图 3-1　按洲划分的中央银行黄金储备

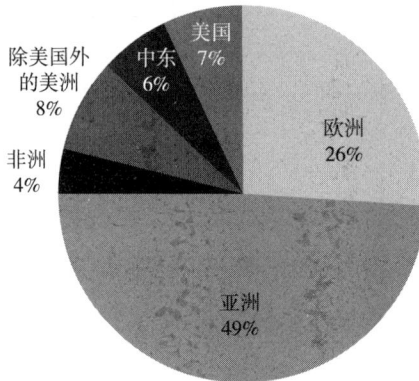

资料来源：世界黄金协会和国际货币基金组织的国际财务数据，2003 年 12 月。

图 3-2　按洲划分的中央银行总储备

二、中国黄金管理体制改革的历史

回顾中国黄金管理体制改革的历史，有利于把握今天和规划未来，现行的黄金管理体制是改革的产物，也是进一步深化改革的基础，是经济转型国家市场化取向的一部分，体现了中国渐进式的改革原则和特色。中国的黄金价格改革始于 20 世纪 90 年代，在坚持统购统配的政策下，中国对黄金的定价机制进行了改革，从统一固定定价逐步走向市场化，黄金交易所正式开业，黄金价格开始由市场供求决定。黄金管理体制改革的基本目标是取消对黄金统购统配的管理政策，开放黄金市场，发挥市场对黄金资源配置和调节的职能，建立形成全国统一、调控有力、公平竞争、规范有序的黄金交易市场体系，以促进国内黄金生产、流通、消费的协调发展。2002 年香港珠宝界盛会曾经就中国黄金管理体制改革问题加以探讨，预期黄金市场建设大体分为三个阶段：第一为政策准备、舆论宣传阶段；第二为市场初步开发阶段；第三为市场全面放开阶段，而目前正处于第二阶段向第三阶段转换阶段。

初期的市场经济体制改革，自然会呈现改变高度计划色彩的管理模式。中国的外汇储备稳步增长，黄金产量和存量逐步增加，黄金供求基本平衡，各类市场逐步发展和完善，综合国力不断增强，国民收入水平提高，黄金消费需求增加，加之自 20 世纪 70 年代以来黄金逐步失去在国际货币体系中的主导地位，其货币职能进一步弱化，大多数国家已放松或正在逐步放松黄金管制等，中国的黄金管理体制改革才会有今天的水到渠成。国家围绕黄金的定价机制、供应制度、金饰品零售审批制度等方面逐步进行了渐进式的黄金管理体制改革。从放开的顺序看，是先经销领域，后生产加工领域，经销领域又是先从零售行业开始。中国黄金管理体制改革是循序渐进地推进，而不是一蹴而就，从经济角度考察，这是一种完全尊重实践的态度。根据中国加入世界贸易组织和国家外汇管理体制改革进程，随着黄金管理体制改革及人民币可自由兑换程度的进展，国家将实行逐步放开黄金制品进口、最后放开黄金进口的政策，以取消对黄金进出口的限制，允许具备条件的国外商业银行进入国内进行黄金交易，从而形成市场机制完善、监管规范并与国际市场全面接轨的黄金市场体系。

三、强化黄金管理的理论研究意义深刻

国内的黄金市场已经全面放开，主要是现货交易、实盘买卖，体现了健康、正常、平衡的运行。实现黄金市场买卖的多品类、多形式化，包括增加期货交易、适宜的金融产品交易，个人直接参与黄金买卖，进一步培育和壮大黄金消费市场，逐步与国际市场接轨等是一个阶段性的目标，是未来黄金业发展的方向，应该努力为之奋斗。

在经济上，由于若干中央银行都在策划从控制通货膨胀转向控制通货紧缩，鉴于黄金价格上升的事实，专家认为根据历史经验，银行应购买与通货膨胀率挂钩的黄金，黄金可能有更高的收益率。这种增加黄金储备的逻辑相当具备说服力，认为当有一天中央银行清醒地认识到以美元为重心的国际货币运行准则的不足时，即会被证明黄金的战略意义。现阶段国家将不断完善对黄金交易市场的规划和监管，使之体现黄金管理体制改革的要求，以进一步规范黄金生产、流通与消费，促进黄金市场的健康有序发展。其中，也涵盖预防和打击市场交易中的违规行为，防范和化解交易风险，研究开展黄金期货交易的必要性、可行性与运作方式，制定开展黄金期货交易的一揽子方案，积极参与国际黄金市场运营等。

世界一些知名商业银行多有成功经营黄金业的典型案例，它们有对贵金属黄金或者其他特殊商品的特别研究；有对流动性服务——衍

生产品的交易能力；有对创新型商品的结构性——黄金、信用、股票、利息间的相互对冲的有效操作。自 1971 年以来，黄金价格波动的规律先后出现过四个周期性的上升阶段，每个周期大约为 30 个月，即接近三年的时间。其中最长的一个牛市为 40 个月，而 2003 年的黄金升势已经达到 33 个月，它构成了一个相对成熟期，人们正在密切关注着日、周、月、年，短期、中期、长期，以及黄金综合行情的各类变化。

对于黄金的价值人们曾经褒贬不一，人们看到每个国家都有自己独特的货币体系，金本位制曾经覆盖了世界各国货币体系的三分之二，给世界带来了某种形式的货币统一，从价格水平长期稳定的观点衡量，以黄金为基础的货币或许是所有时代最稳定的货币体系。黄金价值上升并引起通货紧缩的时候，需求方面和供给方面即存在反作用力，黄金在金融与货币的高级市场上必然大显神通。此时，黄金与利率、汇率之间的关系会显而易见。1954 年伦敦黄金市场启动，黄金作为替代品或者作为纸黄金，为在金本位制下黄金的流动创造了条件，银行有了自动减少或者增加基础储备、紧缩或者扩张货币信用、纠正国际收支逆差等的机会。一些是黄金，一些是货币，黄金与货币，黄金与利率、汇率，黄金与货币政策之间的关系尚存期待研究的未知数。人们对黄金在世界的流量、存量、产量和储量都在精心探索，人们的认识也将循序渐进，永远不会静止在一个水平上。黄金市场并非与其他经济要素分离，包括其与股票市场、债券市场、货币市场的联系紧密相关。各类市场在变化，看黄金价格应主要看其与美元的关系，美元的坚挺与跌落是黄金价格变化的"晴雨表"。当经济、金融与货币之间发生了某些问题，人们找不到原因的时候，千万不要忘记黄金。

例如，某国的退休基金对黄金的影响极大，据悉一个月之内的融资即可为数百亿美元之多，它们由股市转向了黄金、白银、铂金，投向了收益较好的贵金属。为什么这样大量的资金不再停留在股市？因为股市受到熊市的困扰，许多人对其失去了信心。所以，反过来将这部分资金转移到黄金市场。基金将资金投向黄金，是由于经济状况不好酿成，这是毫无疑问的。欧洲人认为黄金只是饰品，主要采取现货交易，美国与日本人则投资较多，黄金与美元相互标价最高，英镑等其他主要货币对黄金标价则较低，这是美元的强势。在美元贬值的时候，资金必然流向贵金属市场，一般是黄金（白银）。

在市场管理上，美国与日本等国家也相对集中，构成垄断型黄金市场，而印度等国家较为分散，印度一个国家就有 9 个黄金交易所。所以，黄金应该如何运营是各国经济改革的重要一环。世界黄金协会（LBMA）会长穆立（StewArt Murray）在讲到黄金改革时说：在管理上要少花钱，以掌握好资金的运用方向，充分运用有限的财力多投资，将资金投入必要的市场，放弃没有前途的市场，重点投资有前途的市场。黄金投资债券市场的项目已经拓荒性地提出构想方案。有人认为，服务于整个世界的黄金市场，个人投资量不宜过大，一是仅仅限于有限的投资者，二是实物量微小不便操作，这即意味着集团性操作的可能与现实性，游资与巨款对黄金市场光顾带来的风险不可忽视。货币、外汇、黄金相伴同一市场，展开货币战争。

关于中央银行对黄金市场的作用，一些人认为任何中央银行对黄金的发展都不会起到作用，包括欧洲中央银行，也不会通过出售黄金影响黄金市场价格等。他们认为对待黄金的运作要采取平稳政策，无意改变《华盛顿协议》的框架，希望它的精神能够延伸下去。诚然，虽然历史上黄金曾经起到过非凡的作用，但从目前看，其要想恢复到从前根本不可能，无论从劳务、消费、政治与经济诸方面，要想单一依靠黄金根本行不通。从金融风险而论，从国家整体而论，要想起到绝对保障作用也是完全不可能的，而最终起作用的自然是要靠稳定的货币政策和货币稳定的最终目标。这就提出一个问题，既然黄金等同货币，那么又为什么得到如上结论？显然，即使黄金是真正的货币，其量与现代银行券、现代信用货币相比的份额还是太少了，占比悬殊，说话的分量就轻了。

但世界的许多政治、经济、金融学家却认为，黄金是保障国家安全的条件之一，这也是美国政府等始终未削减黄金储备的重要原因，这是值得加以声明的。特别是作为出口商品少、价值低，外汇储备长期紧缺的发展中国家，为了保证国际支付能力和平衡国际收支，有必要储备一定数量的黄金作为外汇储备的补充。格林斯潘曾讲：黄金依旧是黄金，纸币不可以作支付的时候依靠黄金。所以各国政府都留一手，认为黄金是硬资产，无论经济出现什么问题，黄金即可以站出来。黄金既是保障经济安全的条件，也是经济安全运行的条件，是经济安全的依赖品，美国黄金不减少标志着其货币的职能没有降低。尽管二十年来，黄金出现了很大的问题，其地位和作用受到一定影响，黄金的价格一个时期可能高了，一个时期又可能低了，但是从官方政府、从中央银行、从黄金交易市场的相互关系看，黄金的运行依然是平稳的。黄金在世界许多国家均在扮演一个共同的角色，起到一个共同的作用，那就是衡量价值，充当着特殊商品，其与纸币的根本不同，在于价值的内在性少受外界干扰，受国家或者政府左右的程度较低。

四、结论

黄金的烙印依然深深地铭刻在人们心里，其充当货币职能的作用起码在观念上依然没有减弱。从黄金、美元、公众、货币职能各个角度观察，特别是在一个相对时期内对黄金问题要倍加重视，国家应强力展开黄金营运，多多组织生产、购买、储备黄金，兴其利、避其害，望金生义、为我所用，使黄金能够在较大程度上，在宏观经济、金融发展中发挥应有的作用。

第四节　2016 年，消费黄金

从粒子、纳米物理科学论，黄金质量密度高、色泽纯厚，在人们的心灵上总是沉甸甸、重重的。金光灿灿、金碧辉煌，亘古至今，历史上世界多国曾经将黄金、白银作为本位货币，可见黄金名誉、地位之显赫。时下，黄金与币市、股市、债市比肩继踵、并驾齐驱，融合"资本蓝海"，构成消费金融新时代，为社会公众日常经济生活服务，也为商界提供新机遇、新市场、新定位。黄金作为极具稳定性的储备货币，其依然具备激情的货币职能，世界各国都十分注重黄金生产、存量，以及现货、期货的市场营运。发达的美国黄金储备居世界之最，欧洲储备黄金量占世界黄金储备总量的比重也很惊人。中国已迈入世界黄金生产第一大国、消费第一大国。手镯、项链、耳环、胸坠、金簪、银簪、金冠、银冠、金饰、银饰、婚饰、金银贵金属纪念币等都含有金银的材质，人们以各类金银基材加工精品、航空母舰、金银条、金银砖、金银锭、金元宝，黄金贵重，与社会民生总是形影不离、近在咫尺，肩负着社会责任和担当。

黄金是美妙艺术，各类金银饰品加工与珠宝吻合，呈现七彩的艺术世界。黄金是高端科学，其无限融合着传统与现代人类文明进步的高端水准，无论开采、冶炼、成品设计均离不开高、精、尖技术。金融、黄金、"互联网+"、大数据平台等都是科学话题。上海黄金交易所国际板"上海金"与"伦敦金""纽约金"媲美，其是国家深度改革开放的黄玫瑰，按照国际黄金一流交易所的标准和要求主动适应市场需求开发新产品，提升黄金市场的深度和广度，增强中国黄金市场的影响力，体现市场宽度属于市场放行，为国内外黄金基金资产投资打开了绿灯。

世界黄金体现特殊商品、特殊职能，起到无以替代的货币本能作用，黄金是世界经济、金融运行乘风破浪的一艘旗舰。

黄金，既然涉及稳定、市场、价值，那么防范风险应首当其冲。市场有大小，价格有涨落，不可做空。论金价，2003年为300美元左右每盎司；2013年为1700美元左右每盎司，10年时间几乎翻了5番，直到目前的价格有所跌落。

市场经济归根结底属于法制经济，对此，中国人民银行、海关总署等政府监管部门均有明确的法制规定。2002年中国取消了针对黄金统收统购、统购统销的管理体制，成立上海黄金交易所作为国内黄金实物交易平台，国内黄金市场全面放开。

根据《中国人民银行法》和《国务院对确需保留的行政审批项目设定行政许可的决定》等法律法规，中国人民银行对国内黄金市场进行监管。黄金交易应遵循市场规则，不可违背商品流通规律和价值规律，严禁走私，对于投资、规划都应未雨绸缪。应全力维护交易系统安全运行，牢牢守住不发生系统风险的底线。对于黄金市场描述、勾勒、宣传，应防止炒作发酵。黄金应像黄金质量一样纯正、缜密。黄金市场活跃，黄金深度复杂，买卖营运黄金应以科学理念为师，以金融货币基础理论为先导，以思路创出路。

依据"十三五"经济发展的新特征，2016年银行业按照"五位一体"总体布局和"四个全面"战略布局，统筹稳增长、促改革、调结构、惠民生、防风险，继续实施稳健的货币政策，保持流动性合理充裕；继续深化金融体制改革，增强金融运行效率和服务实体经济能力；加强风险监测和预警，切实防范和化解各类金融风险；不断提升金融服务和管理水平，以"实施稳健货币政策，营造适宜的货币金融环境"。近期，作为金融（资金）避风港的黄金节节走高，基本面支持叠加，市场信息提升，金价有望稳步反弹。

看金价，不要割断历史。1971年之前，国际之间的黄金交易带有诚信性质，坚持遵循固定的官方价格，美国政府的黄金价格基本具备国际性，呈现了稳定、少变的局面。美国黄金价格1792年为19.75美元／盎司，1834年为20.67美元／盎司，1934年为35美元／盎司（此价格持续38年不变），1972年为38美元／盎司，1973年为42.22美元／盎司。21世纪初（2000年）世界黄金价格大体维持在370美元／盎司，之后一路飙升至1700~1900美元／盎司，再之后又从顶峰跌下来，徘徊在1100美元／盎司左右。从2016年短中期预计，关键支撑位在每盎司1098~1083美元，关键阻力位在1120~1130美元，截至2016年底开创每盎司1200美元的阶段性高点。纵观黄金价格的历史，1792—2016年，黄金价格从19.75美元／盎司增至1700~1900美元／

盎司，200 年增长了近 100 倍，增长构成高瞻远瞩的态势，稳定有着沉甸甸的分量。

黄金是金融整体的组成部分，因此其运行应关注中央银行的政策精神，以沿着稳健的市场经济轨迹健康发展。

第五节　2016 年，共性黄金

马来西亚是中国一衣带水的睦邻，也是"一带一路"倡议的东方起点。中、马两国和世界各国之间的友好文化交流源远流长，多有美丽的传说与好听的故事。中国与"一带一路"沿线国家经贸合作的步伐不断加快，日新月异。3000 年前，中国荆楚大地出现郢爰，中国是世界上使用金币最早的国家之一；2000 年前，张骞与他的团队骑着马和骆驼历尽千辛，穿越黄金大漠通西域，开创了亚、欧、非陆上丝绸之路；1000 年前，郑和与他的团队扬帆起航，乘风破浪，飞跃大海下西洋，开创了亚、欧、非海上丝绸之路，包括马来西亚、吉隆坡、槟城、吉打、马六甲等，从郑和七次下西洋开始，中、马之间即呈现了丰富多彩的文化交流；唐宋时期，中国 GDP 总值居世界第一位，全球形成了以中国铜质方孔圆钱为中心的国际经济体系；如今，大美无疆，不忘初心，在中国国家主席习近平的指引下，中国与世界继往开来开创崭新的"一带一路"。日前，中国经济已经迈步世界第二大经济体，成为世界还是第一大黄金生产国，第一大黄金消费国。2016 年 9 月，在碧波秋色的西子湖畔召开了 G20 峰会，"中国模式"

引领中国稳步前行，G20撬动银行业资金进入绿色金融领域，激发绿色效应，构建更为完整、公正合理的绿色国际金融体系，包括绿色财政，中国将使用所有政策工具促进经济增长，坚定不移地推进结构性改革。中国智慧，凝心聚力，推动经济增长，完善全球治理。"一带一路"黄金之路生机勃勃，为世界经济发展提供良好的机遇和秩序。

改革开放初期，中国曾经以黄金作为稳定物价CPI的举措之一；21世纪初，中国将多年在世界货币基金组织报备400吨黄金存量改变为1000吨，即刻提升了金融话语权。自2016年初以来，由于美联储迟滞加息，全球经济发展速度放缓，国际黄金价格一路飙升。经济状况、供求关系、强势美元等因素均影响国际黄金价格走势。美元升值致使国际资金串流并追逐美元，这就必然抑制黄金对安全资产呈现妨碍。黄金作为特殊资产形式，价格上扬或下跌往往与美元强弱关联，美元涨，黄金跌；美元跌，黄金涨，反方向运行养成了它们之间的基本生活属性。物价CPI有涨落，汇率、利率有升降，如何投资获益？实体黄金与数字黄金融合，扎实的黄金实体处置技术、科学神奇的网上黄金支付交易都值得大家深入探索。

数字黄金等同法定数字货币，黄金在法定数字货币中占有一席之地。从实物黄金到数字黄金、再到法定数字货币，货币是黄金的本质性能，因此在未来的法定数字货币运行过程中必有黄金参与。

黄金，举足轻重地关乎国家信誉。2016年9月30日，国际黄金收盘价为1315.8美元/盎司，10月7日为1256.48美元/盎司，一时大跌59.32美元/盎司。但为什么购买黄金的人越来越多？"黄金周"后为什么人们买金条、买饰品热情不减？人们针对汇率、利率、对冲基金各有评说。世界黄金协会前期报告称，国际金价受挫可能是黄金投资者入场的绝佳机会，认为未来全球政治经济风险比较多，不确定性很大，黄金作为避险资产在资产组合中应该扮演本能的角色，以应对全球变化。面对全球市场各种不稳定因素，因为黄金下跌空间有限，所以其是唯一可以在金融投资属性和商品消费属性之间任意切换的投资产品。即便是黄金价格面临加息与汇价压力，投资者对黄金需求也不会减弱，而且民间皆认为黄金恒定本色，金子金贵，永驻白领。

投资需求强劲是黄金价格保持高位的动力，2016—2020年宏观经济、金融的多项总体指数显示稳健增长，黄金脉搏跳动与货币血液流动竞相吻合这是本质。世界经济科学发展，金融、商品、货币总量增加，基数加大，中远期观察黄金示强，溢满文化。信心当然更比金子重要，但金子影响心理，产生信誉，现货带动期货。虚的东西如果越来越多，即越来越不值钱；实的东西假定越来越少，就必然尤为昂贵。世界上没有比金子再实的东西了，那么，不难浮想，对待金子的事业应该持怎样一个态度。论黄金运行有规律、有本质、有周期。全球经济一体化，股市、债市、币市、汇市、金市，它们跻身同一个大市场，同在一个大世界，必然共同受到商品、货币、价值规律的制约。从短线看，"抄底"需谨慎；从长线看，"触峰"应果敢，战略整合，配置一些黄金资产极为必要。黄金作为一般等价物的本质不会改变，尤其在全球经济增速放缓、资产价格剧烈波动的大背景下，金子就是金子，金子金贵，多持一点黄金，意义和作用非凡。

"一带一路"倡议为全球带来增长亮点。中国继续坚持稳健的货币政策，中国经济全年有望保持稳健增长。目前中国经济正处于经济结构调整的关键时期，激发绿色金融、财政效应，稳定经济大势。2016年1—9月，中国社会零售商品总额为23.8482万亿元，同比增长 10.4%，消费对于经济的增长率为 71%，其中不乏黄金消费的重要指数，黄金运营根本在效益。美元加息价格指数上扬，几种主要货币贬值。但是，这只是双边汇率汇价之比，人民币对一篮子外国货币加权平均汇率 CFETS 累计上升 0.2%，对国际清算银行货币篮子 BIS 累计上升 0.2%，对国际货币基金组织特别提款权货币篮子 SDR 累计上升 0.8%。因此，相比双边汇率汇价是一方面，统观多种国际货币因素是另一方面，而根本在于本国经济良性稳健发展的基本状况。2016年第三季度末，中国 GDP 总值约为 72.8 万亿元人民币，同比增长6.7%，"十三五"末期将逾越 90 万亿元人民币；第三季度末，广义货币（M_2）为 151.64 万亿元人民币，同比增长 11.5%；狭义货币（M_1）为 45.43 万亿元人民币，同比增长 24.7%；流通中货币（M_0）为 6.51万亿元人民币，同比增长 6.6%；第一季度末，中国银行业总资产达208.6 万亿元人民币，同比增长 16.7%，稳的态势在巩固，5 年以来银行业资产平均增速保持在 16% 以上；中国人民银行牵头，10 部门共同参与"十三五"重点专项规划编制，经济坚持扩大适度总需求，预计 2016 年中国社会物流总额增加 6%，至 10 月底大额工业采购指数 51.2%，创两年以来最高值，表明经济向好势头，经济增长处于合理区间，为全球经济增长作出重要贡献。2016 年初，中国境外投资面向世界 152 个国家和地区，派出劳务人员约 50 万人，涉及 5553 家境外企业，对外承包合同金额约 1500 亿美元，其中"一带一路"沿线分布的 49 个国家直接投资约 150 亿美元，在针对世界经济产生一定贡献率的前提下，人民币将走出国门呈现量变、质变效应。

第六节　2016年，文化黄金

黄金是一种文化，如牌匾金字，碑帖镀金、烫金、铂金，甚至纸黄金，黄金文化是5000年炎黄文化宝库中的瑰宝，黄金是大有潜力的事业。

研究黄金在本质上关联货币，黄金百分之百等于货币。票、证、卡、券属于支付工具，纸币归属价值符号，"黄金是野蛮的遗物"（凯恩斯），"黄金天然是货币，而货币天然不是黄金"（马克思）。历史上，黄金、白银，本位货币制度化了；现代黄金象征性成为符号，已经非货币化了。1971年布雷顿森林会议宣布黄金不再与货币挂钩；1976年牙买加会议最终标志黄金不再是货币。但是，实质上，每每到了世界经济的紊乱期、风险期，黄金就会挺身而出、大显身手，黄金依然是特殊商品中的特殊商品，货币群体里的硬通货。美联储前主席格林斯潘说："货币不行了还要靠黄金"。黄金无疑还带着货币的痕迹，存在货币运行的轨迹。黄金往往还是货币战争的主角。

金子金贵，全世界管金子的人在哪里？他们的工作环境是什么样？在伦敦世界黄金协会简陋的办公室里，世界黄金协会主席热忱地领着同业们在仅有的两间办公室里工作，管金子的人和他们所工作的环境如此朴实、朴素，也许这才是真正的黄金文化。

全球知名的国际金融中心一般都是黄金交易中心，黄金ETF是指绝对比重的基金财产以黄金形式体现，并作为基础资产进行投资，紧密跟踪黄金价格，在证券交易所上市的开放式基金。黄金 ETF 与股票 ETF 总体雷同。但实体黄金在交易、保管、交割、估值等方面有一定差异，两者主要区别在于黄金的标的指数由股票价格指数变为单一的商品价格，成分股由一篮子股票组合变为单一商品实物。国际金融中心一般都是黄金交易中心，表明黄金 ETF 在正规渠道配置黄金资产并参与黄金投资，实现交易所基金市场与黄金期货、现货市场互补与联动。上海黄金交易所国际板，属于上海黄金交易所在自贸区设立的子公司，上海黄金交易中心有限公司负责黄金交易所国际业务，旨在进行集中管理，统一向国际投资者在多层次金融市场建设上提供便利的以人民币计价的黄金、白银等贵金属产品交易、清算、交割、实物黄金转口服务等多项业务。上海黄金交易所国际板是国家深度改革开放的黄玫瑰，体现市场宽度，属于市场放行，为国内外黄金基金资产投资打开了绿灯。从金融角度来看，以人民币替代美元计价结算、清算、交易，其归属人民币国际化战略，已经走出国门的人民币成为国际可自由兑换货币指日可待。货币是衡量经济之尺，权衡市场之秤。美元不要垄断，欧元不要垄断，日元不要垄断，不该为货币蒙上国家或地域的面纱。人类是共同体，基础设施建设互联互通，法定数字货币科研也应如此，世界货币应大同，在地球只有一架天平的基石上货币要平等、要均衡，要真正体现特殊商品的特殊职能。对此，世界黄金起到了独特的无以替代的本能作用。

传播金融货币先进文化为金融改革发展服务。科学地诠释黄金货币文化，应从原生型货币开始，涉及历史、社会、传统、道德、民俗、公益、慈善、人文、自然、美学、文学。归根结底，从事一项伟大的事业必须承担责任，尤其属于涉及民生的重大社会责任，义不容辞，是每个从事经济、金融、黄金、货币工作者神圣伟大的使命，法定数字货币科研理在其中。人民币在全球货币体系中表现稳定，近期美元上涨较快反映的是美国经济增长加快、通胀预期上升、美联储加息步伐可能明显加快等美国因素。而人民币汇率对美元波动有所加大，主要是特朗普当选美国总统、美联储加息预期突然增强、英国"脱欧"、埃及镑自由浮动等外部因素驱动。这些因素促使资金回流美国，推动美元指数迅速上涨，美国三大股指再创新高，全球货币普遍对美元贬值，甚至跌幅比较大。美元走势存在不确定性，不排除市场预期修正引发美元回调的可能。据统计，2016 年 10 月以来，发达经济体货币日元、欧元、瑞士法郎对美元分别贬值 10.5%、5.8% 和 4.2%；新兴货币市场中，马来西亚林吉特、韩元、墨西哥比索对美元分别贬值 7.2%、6.5% 和 6.1%，而人民币对美元只贬值了 3.5%，只有美元指数升幅的一半。人民币相对一些主要货币显著升值。从长周期看，人民币也表现出稳中有升的态势，综合人民币对一篮子外国货币加权平均汇率 CFETS 累计上升 0.2%；对国际清算银行货币篮子 BIS 累计上升 0.2%；对国际货币基金组织特别提款权货币篮子 SDR 累计上升 0.8%。过去 5 年，CFETS 人民币汇率指数、参考 BIS 货币篮子、SDR 货币篮子的人民币汇款率指数以及对美元汇率分别升值 10.9%、11%、4.4% 和 8.8%；过去 10 年分别升值 28.3%、33.4%、28.4% 和 11.9%。中国人民银行货币政策注重抑制资产泡沫，防范经济、金融风险。经济规律、商品规律、货币规律、市场规律、价值规律，说到底它们在本质上反映人的意识，人决定一切。所以，解决黄金货币交易事宜根本在人。黄金货币是地球上最好的东西，也是世界上最坏的东西。天下物质、产品、商品万万千，品质、品牌、名牌千千万。纸币可以废止，黄金绝无负数。

第七节 2017 年，慈善黄金

用黄金做善事，是非常具有特色的。例如，广东省凤凰公益慈善基金会便将黄金转化用于慈善，尤其是用于退伍军人就业工程，非常具有现实作用和深远意义。

2017 年 3 月，北京"两会"黄金提案强劲，政府鼓励"黄金金融"创新。黄金是人民币国际化的坚实基础，应具规模地巨量增持，以优化我国的国际储备结构。美联储前主席格林斯潘认为黄金是全球主要货币，它和白银是地球上唯一两种无须对手方承诺的拥有内在价值的货币，属于稳定货币的终极保障。2003 年伦敦"黄金市场投资及资产管理战略峰会"期间，格林斯潘也通俗地讲，美元不行还要靠黄金。从世界宏观经济、金融、货币总量考察，这是绝对不现实的事情，但无可非议的是黄金在经济生活中的极其重要性。

2017 年 3 月 16 日，美联储如约加息致使美股、美元涨跌互现，黄金"绝地反击"。美债收益率下行，美股节节攀升，美元疲软下挫，黄金收复"失地"。美国加息，美股和黄金分羹一路高歌猛进，美元走弱支持黄金中长期强势，通货膨胀超预期上涨和风险事件的爆发将为黄金带来阶段性提振。人们还是惯性地将黄金与美元连接在一处，其实，世界格局在改变，美元加息就有人认为人民币必定要贬值，但事实是人民币不降反升。2016 年全世界总计消费需求黄金量在 4000

吨上下，中国占 50% 以上，市场决定货币，也决定黄金，不仅决定其量，必然决定其质。所以黄金价格走势及世界黄金价格定位取决于多重因素，不再仅仅是与美元的双边关系了，而发展中国家也增加了话语权。

2016 年，中国银行业金融机构境内外本外币资产总额为 232.3 万亿元，同比增长 15.8%；2017 年 2 月底，社会融资规模存量 160.73 万亿元；1 月当月净投放货币（现钞）为 1.83 万亿元流，通中货币（M_0）为 8.66 万亿元，同比增幅为 19.4%；全年支付机构网络支付业务金额超 99 万亿元；国家外汇储备为 3.010517 万亿元；全国保险业总资产超 15 万亿元；中国对"一带一路"倡议沿线国家投资已经超过 500 亿美元；国家黄金储备、年度进出口黄金总量、生产量，等尚有若干指数。"十三五"期间至 2020 年，国内生产总值（GDP）将逾越 90 万亿元人民币，2016 年实现 6.5% 的增长目标，今后几年 GDP 均匀分布增值大体应在 5 万亿元。2016 年底广义货币（M_2）余额为 155.01 万亿元，同比增长 11.3%，净增 15.78 万亿元，货币政策完成比预期好。中国快递业务量在全球占比超过四成，对世界快递业务量增长的贡献率达 60%；中国银行业对外金融资产为 8776 亿美元，体现中国银行业在世界经济中的充分活力。为政之要，就是要舍小利、顾大义、顺民心，我国不存在大的失业问题，截至 2020 年城镇新增就业 5000 万人以上，衣兜里的钱成倍增长，不免要到黄金市场走走、看看，了解了、熟悉了，就必然会融入。黄金产业必将与资本交易互惠互利。

短期界定：2017 年国际黄金价格将在 1100~1380 美元/盎司之间波动，这是以年度解析显而易见的市貌。

中期预测：2017—2020 年，国内黄金市场会呈现稳健上升趋势，因为国家宏观经济、金融、货币稳中求进，稳定健康发展，经济总量与货币实力互动，货币呈现增量，为资本和黄金市场交割提供条件，注入活力。

远期遥测：定格黄金绝无负值，如通过黄金把握为退伍军人就业等这一根本慈善，特别是协同全民奔小康的步伐，于国、于民、于军队益在千秋。

慈善的事业催人奋进，慈善的目标无限光明。

第八节　2017 年，民间黄金

民间黄金简称民金，泛指社会公众个人和家庭作为饰品或资产收藏的私有金银，是相对政府官方储备黄金而言，民间黄金市场的呈现与兴旺发达是国家黄金管理体制改革开放的产物。如同 1993 年 3 月之前，国家货币出入国界实行禁令一样，黄金在中国大陆封闭了半个世纪，从新千年初这样的局面逐步打破了，黄金在炎黄大地开始新生。民间黄金市场的呈现开始就十分规范，从资本到资金，再到黄金交易买卖、黄金租赁回收、黄金加工销售、黄金文化教育……从黄金实物到法定货币，从沉淀民间的固化黄金到转化为货币之后的市场流通良性循环。

创新是发展的第一动力，如同"对金牌""试金石""自知者英，自胜者雄"。黄金思想家将民间黄金纳入市场，构成国度储备并进而展开黄金本位性质的金融介质业务，将固化黄金盘活融入法定货币流通。民金，居高虑远，慎始图终，韬光养晦，运用之妙，存乎于心；民金，卫国，撬动黄金，将知士情，兵识将意；民金，治事统观全局，主大计，克勤克俭，道因时立、理自天开，厚德载物、天道酬勤；民金，以异为奇，同足相胜，一克金、一份情、一生爱；民金，立策决胜之术，集"形、势、情"兼顾，一个充实的黄金运营实体；民金，建大事者，勤远略，审微于未形，御变于将来，度以往事，验以来事，参之平素，顺理而举，果儿决之，储金于国属战略、藏金于民属战术、活金于市属创新、固金于久属永生。创业者认识到国家储备黄金融商品、政治、金融三维属性，黄金储备、外汇储备、军火储备、石油储备、粮食储备并驾齐驱。黄金存在高度变现性，虽然非黄金本位，但可随时转换货币流通，相对信用货币、国际储备、国际货币，应注重防范风险，打破一国货币独大，属强国之本，归属货币安全的避风港。

开发贵金属现货市场复合型服务功能，实体操作以支持实体经济为本，属黄金的战略套路。2016 年全球黄金需求达 4308.7 吨，创 2014 年以来最高纪录。其中，我国黄金消费总量约 2000 吨，占全球消费总量 50% 左右的黄金已经是最为现实的国计民生大事，原由根本在于黄金实物融入了货币流通，在区域或程度上将黄金与货币最紧密嫁接，使黄金市场创新，固化的黄金有了新生命，便为国家经济发展作出巨大贡献。

炎黄子孙，华夏民族，最大的特点是人丁兴旺。几千年藏金于民构成浩瀚无垠、浩若大海的地表金矿。中国是世界第一大产金国，也是第一大黄金进口国，还是第一大黄金消费国。"互联网＋黄金"产业链促销方式与商业模式完全属于两回事，应泾渭分明。工商局"三证"注册，从事黄金饰品买卖、租赁、供应链金融，多家公司应分业经营。代理商授信个人属于消费贷款性质，银行支付与融资两大平台，涉及黄金买卖，饰品、信息流、现金实物交割畅通无阻；波及授权额度、互联网金融投资，针对原料、资金流、资本项下发生借贷升值关系，不论线上、线下，进行融资性质的反租、回收、跳转、保税、回购、进出口、加工销售、储藏、实物转化，盈利或增值等都值得商榷。民金国用，物权转移，发生现金出纳，应收应付账款，贷款、租贷、商业保理，贴息业务，甚至拿着黄金套现金，或参与洗钱，即不再是商榷而是严禁。朋友们交流黄金话题完全是从国家角度出发，从为公众利益的宗旨出发。谈论黄金产业发展趋向，黄金是国家大事（世界大事）涉及国家经济、金融、货币安全。

自 3000 年前以来，官金、民金并存，官金集约、集中，是相对民金而言，产生于民金基础之上；民金宽泛、散落，对称官金，来源于官金，更取决于黄金生产和消费市场。论黄金产业发展趋向：一是实体标的物开采、生产、再加工量加大，为满足人们日常经济生活需求的市场买卖数量加大；二是虚拟资本、资金交易量加大，从实体标的物到抽象货币转换，由实到虚，由虚到实，互为犄角，囤积居奇，实现收藏和储备增加的目标。目前的民间黄金交易早已经不再是传统意义上的实物交割、期货交易，而是实质上的黄金与货币之间的转换，将黄金买卖交割置换成纯粹的货币流通，似带有黄金本位的态势。假若将一吨黄金放在银行里，获得等值 4000 万美元的现金，可以再行置换黄金，进行买卖交易，包括生产、购买、加工、销售等形态的良性循环。由官金的计划性到民金市场化运行，由散落固化的民金收藏到银行业金融机构集中储藏（官金性质）的稳健营运，即是黄金产业的未来发展趋向。

第九节 2017年，资本黄金

作为资本，黄金表现的形式是买卖交易。从 2002 年 10 月上海黄金交易所成立至今，国家的黄金市场逐渐放开，从统购统销完全的大一统计划经济步入了市场化，针对黄金、白银的买卖交易形式日趋多样化，涵盖账户贵金属、实物贵金属、金交所 T+D 产品、贵金属双向交易、黄金 / 白银期货、黄金期权等。有的产品不用触及实物，类似于股票，可以单向、多次、多头操作；有的产品以工艺造型美态出现，如金、银、铜贵金属纪念币，或沉甸甸地表现物质第一性，如金银条、金银锭、金元宝；T+D 产品属于中国金融黄金领域的创新产品，资金利用率高，投资回报大，但交易期限久；贵金属双向交易弥补了账户贵金属交易缺陷，获利机会多；多家银行代理的黄金 / 白银期货产品的运作小于高风险、高收益的黄金期权等。上述黄金、白银买卖交易产品，分别适合专业投资者，时间较为充裕的投资者，有一定黄金、白银买卖交易知识的投资者，具有股票操作经验的低风险承受力的投资者，社会公众广大投资者对其进行买卖交易。盈亏归属交易二重论，理论认识加技术操作属于好帮手，在买卖交易中，尤其是账户双向、账户金银、延期金银 T+D 等产品均应密切关注汇价引发的价差，获利于毫厘。

黄金运行、运作、运营体现货币数字，以法定数字货币度量运营黄金，之后再回归到账面货币数字，黄金可以变为法定数字货币，法定数字货币也可回归黄金。黄金、白银、外汇丝丝入扣，法定数字货币为黄金服务。从 5000 年前的贝币到目前的法定数字货币求索，从 3000 年前的金币到目前的黄金与货币，从 1971 年至今针对黄金的关注与解析，黄金联通延伸到法定数字货币。黄金与每个时期流通中货币脉脉相承，《2016 年中国互联网黄金报告》发布了黄金市场运行的大好形势，表明国家经济发展状况良好。黄金万能，从标的实物自持的物权到货币，其始终如一地充当着复合型角色，处于复合型地位，问题在于涉猎黄金的深层次理念亟待拓荒。在完全市场经济条件下，黄金产品琳琅满目，黄金与股票、债券、货币、外汇、信托、保险、证券等不同类别的货币运作形式直接关联，黄金可以转换成各种货币形态，也可通过各类支付形式将各类货币转换为黄金。有市场才有货币，有市场才有黄金，黄金靠货币支撑，货币的一部分是黄金。2016 年全国已经有 50 余家"互联网 + 黄金"平台上线。可以从多方面讨论黄金，黄金既是货币，又是商品，二重性的不一般特性内容丰富且独特地体现不一般的价值。

从河北、广西、上海、北京、贵州等省市购买黄金情况观察，平均每次购金重量均大于 100 克，所进行的无疑是资产配置和基于投资而开展的黄金交易，完全带着资本转化性质，即期与中长期产品占到 73%。论证资本黄金充满奥妙，其遵循了经济、金融、商品、货币运行的市场规律、价值规律，从现实状况与深刻意义讲，通过黄金的实物交易，包括互联网大数据网络交易，黄金进出口交易、饰品加工、民间回购，基材与饰品熔炼，再加工、再销售，经过黄金实物的反复流转，构成黄金与货币之间的价值转换。

国家经济改革稳步前行，2020 年 GDP 总量将逾越 90 万亿元，作为配套运行的货币，体现在财政、金融政策上一是积极、二是稳健。2017 年第一季度末，广义货币 M_2 同比增长 10.6%，余额为 159.96 万亿元。由于宏观经济、宏观货币基数加大，总量增加，结构科学，产生的效益显著，必然带动市场繁荣，拉动消费需求，资本融动。2020 年城镇新增就业 5000 万人以上，公众兜里的钱会增加 1 倍，日常经济生活消费投资不乏到黄金市场走走。为此，黄金市场活动的范畴会更加宽泛，资金资本融入量加大。预期黄金价格也会平稳上升。中国黄金在世界上将渐进起到主导地位的作用，这一点不能单一体察黄金，必须看到人民币是属于全世界信誉高、发行与流通稳定、价格坚挺的货币，看本币与外汇、黄金不只是单方汇价之比，综合观察人民币对一篮子外国货币加权平均汇率（CFETS）、对国际清算银行（BIS）货币篮子、对国际货币基金组织特别提款权（SDR）货币篮子十几年以来均呈累计上升态势，人民币不仅在世界人民心中的地位越来越高，且使用和作为外汇储备的数量也越来越多。因此，统观多种国际货币因素，黄金、外汇、人民币应综合比较。

黄金的往事是货币运行的史记，金条、金砖、金锭上刻着本期货币运行的数量。1924 年 9 月，位于纽约曼哈顿岛地下 20 米深处设计了 122 个子库的世界黄金第一库开始启用，金库大门是非正常理念的一块高 2.7 米、重 90 吨的实心钢体，以人工手工机械操作旋转 90 度后敞开一段长为 3 米的狭窄通道，安全、可靠、无法攻破，从启用至今从未发生过事故。较大的子库可存放 10.7 万块金锭，可筑就宽、高各 3 米，长 5 米的黄金立方体。国际标准金锭重量为 12.5 公斤，相当于 27~28 磅［国际标准锭 1 锭 =12.5 千克 ×2.205 千克（1 磅）=27.5625 磅］。称重金银所用的天平、戥子计量均十分精确，可准确到 1% 金衡盎司，1 小张 1 美元的钞票重量为 3% 金衡盎司。起初，大约有相当于 2600 万美元的外国储备黄金储存于此；1931 年底储存量上升到 4.58 亿美元；由于世界经济大萧条贸易锐减，美国经济困难，多国对国际货币制度缺乏信心，许多国家纷纷撤回黄金储备，到 1935 年外国黄金储备又下降至 9000 万美元；第二次世界大战开始后，一些国家出于安全起见又重返纽约黄金库储备之路，致使外国储备黄金的数量达 40 亿美元；2008 年左右大约有 60 个国家的黄金储备总计约 8300 余吨，折算市值约 2370 亿美元。作为世界上最大的黄金储备库，纽约金库储量达 3.15 盎司黄金，相当于世界官方储备黄金的 28%，实际拥有 533000 块金锭，纯度均在 99% 以上。截至 2013 年 9 月，一块金锭价值约为 54.588 万美元。

中国已经是黄金第一生产大国和第一消费大国，对互联网黄金行业趋势展望，愿景壮观，市场潜力大。黄金行业将伴随着世界经济的发展呈现一个前所未有的兴旺发达期，由少数人参与到社会关注，从微量到巨量，黄金行业将真正构成市场经济的重要组成部分。

第十节　黄金 OTO

黄金在国家和百姓经济生活中的关系、地位和重要性，可以从理论和技术上出现星罗密布的话题。当您身临其境地步入北京菜市口百货黄金售卖现场、上海老凤祥店铺，步入金街、广州金仕一号金行，购销两旺的气氛，车马玲珑的壮景，即会使你耳目一新，生成国家经济发达、百姓生活小康、财源广衮的盛世情怀。可是，这只是线下的东西。实践产生认识，认识升华理论。什么是黄金新零售O2O-OTO分享？就是要在经营线下业务的同时，引入线上的内容。有人认为，线上的东西都是虚的，这是认识上的误区，无论线上、线下，都应是实的东西。

黄金，对于国家和百姓均是不可或缺之物，黄金的买卖、收藏、交易、储备象征实力，金黄的色彩标志着日新月异的发展。一个公司企业为什么要想方设法地探矿、采矿、冶炼、加工，多多地生产黄金？一个国家和民族为什么要规划、谋略、决策，多多地买卖、交易、大量储备黄金？因为黄金在质地上天性密度高、比重大，实实在在。黄金是世界上自然的、最为昂贵的商品，是最为享有实际价值的商品，是最贴近百姓日常经济生活的商品。黄金又是世界上自然的使命性货币，黄金既是商品，又是货币，黄金的商品与货币二重性，也是体现在国家和百姓身上的重要性，世界上没有第二样东西能够和黄金相比拟。所以，人们永远爱黄金，黄金存在的意义带着永恒性，在人们日常经济生活中产生无限的作用力，同时也为黄金企业家和黄金市场带来生机勃勃。

黄金的标准与非标准及现货与期货交割都是一门科学，同时也面临着错综复杂的矛盾。随着黄金需求量增大，并且接连多年攀升，标准黄金的交易和租赁很难满足市场需求，非标准黄金场外交易分散、运作不规范、信息不透明、渠道不顺畅等都在一定程度上制约了黄金事业的发展。我国虽然已迈步黄金第一生产大国，但同时也迈步了黄金第一消费大国、第一进口大国、第一加工大国。作为消费大国和进口大国，所需要的黄金消费量，在实际上与黄金生产量存在着较大差异，国家需要较大数量的黄金储备，以追赶欧美发达国家，尤其是美国的黄金存储水平，这就在现实中提出了结合实际、深入论证黄金市场的理论意义。

黄金，包括旧金回流，投资者手中的金、银饰品，金条、金币等具备材料性质的黄金制品，这些黄金制品只有通过回购才能兑换成现金，并且必须满足黄金实物循环流通应该具备的基本条件。包括公司企业产金、用金企业涉及的矿金交易，在许多情况下存在着信息不对称、交易效率低、成本趋高等长期不得解决的现实问题。

黄金新零售 O2O-OTO 提供了交易模式与功能设计方面的融通、融合机会。在网络交易平台实现黄金资质认证、真假鉴定、成色检验、买卖需求、双向报价、信息发布、资金清算。

在体制、机制不断改进的时代大潮中，在市场经济理念下做生意，可能赚钱，也可能赔钱，生意经在于理性的科学思路，而不在于忽悠发酵，失去理性的投机。机遇要紧紧抓牢，投机要自我掌控。一夜暴富可能构成个例、个案，可是归根结底还是要勤劳致富、智慧致富。虽然买卖交易属于经济法人自己的事，但是风险防范波及社会安定，与全国人民息息相关。论黄金与国家和百姓的关系、在经济生活中的地位和重要性，根本在于维护国家利益，保护百姓利益，这就必须排除私利。时下，网络犯罪、有组织犯罪、恐怖犯罪、高科技犯罪问题突出。市场经济无疑是法治经济，2017 年上半年中国保监会受理信访投诉 16654 件次，消费合同纠纷占比超过八成；中国证监会称：违法违规行为露头就打，发现就查；防止传销和非法集资违法犯罪，反洗钱，反走私，反恐怖融资；以首次币发行（ICO）为鉴，每个公民应心存对法律的敬畏与信仰，为社会稳定、市场繁荣作出贡献；虚拟货币交易平台或将迎来更严监管；法定数字货币科研如火如荼，把增添正能量活动进一步引向深入，消费金融下半场，风控者，得未来！

本章思考题：

1. 论述黄金充当货币与商品的二重属性。

2. 试论消费黄金在金融消费中的地位。

3. 论述文化黄金。

4. 论述民间黄金。

5. 阐述资本黄金。

6. 论证黄金与货币及法定数字货币的转换关系。

7. 法定数字货币与黄金两种定型货币的相同与不同。

第四章

法定数字货币

票据、银行卡、手机移动支付的
诞生与应用

◎ **本章概要：** 本章以账务、票据、银行卡、手机移动支付诞生阐述抽象转账支付清算货币，作为货币数字支付运行的工具，其运行的结果依然是货币数字，法定数字货币有别于已经呈现的支付工具，定型货币与支付工具不可混淆。

第一节 账务与票据的诞生综述

票据是科学技术发展与人类文明进步的结晶，票据是作为支付工具进行货币支付清算、结算业务的多种单证凭证的统称，票据是支撑会计编制账务的基本要素，票据是人们在经济生活中与货币打交道的备忘录，票据是一门科学。从古至今，票据代表着货币，承载着货币，在实质上运行、运作、运营着货币。1952 年 10 月 15 日公布实施的《中华人民共和国禁止国家货币票据及证券出入国境暂行办法》规定，本币票据是指下列各项：（1）是国内支付本币之汇票、本票、支票、存单及存折；（2）是国内所发行之公债、股票、公司债券等有价证券；（3）是其他国内付款之一切支付凭证。国际间涉及国际货币的一切已经使用的支付凭证、旅行支票、兑换水单。

票据研究对于法定数字货币的生成具有极强的借鉴性。票据的诞生为货币披上了隐形、抽象的外衣。500 年前，账务率先于古罗马诞生。300 年前，中国的票据诞生，对此，山西平遥古城"日升昌票号"有着清晰记载。作为票号前身的"西裕成颜料庄"在天津设立分号，营业收入、运营资金如以携带金银方式来往于异地之间，既笨重又不安全，如携带纸币，涉及风险不论，在货币不统一前提下，支付清算、正常流通均无保障。情况出办法，急需生智慧。聪明的管家想到并发明了初始的票据，以"纸墨汉字密押"构成银钱字据。从此"一纸风行"，不仅在量化上改变了原生型实体货币金银币的运行状态，更在本质上开辟了中国的虚拟货币先河，即以有纸化票据为载体的转账支付"抽象货币"。"日升昌票号"票据的出现是一次改变货币历史的思想创新与革命实践，是一场脱胎换骨的货币革命，是在货币领域引领中国乃至世界的一次生产力大提升。山西平遥、太古、杞县的票号、钱庄是中国现代金融、银行的发祥地，其编制汇票密押、设置金库等举措至今依然值得借鉴。作为货币重要凭证的票据科学运作300年后，纸质化票据被电子商业汇票、银行卡取而代之，甚至被电子网络移动支付取而代之。一部手机神通广大，使得钞票、票据、银行卡均不在话下，新一轮的货币革命大潮到来了，货币领域将出现崭新的更替局面，法定数字货币可能脱颖而出，属于未来更科学、更实用的定型货币。法定数字货币是原生型实体货币的替身，也是票据的替身。

归根结底，手机移动支付形式的出现，并未像300年前纸质票据出现那样，使得原生型实体货币另辟蹊径，衍生了"抽象货币"形态，改变了货币属性，从此货币一分为二。基于古老的原生型实体货币增添了转账支付清算货币，从那个时代开始，货币就已经有两种类别了。论实质，票据、银行卡、手机等归属同类，都只能是支撑货币数字运行的工具，是被圈在抽象转账支付清算过程之中的货币数字运行。

票汇关键是纸票，纸票关键是秘语。1823年山西平遥"日升昌票号"成立，虽然其前身是"西裕成颜料庄"，观其经营的实质性，无愧是中国第一家银行。早在1819年，西裕成颜料庄就在北京前门外开有颜料会馆，其开具票据以"谨防假票冒取，勿忘细视书章"代表12个月代码；"堪笑事情薄，天道最公平，昧心图自利，阴谋害他人，善恶终有报，到头必分明"30 个字为 30 天代码；"赵氏连城壁，由来天下传""生客多察看，斟酌而后行"分别为银两 10 个数目代码；"国宝流通"表示万千百两。例如，12 月 3 日为某票号汇银 8000 两，其代码："章事天宝通"或"章事而宝通"责专人书写，手迹、笔迹、痕迹独特，百年无破译。

日前，传统票据业务持续下降，截至 2015 年底，全国共发生票据业务 4.17 亿笔，金额为 238.23 万亿元，同比分别下降 27.87% 和 11.07%；现代电子商业汇票系统业务量快速增长。截至 2015 年底，电子商业汇票系统参与者共计 396 家，电子商业汇票系统出票 134.08 万笔，金额为 5.6 万亿元，同比分别增长 58.68% 和 78.92%。

研究票据对于法定数字货币生成提供可借鉴性指导思想、基础理论理念、知识技术方略，可在较高层面上获得深入探索法定数字货币的科研思维方式、方法和管理策略，本质目的在于防止酿成差错、事故、案件、风险乃至风暴，保障货币正常顺畅运行、运作、运营，构建货币安全区，以维护金融货币市场秩序的稳定并最终实现稳定货币的目标，这是法定数字货币构成和每一个金融工作者的责任和神圣使命。早年的英国巴林银行事件及美国次贷危机都反映出高风险问题，属于全球性金融危机，对世界造成极大的影响，激起重建国际金融体系新秩序的呼唤。要实事求是，就是要面对现实讲点实的、来点实的，科学从事。我们一贯主张"存款立行"，反对无条件"打包创新"，银行不是皮包公司，包来包去包出一堆风险，针对最终的风险没有人去负责，最终很危险。什么是实？票据工作就是实中之实，回归本源话题，亟待研究和探索。

例如，时常可能发生的触目惊心的案件，为什么不能未雨绸缪？

为什么防不胜防？构成案件的原因固然多方面，归根结底，缺乏未雨绸缪的思索是重要因素，也是研究账务、票据的现实作用和深远意义所在。账务、票据作案的主要目的是骗取银行贷款、资金、现金。作案方式主要是内外勾结较多，包括伪造、变造银行信用证、银行间承兑汇票；手法是改变其要件、要素，小额变大额；利用作废票据、过期票据，冒用他人出票；开空头支票，预留印件不符；无保证金汇票、本票，虚假记载账务；等等。

　　法国是启用个人支票最多的国家，法国人购物与用餐、旅行消费等很少使用现钞或信用卡。法国有品种多样的"花式支票"每年印制支票的专用纸张超出 4000 吨，另加入其中若干防伪电磁墨迹，年度内人均开出的支票数量为 70.6 张。在法国经济生活中，几乎人人身上都带着整本的支票，配有精美的封套，这便构成法国式生活艺术。所以，法国也是世界使用原生型实体货币最少的国家。相比之下，各人支票在意大利、德国、芬兰等国度年度人均开出的支票数量分别为 9.4 张、1.8 张、0.2 张。个人支票少，原生型实体货币必然多，70.6 张与 9.4 张、1.8 张、0.2 张的差数与签发背书的金额实质上正是原生型实体货币减少或增加的数量，实体货币与虚拟货币以支票还是钞票正方向、反方向的运行打了一个货币运行的组合拳。抽象转账支付清算货币与原生型实体货币之间存在着此起彼伏的增减关系，尤其是法国的个人支票曾经替代过大量的原生型实体货币。前车之鉴，未来的法定数字货币如同支票一样，必将在相当数量上替代现行流通的纸币、硬币。在未来的市场经济生活里，中国的纸币会大量减少，最终替代它们的就是法定数字货币，涵盖现行或与日俱增的各类货币支付工具对原生型实体货币的替代和它们相互之间的替代。

显然，实体支票的存在类似于原生型实体货币，向其固有的优点和缺点，必须到银行存入或兑现，是一种陈旧复杂的交易支付方式。尽管自动支票机可以扫描识读，但其还是靠近原生型实体货币——纸币、硬币，尤其是个人支票等于现钞，一些"花式支票"上甚至事先印好10~80法郎不等面额，干脆就是钞票。法国银行业协会2012年4月提议2017年将支票发行减少一半；英国决定2018年正式停止使用支票。

1993年，上海市已经有32家银行在全国率先开办了个人支票业务，中国人民银行上海分行为此专门制定了《上海市个人使用支票、银行本票暂行规定》，明确凡有常住或暂住户口，或1年以上外国护照，在上海有固定居所并提供2人担保的人士，均可申请办理个人支票，支票不限定支付方式，可支取现金，也可转账或流通转让。个人支票账户起存金额为5000元，签发金额起点为100元，付款期限为10天。

2008年，中国人民银行支付结算司计划开始大力推广运用个人非现金支付工具，其中包括个人支票，建立了支票系统，并且一直在使用，由中国人民银行统一管理。但紧跟着由于支付宝、微信支付的出现，个人支票业务需求量不大，构不成被推广的主体对象，也就只能基本维持在原始状态。

2017年8月28日，上海票据交易所联合中国人民银行清算总中心同步在中国票据交易系统和电子商业汇票系统推出纸电票据交易融合第一阶段的相关功能，加快了纸电票据交易融合的步伐，票据市场进入加速整合统一的快车道。近年来，票据市场发展迅速，年交易量达百万亿元，成为货币市场的重要组成部分。与此同时，票据市场也长期面临纸票和电票两种业务规则、两种交易模式并存的市场割裂困境。在中国人民银行的指导下，上海票据交易所成立伊始就将统一纸电票据交易规则、实现纸电票据同场交易作为重点任务。本次在中国票据交易系统和电子商业汇票系统同步上线的纸电票据交易融合（第一阶段）功能，以多边形式的《票据交易主协议》及成交单替代了线下双边交易合同，以买断式回购、质押式回购、转贴现等交易品种替代了现有交易品种，统一了纸电票据的交易品种和交易规则。纸电票据交易融合第一阶段的顺利实施意味着市场各方期盼已久的纸电票据交易融合迈出了实质性一步，长期以来纸电票据相互割裂的市场现状将得以调整与重塑。上海票据交易所还将进一步深化统一票据市场建设，稳步推进实施纸电票据交易融合第二阶段的相关工作。届时，纸电票据在登记托管、询价报价和清算、结算等方面也将融合统一，全面统一票据市场的形成可期。"证券交易所一线监管国际研讨会"强调以更大力度支持境内外交易所拓展务实合作。纸电票据交易融合，原生型实体货币与法定数字货币更替，后者从前者的成功发展中应该受到哪些启示？

货币从它诞生的那天起就深深潜藏着自己深奥的秘密，诸多深奥秘密的交汇点在于科学技术，必须以传统技艺＋现代科技来打造法定数字货币。假定法定数字货币的主动防伪技术设定得不缜密，针大的洞，斗大的风，应预防可能遭遇的四面楚歌，随着科学技术的发展，针对货币违法犯罪的势头不可小视。从 2009 年 1 月宽泛到世界范围滋生的一些"异币"同步基于数字科技以加密代币手段滋扰，其疯长的投机属性渐进凸显，火山式喷发的风险日益激增。伪造与变造国家货币可以从性质上或者从质量上、习惯上、法制上称为假币。从账务，票据管理，监管论证，发现错账、假账的处理联想到法定数字货币发生了类似问题如何处理。科学论证法定数字货币作案无非是利用盗窃钥匙和密码继而出入库款。钥匙涵盖银行卡和手机多种形态；密码涵盖库码（中央银行秘制）、手机号码、客户账号和自行设定的密码等多种形态。幻想盗窃法定数字货币作案得逞，必须在客户发现并向银行业金融机构报案之前下手，作为客户，面对突如其来的快捷作案甚至于无法想象和事先不便防范，那么有魔幻式的盗窃法定数字货币过程所获得的赃款便体现了一个快字，将其定义"快钱"恰如其分。此定义尚可相对"洗钱"而言，因为洗钱存在一个转换过程才能将钱洗净，从非法归于合法化。假币、假票、假账、洗钱、"快钱"应科学定义与区分，处于反方的金融货币违法概念与正方对垒，法定数字货币封火墙的构建应借助实体货币与票据机体基因，遗传一些先进细胞。

第二节　银行卡的发明与运用

银行卡带有依附和固定支付属性，法定数字货币兼固定与移动支付双重属性。银行卡科学，作为法定数字货币生成的借鉴之物，且是开启法定数字货币的一把钥匙，相对账务票据更现代、更贴近法定数字货币，在法定数字货币科研中更有实际意义和作用。货币的账户设置由出纳记账法到借贷记账法并非简单地上了一个台阶，而是发生了质的变化。出纳记账法是死的东西，出多少入多少，是多少就是多少；借贷记账法是活的东西，货币可以有，可以没有，也可以赤字，产生了无形的增量。银行卡的产生完全依照了会计账务原理，一张卡起到出纳的作用就属于固定的东西，一张卡起到可以借款、可以赤字的作用就是活性的东西。为什么可以这样？根本原因在于信誉，形式上属于借款，可以赤字的那部分显然同步形成了贷款，所以在银行卡中，借记卡和贷记卡，一个固定，一个灵活，灵活的那张可以使得货币衍生，无形中增加了许多货币。从一定视觉意义上观察纸质票据与银行卡，纸质票据用笔书写上了固定的货币，银行卡抽象地、无形地镶入了固定的和不固定的货币，不固定的货币实质上就是金融信誉。电子汇票界定于纸质汇票与银行卡之间，但其执行的是票据的职能，货币是属于固定的东西，汇划往来诸笔业务一分不差，账款相符。银行卡在相对程度上替代了票据，包括纸质性票据与电子票据，银行卡实际上是更高级的票据，是可以与大数据互联网融合的、反复使用的、非常灵活的票据。尤其是大额度大宗货币的汇划往来依托银行业金融机构进行交易更为顺畅、安全，以上论证，得出，银行卡会稳固地、长期地存在和被运用。货币需要稳定，承载货币运行的各类工具也需要稳定，法定纸币的发行如果每一种之间更换过于频繁，社会公众就会不认识，就会酿成货币流通的混乱。

1950 年美国人发明了大莱银行卡，曾经风靡一时，曾作为名誉、地位、财富的象征受到青睐。

1979 年 12 月，中国银行广州分行与东亚银行签署协议，开天辟地地在中国大地上第一次开展了银行卡业务；1985 年 3 月，中国银行珠海分行发行了中国第一张自主品牌的信用卡——中银卡，填补了中国没有银行卡的空白；1986 年 6 月 1 日，中国银行北京市分行发行地区性使用的信用卡——长城卡（以外汇券为结算货币）；1986

年 10 月，中国银行作出了在全国中国银行系统推广信用卡业务的决定，并统一命名为长城信用卡（简称长城卡，以人民币为结算货币），自此，国内通用的人民币信用卡诞生了。1987 年，工商银行广州分行发行红绵卡，两年后又发行牡丹卡；1990 年，建设银行发行龙卡；1991 年，农业银行发行金穗卡；1992 年，深圳发展银行发行发展卡；1993 年，交通银行发行太平洋卡。

1993 年，为了适应 POS 机和 ATM 运行，国家倡导实行金卡工程。银行卡作为名誉、地位、财富的象征受到青睐，其运作需要借助银行网点，需要 POS 机、ATM、CRS、VTM 作为切入点，基本框在固定支付范畴，包括固定电话支付在相对时期构成支付清算业务的明显操作形式。

1993 年，世界各国发行的各类信用卡、银行卡已达 7 亿多张，中国陆续发行了长城卡、鹏程卡、牡丹卡、杜鹃卡、万事达卡、金穗卡等，总数量超过 400 万张，但当时与世界相比还是望尘莫及。

1996 年上半年，上海市 ATM 金卡工程正式联网开通运行，工商银行、农业银行、中国银行、建设银行、交通银行五大商业银行发行的银行卡首次实现跨行联网交易，拆除了各自为政、互补通兑的"篱笆墙"，向着与世界金融接轨迈进了一大步。北京邮政挂牌声明可以办理邮政专用储值卡，辖内通卡通用，储值分别为 10 元、20 元、30 元、50 元、100 元、200 元，手持该卡可不再用现钞即能办理相关邮政业务，快捷、方便。当时，笔者曾经构想以个人支票办理购卡业务，从宏观管理角度更具现实意义。

1998 年上半年，转账支付清算业务依托支票、本票、汇票与各类银行卡，包括储蓄卡、借汇卡、礼仪卡、纪念卡等数十种之多。北京、上海、广州、成都、沈阳、天津、西安、济南、南京、武汉、昆明、福州 12 省市的消费形态表明，20% 的居民拥有银行卡。其中，比例最高的福州为 44%，昆明为 33%，上海为 26%，北京为 15%，沈阳、成都、西安均在 10% 以下，深圳市发卡量达 270 万张以上。1979—1998 年将近 10 年间，全国金卡发行约 6000 万张，2000 年初各类 IC 卡实际应用量达 2 亿张，全国平均 7 人持有 1 张银行卡，与美国人均 7~8 张卡相比，仍然相差将近 50 倍之多。

2015 年底，全国银行卡发卡数量达 54.42 亿张，全国人均持卡量超过 3 张；2016 年底，全国银行卡发卡数量达 61.25 亿张，人均持卡量为 4.47 张，全年支付机构网络支付业务金额超过 99 万亿元。这与信息中的美国人均持有银行卡 8 张的数量差距渐进缩小，但是在国人中银行卡应该发挥的职能和威力还远远不够，相信还有许多人没有使用过银行卡。许多人泛指具备经济生活能力的人，尤其是中老年人。特别是山区、牧区、农区、渔区、边远边疆地区、民族地区、贫穷落后地区，文化落后、科技落后等社会经济生活中呈现的许多因素，都致使银行卡、手机移动支付等先进支付工具的使用需要有一个过程，银行卡作为货币出纳、借贷本质性的多类功能尚未真正发挥，推广银行卡、手机移动支付的事业方兴未艾。

知识点 ≫ **银行卡史记**

银行卡是货币运行在一个阶段自我革命的产物，在一定程度上取代现金和替代票据。银行卡是由一张 IC 芯片武装的塑质卡片，联通条形码、二维码管道展开货币凝集、传输、承载，组织货币支付清算的现代先进数字科技结晶体，物证货币的使臣。开天辟地，1879年美国詹姆斯·利迪和约翰·利迪兄弟发明机械式收款机（纸币）；1950年全球第一张信用卡（大莱银行卡）在美国孕育发明；1967年世界第一台ATM诞生在英国；20世纪60年代日本欧姆龙公司发明POS机（电子收款机——以银行卡转账支付清算）；1985年中国第一张自主品牌的信用卡——中银卡诞生在珠海、1986年长城卡、1989年牡丹卡、1990年龙卡、1991年金穗卡、1992年发展卡、1993年太平洋卡相继问世。1993年，为拆除"篱笆墙"、适应POS机和ATM一体联动，中国启动"金卡工程"，为世界货币顺畅运营、货币国际化架构桥梁，铺设跑道。1993年世界各国发行的各类信用卡达7亿张，平均折合约6人持有1张卡，同期中国发卡数据为400万张。2016年底，中国银行卡发卡数量达61.25亿张，人均持有银行卡量为4.47张，趋向发达国家水平，与美国人均持有8张银行卡相比，差距渐进缩小。货币从它诞生的那天起就深深潜藏着深奥的秘密，银行卡身上川流着原生型实体货币的血液，承传着票据的基因。未来的法定数字货币流通将借用银行卡、手机移动支付等通道，覆盖和充满着数字科技元素和细胞。

History of Bank Card

Bank card is a result of currency revolution when currency operation has developed to a certain period of time. It replaces cash and securities to some extent. Bank card is a plastic card inlaid with an IC chip. Working jointly with barcodes and QR code channel, it plays such roles as money collection, transfer, carrying, payment and settlement. It is the crystalline of the modern advanced digital technology as well as messenger of the physical currency.

To break through, in 1879, the brothers James and John Ritty of the United States invented the cash register (for notes). In 1950, the first credit card (Diners Club Card) of the world was introduced in the US. In 1967, the world's first ATM was born in the UK. In 1960s, POS machine (electronic register for transfer, payment and settlement with bank cards) was invented by Japanese Omron. In 1985, China's very first credit card with the independent brand, BOC Card, was born in Zhuhai. In 1986, The Great Wall Card was born. In 1989, The Peony Card was born. In 1990, The Dragon Card was born. In 1991, The Golden Spike Card was born. In 1992, The Development Card was born. In 1993, The Pacific Card was born. In 1993, to remove the "wattled wall" among the banks, to integrate POS and ATM, the "Golden Card

Project" was launched to pave the way and to build the bridge for a smooth operation and the internationalization of the world currency. In 1993, the figure of various bank cards issued in different nations reached 700 millions, with an average figure of every 6 people holding 1 card. China contributed four million cards out of the totally issued worldwide. By the end of 2016, the number of cards issued by the banks of China reached 6.125 billion, or averagely 4.47 cards per capital. This figure was close to that of the developed countries, and not far from that of the US which is 8 cards per capital. Currency, from the date of birth, has been hided in big mystery, while bank card, has been bleeding the blood of physical currency of the primitive type and inheriting the gene of the securities. The legal digital currency of the future will be in circulation with the accomplishment of such channels as bank cards and mobil phone payment, and will be full of digital technology elements and cells inside.

　　法定数字货币生成后，面对假币、假票、假账、洗钱、"快钱"等不法犯罪，需强有力地展开案件风险防范，从初起之日即是行动之时。初起之前设定防伪举措属于主动防伪，初起之后采取打击措施属于被动防伪，主动与被动需紧密衔接。在市场经济大潮下，一些不法分子的作案目标重点对准金融部门，此类案件呈上升趋势，且大案、要案、恶性案件增多，风险度有所加大。例如，某部门职工于数个机构、数个网点，以男友证件开办数张借记卡（无实名制时期或监管懈怠条件下），并借助手机的通信便利，与男女联手作案，盗窃巨款一举得手。

手机与银行卡是法定数字货币操作的两把钥匙，上述利用银行卡和手机盗窃钞票之例，足以说明未来的法定数字货币运行、运作、运营过程中手机移动支付与银行卡依然如同两只坐地老虎，摸透了它们的习性和规律，驯服了它们，它们即可为人类服务，若与其相悖，野生动物园狮虎伤人的画面也会呈现。

基本的管理规章制度需要传承，不可忘却。以血汗，以至于生命换取的规章制度不易改变。比如，出库时先记账后付款；入库时先收款后记账；假若是先记账不见款，空头支票会出事，实为大忌。"先进先出，先出后入"不仅单一呈现物理形态，更反映事物运作的本质和规律，是一门趋向纵深与高深的管理科学。商业银行交款，虚拟一笔账，管库员未见款，实物未进库，一转弯到钞票外包去了，经过清分处理，残损券注销，剩余回笼完整券方得入库。人家上缴1000万元，你说注销了600万元，还剩下400万元入库。试问，到底销毁没销毁啊？铁嘴钢牙，斩钉截铁回答，销了。那么，百万钞票在复点销毁过程中被盗说明什么？只能说明先记账不见款，开空头支票，一定要出事。20世纪70年代初发生在中国人民银行人民公社营业所"账折款"不见面的案例即是如此，银行会计账记了，出纳折子没填，款收了，过些天客户再到银行取钱发现折子上没钱，实际上被出纳员偷窃了。

银行卡是存折的升级版，更是票据的替身，电子汇票的实际作用更实际地隐身在银行卡之中。目前，一些边远地区的股份制商业银行客户还在用存折，根本未能迈步银行卡时代，普及智能化手机更是天方夜谭，相当数量的纸币、硬币必然性地、客观地在经济生活当中被运用，并非老生常谈，钞票、票据、银行卡、手机移动支付、未来的数字法币，他们各自应该承担什么样的职能和角色，完全是由商品经济市场所决定，社会公众需要什么就使用什么，相悖了就会不顺畅。针对货币的运行，政府可以强制性地作出某些决策，但如果违背了市场运行规律就会相遇反作用力，科学技术也必须服务社会经济生活，服务银行业金融机构的科学运营，现代银行就是科技银行，包括法定数字货币的研发都属于数字科技范畴。

第三节　手机移动支付践行

物联网＋互联网＝线下＋线上＝信息时代的经济生活，一个简单的恒等式还可以用另外一种方式列出：物联网（线下）＝互联网（线上），不难看出，还可再简化：线下＝线上。从物理学虚实角度论证，从统计学信息量与工作量角度论证，商品实体的运行与商品信息的运行必然画等号，况且依照客观实在，商品实体的运行量化比重大于商品信息的运行量化比重。通过手机移动支付网采诸多商品，正常买卖营运除外，涉及每一件商品不论因为质量问题或是运输毁损事宜等均需返岗，即反馈到初始发货的岗位，退货与再次发货的工作量成倍增加，线下物联网的实际工作量必然超出甚至于大大超出线上信息的工作量。

随着科学技术的发展，互联网平台越来越发达，风控与信用能力不断强化和完善，去硬件化的事物越来越多，未来5~10年无人超市兴起，零钱包概念、无零钱概念、消费花呗等消费形式更灵活、更信息化。从消灭现金到无现金社会，再到智慧支付，先进的数字化方式承载着各类消费形式。社会在发展，语言在变化，现在的人不能说5000年以前的话，5000年以后也有许多语音会消失。货币在科学的"质"与科学的"量"的脉络上呈现连续性，法定数字货币是新生儿，手机移动支付是服务生。原生型实体货币属于线下，手机移动支付属于线上，但在市场货币流通过程之中，它们难免相互转换。例如，我们经常打出租车出行希望微信支付，可司机师傅却只收现金。而与此恰恰相反的鲜明案例也有很多，例如，乘客见司机师傅现金多，便手机对手机（账户对账户）、面对面地现场实时划付300元给司机师傅，司机师傅点清290元给客户，另外10元客户答应作为司机的跑道钱奖励，实现了线上、线下对接。"金钱并非万能，没钱绝对不行"是一句老话，剥离的是货币存在的实质。在现代货币运行的形态上也可以精练描述，"手机绝非万能，有钱保障通行"。法定数字货币的科研与未来发行必然要遵循货币流通规律，必然要吻合市场货币流通实际，只有弄懂货币和货币流通的基本逻辑和与之配套的科学技能，法定数字货币科研才能有进展，才能行之有效地实现预期的效果。法定数字货币科研属于过程，实现发行之后的顺畅流通和稳定才是最终目标。

手机是一种无线通信工具，伴随在人们的经济生活中，相对台式、挂式等固定电话，轻便性和可移动性属于其基本特征和最主要的优点。总的来说，其具备两大功能：一是绑定国家电信、互联网平台，通过文字、语音或数字图像展开信息沟通，关心地球看世界；二是绑定货币，通过银行业金融机构，第三方机构进行微信、支付宝等方式的支付清算，解决日常经济生活中涉及货币的实际问题。溯本求源，手机移动支付形式具体绑定在银行卡身上，银行卡是客户的账户，手机与银行卡合二为一，未来双双构成法定数字货币的钥匙，客户和账户不可分离，手机和银行卡不可分离，法定数字货币必然寓于其中，手机和银行卡是法定数字货币的工具和载体。

手机微信支付费用其实很简单，第一步启动微信字体标出的功能键；第二步启动界面右上方的 + 号；第三步打开扫一扫标准；第四步扫描对方提供的二维码；第五步在显示付款数量后输入应付款金额；第六步输入事先绑定的互联网付款密码；第七步按键确认支付；第八步收款方显示收到付款；第九步完成付款程序。如果事先采用的是滴滴叫车，只要司机师傅主动传输收款金额，客户只要在手机上按一次键，同意付款，支付手续就完成了。就餐埋单需要服务员用 POS 机扫客户手机条形码，其与二维码在同一个界面行使职能。

三十年来，电子钱包、电子现金、电子货币、数字货币概念渐进呈现。尤其 2014—2016 年，手机移动支付在固定电话支付的启发下日新月异地"风速"前行。2015 年，我国支付体系运行平稳，电子支付业务保持增长态势，移动支付业务快速增长，社会资金交易规模不断扩大，全国共办理非现金支付业务 943.22 亿笔，金额为 3448.85 万亿元；银行业金融机构共发生电子支付业务 1052.34 亿笔，金额为 2506.23 万亿元。互联网金融驶入规范发展"快车道"。自 2014 以来，移动支付以 40%~50% 的增速替代固定支付，货币流方向的改变多是在抽象货币之间进行，而并非在绝对数量上替代现金。同时，由于手机移动支付浪潮兴起，钞票、票据、银行卡与手机移动支付共同卷入了货币革命大潮，相互替代，换代升级。

手机移动支付绑定银行卡形式存在一个"贷记卡"采纳群体，这是一个引领新生活的智能群体、年青群体，促进了金融消费，活跃了金融市场，应该提倡、支持与促进。但他们其中也不乏"美国老太""月光族""星光族""日光族"，一些人借此寅吃卯粮，走上赤字生活之路。有信息表明，某发达国家老人过世后，以银行卡透支形式遗留给银行的债务人均约为5万美元。手机绑定银行卡移动支付是非常好的消费形式，其替代"异币"运行大方向是对的，但也要面对现实，注重风险防范。

2000—2011年国家经济始终处于稳健快速增长态势，GDP增速多年维持在10%左右，2011年货币净投放量（M_0）也攀升到6120.26亿元峰顶。2012—2014年经济出现下滑，年度货币净投放量（M_0）从2011年峰顶降至2012年的3911.35亿元；2013年为3899亿元；2014年为1688亿元。可见现钱（M_0）之多寡由经济总量变化所决定，经济或增或减对现钞增减起决定性因素。2015年讨论"滴滴""快的""优步""无现金""数字货币"成为热点，但全年净投放货币（M_0）2957亿元，与上年同期净投放货币1688亿元相比净增75%。2016年全国净投放货币（M_0）5087亿元，与上年同期净投放货币2957亿元相比净增72%，绝对量为2130亿元。当时市场流通中货币量（M_0）为6.83万亿元。2017年春节前，仅仅26天全国净投放货币达1.83万亿元，与同期相比净增19个百分点，市场流通中货币量（M_0）为8.66万亿元。这说明，手机移动支付等非现金结算对现金的替代并非主要矛盾，根本在于经济决定货币、市场决定货币、货币决定货币；

策略界定货币、文化界定货币、科学界定货币，涵盖总量与结构事项。

有关数据显示，2015 年客户使用移动支付和现金的数量以现金为主，约占到百分之八九十；2016 年两者各半；2017 年移动支付约占到70%，现金的使用量缩小到三成。例如，在首都机场改换航班机票，队前一位姑娘没有带银行卡，更没有带现金，结果服务前台不能运用支付宝、微信形式收取票款，手续办不成，很无奈。又例如，在上海打出租车，一些司机师傅还是现金用得多，有的师傅说上海可以用公交卡，加上微信、支付宝等可以占到一半儿；另一半用现金，因外地人来的多，多半都是用现金，因为用现金省事。

杭州是支付宝的诞生地，目前它们的年轻人，基本不用现金了。难道一点都不用吗？并非如此。汽车加油的时候需要用，因为加油站为了防止启动手机可能引起火灾或是爆炸，所以不用支付宝和微信支付。那么如果需用现金了怎么办？到 ATM 取或者与同事套现。

我们打出租车可以移动支付，很方便，但现金使用也很频繁，如到小店吃饭、菜场买菜都要用。举一例子：在一间餐馆用餐，没有印刷的菜单，手机扫二维码后进入店内的网上菜单，可以看到清晰的文字和图片，服务员声称点完菜即可网上支付，待到支付时店家却说因支付系统未完成对接，不能网上支付，所以只能线下付款（现金）。这说明，不但货币存在的各类要素纷繁复杂，货币在市场流通过程中所遇到的各类情况同样是五花八门。显然，手机扫二维码可以兼容餐厅菜单，但是支付系统未完成对接的说法似乎就不那么能站住脚，实际上老板就是想要现金来规避税费和手续费，此种现象星罗棋布。诚然，不能与大的资本交易相比，但性质上属于低投入、高杠杆，显而易见的操作手法和要达到的最终目的就是要获取高利润。移动支付的生成需要打拼，打拼科学技术，也打拼价值规律。在市场经济大潮之下，打拼的方法存在合法与非法界分。商品、货币、市场、价值规律的作用带有长期性，移动支付要想呈现稳固运行阵线，非一朝一夕，现钞可以体外循环，移动支付可随时意外搁浅。

法定数字货币将激发货币崭新的生命。近些年，随着金融电子化建设步伐的加快和银行结算制度改革的深化，传统的货币结算方式和手段逐渐淡出，取而代之的是新型的、现代化的货币结算方式。信用卡、银联卡、工资卡、收费卡及形式多样的结算票据都以手机移动支付形式呈现，使过去需要现金结算的资金，目前只通过电子网络就可以转账处理。以往腰缠万贯的现象不复存在了，删繁就简，以一张信用卡取而代之，从前一笔汇款需要数日才能到达，如今只需要几分钟甚或是几秒钟即可实现。现代化的电子结算工具大大提升了银行间汇兑往来效率，银行业金融机构支取现金的数量相对减少，涵盖金融服务水平提高，代发工资、代收费用等形式也使得现金支出量明显降低。例如 2003 年，不很发达的西部榆林市金融机构代发工资 8.1 亿元，较上年同比增长 88.12%，可见电子货币发展的速度风驰电掣，以电子信息化方式操作运行货币不简单归于工具性形态变化，而是利用数字高科技将原生型实体货币渐进转化至虚拟货币，在实质上改变着货币形态。

在 2011 年北京故宫门票开始采用网上注册方式时，以当日计算，网上购票量只占到总票数的 1.1%；而到了 2017 年"十一"黄金周，一日 8 万张门票 100% 由网上售出。黄金周期间，全国接待旅游人次 7.05 亿人，旅游消费 5836 亿元，钱是怎么花的？互联网手机移动支付占了大头。据悉，2016 年全国移动支付总量高达 90 万亿美元，与最为发达的美国相比呈现 N 倍数，2017 年此种步伐加快，全面数据会更为可观。

本章思考题：

1. 论述中国票据的诞生与独具特色。

2. 简述什么是票据及具体内容。

3. 试论票据风险防范与构建法定数字货币"防火墙"。

4. 简述银行卡诞生和在中国发展的历史。

5. 防范利用银行卡诈骗案例举证并与法定数字货币换位思考。

6. 论述"手机＋银行卡"合成运作与法定数字货币的关系。

第二篇

法定数字货币
基础理论与技术

第五章

Legal Digital Currency
法定数字货币

法定数字货币框架 ABC

◎ **本章概要:** 本章为法定数字货币基础理论主旨内容,分别从法定数字货币主体生成、货币数字与数字货币与数字科技,法定数字货币虚实形态、账务、国家与国际性、博弈性、预期性、货币综合支付体等角度搭建了法定数字货币作为定型货币的主体框架。从此,货币总集呈现了原生型实体货币、抽象转账支付清算货币(三票一卡、手机移动支付诸载体)、法定数字货币三大子集,货币的技术内涵更复杂了。

第一节　法定数字货币主体构成概述

法定数字货币，作为更现代的货币科研对象，归属一场货币科学技术的伟大革命。事物永远是在矛盾、对立、统一、转化中前进的，只要条件适合，必然转化。经济、金融、商品、货币、市场的运行，根本取决于社会发展的客观规律和价值规律，尤其是货币诞生5000年以来，为人类铺垫了遵循社会客观规律前行的康庄大道，也为人类制作了价值规律戒尺，这把戒尺的体态就是货币。货币带有极强的生命力，始终处于革新转化之中，法定数字货币的呈现即是如此。我们创新的法定数字货币理论，承传了5000年货币基因，特别是在人民币发行69周年实践基础上的认识升华。我们创新的法定数字货币技术是趋向20年以来，面对货币与数字科技的融合，反复应用、反复实践，而定位的成熟技术。货币，当其处于运行阶段，产生价值时，才涉及税负，各类货币承担的义务竞相一致，其与法定数字货币自身作为定型货币的运行轨迹毫不相关。法定数字货币的求索几乎是在全部意义上论证微观领域的技术，并非讨论宏观货币政策。经济规律与价值规律共同依托在科学技术发展平台上，构成社会生产力，我国"十三五"国家科技创新规划提出至2020年，科学技术对GDP贡献率将提高至60%，经济发展的客观规律受价值规律制约，归根结底需要以货币衡量。

法定数字货币沿着数字科技模式发行与流通，从形态到本质，生动鲜明地构成"纺轮圜钱技术"。古为今用，综合理念，集成思维，致使世界货币产生了崭新的分类，传统的货币格局被打破，市场货币流通将出现新气象。商品即是商品，货币即是货币。法定数字货币禁忌虚拟性、私有性、异类性，否定各种与此相悖的自由散漫的技术和并滋生与滋扰的各类"异币"。

2017 年 8 月 29 日，习近平主席在主持召开的中央全面深化改革领导小组第三十八次会议强调："改革是我们进行具有新的历史特点的伟大斗争的重要方面……必须深化对改革规律的认识和运用……"这对于法定数字货币科研起到根本的导向与定力作用，经济、金融、商品、货币、市场的运行根本在于遵循社会发展的客观规律和价值规律。事物永远是在矛盾对立统一转化中前进的，只要条件适合，事物必然转化。经济规律与价值规律共同依托科学技术发展平台，构成社会生产力，经济发展的客观规律受价值规律制约，归根结底是要货币这把戒尺衡量。法定数字货币作为更现代的货币科研，力争早日发行，这是一场伟大的斗争，也是一次货币科学技术革命。

一、源泉

流之长者，其源也远。5000 年来，从贝币到法定数字货币，这是人类跨时代性的进步。原生型实体货币是各类货币形态中最为活跃的部分。法定数字货币科学、神秘，又是日常经济生活中最为简化、最为普惠和实用的东西，虽然不排除高、精、尖科研的难度，但也不能违背货币的社会通用性，法定数字货币也是如此。

法定数字货币必须与原生型实体货币对上号，定型货币是法定数字货币的主要定位，就本质性能而论，法定数字货币宛如 5000 年前诞生的自然贝币、4000 年前诞生的青铜铸币、3000 年前诞生的金银币、2000 年前诞生的定型货币方孔圆钱、1000 年前诞生的官交子纸币、1861 年 7 月诞生的美利坚合众国美元纸币、1948 年 12 月 1 日诞生的中华人民共和国人民币以及 2002 年 1 月 1 日诞生的欧盟欧元区欧元纸币，从本质意义上考量，这才是未来真正的法定数字货币的精准卡位。法定数字货币的创造发明将打开货币新生的命门，突破人们认识经济生活的思想边界，步入更加现代经济生活的美好境界。现代数字科学技术是法定数字货币诞生的基本条件，法定数字货币呈现的是完整的或发散的电子信息数束，基本架构是"一跑道、一通道、一管道"（简称"一道"，实质上是法定数字货币依托大数据互联网等电子信息平台运行的特定专用线上之道，涵盖关联与不关联的国内与国际通道），换言之"一库、一匙、一密钥"（简称"三密"，实质上涉及无数把钥匙、无数种密钥的关联业务）。解决理论与具体操作技术问题必须同步，"一库、一匙、一密钥"中的"库"可采用一个统一的冠字代码，如"s"，归属"法定数字货币"与"数字科技"的第一个字的发声音韵，吻合其后再行编制阿拉伯数字密码进行加密，起到绝密的作用，确保安全。法定数字货币在专一运行的管道中一定会借用多种类型的支付方式，采用不同的工具和平台，但是在宏观整体上绑定的金库是一致的，人们见到了"s"就如同见到了法定数字货币。"s"作为法定数字货币的代言人，具备理论、技术、市场三大衔接要素，法定数字货币率先形成了基本理论体系，同时创新了立足货币世界的技术条件，架构了可供运行、运作、运营的技术管道。一种新型货币应尽快使公众认识，才能在市场上广泛使用，发挥先进性作用，"s"是法定数字货币的标志，如若在"s"后面加一个"c"，"sc"即是中华人民共和国的法定数字货币代码，依此类推，世界各国如此，法定数字货币就有了家。

二、性质

创新一种新型货币，就必然与货币制度建设脱不了干系，同时必然限定在货币制度框架内，这是最基本的、一种货币存在的前提条件。确认货币性质是第一位的东西，科学技术至关重要，但只能是从属第二位的支撑性位置。法定货币制度的最终目标在于维护货币稳定，为国家安全和发展经济服务，坚持稳中求进，把握发展大局的货币政策操作，实质在于维护法定货币制度，各国皆如此。法定货币制度率先在于确立统一发行的主权货币名分，中国人民币、美国美元、欧元区欧元，两百个国家即有两百种货币，货币是国家或地区的名片。

法定数字货币归属国家发行的法定货币，其发行带有强制性，归根结底法定数字货币涉及货币制度的巩固与创新，必须坚持国家法定货币的统一性和最终维护货币稳定的目标。中央银行对法定数字货币的研发，有明确的、绝不让步的基本原则：一是提供便利性和安全性；二是实现保护隐私与维护社会秩序、打击违法犯罪行为的平衡；三是有利于货币政策的有效运行和传导；四是保留货币主权的控制力。法定数字货币在具备法定强制性发行的前提下，在先进的货币制度下，应由中央银行实施与传统实体货币雷同的发行管理与监管举措，承担发行与流通成本。大凡采用法定数字货币者，钱放在金库中就像放在自己的钱夹里，利用起来基本很方便。如此才能区别货币数字与法定数字货币有何不同，才能吸引货币拥有者和行使者，才能具备货币流通的职能。法定数字货币发行原理体现货币本质，中央银行代表国家和人民发行人民币，统一性与唯一性是先进货币制度最为基本的纲目。

法定数字货币由两个单词固定构成了新型货币概念。法定的意义在于维护统一、唯一、安全、顺畅、稳定与风险防范；数字的作用在于透明、掌控、便捷，同时提供政策性保障，币是国家名分、主权象征。法定数字货币本质上归于强制性发行，透明地迈入科学文明范畴，目的在于加强统一管理和强化一体监管。一旦定位货币，虽然处于抽象的数字科技范畴，本质上却雷同法定纸币、硬币，货真价实地带着实体特性，从严格意义上讲，其是截然不同地有别于支票、本票、汇票、银行卡、电子汇票、手机移动支付等支付工具运行、运作、运营的货币数字。法定数字货币存在的意义和作用根本在于可以区别用于购买油、盐、酱、醋、茶、糖、米、面等各类商品的货币和用于资本交易的货币，法定数字货币如同一道分水岭隔开了两种作用不同的货币，如果再将其比喻成一把尺或者一种量器，这个度量衡计量的标准就是货币的"多"与"少"，"大"与"小"，它们在量化上区分货币本质，定夺本质性能。

三、形态

现代智能型法定数字货币是传统"现钞实体货币"的替身、升级、再造；是由中央银行发行，市场自动生成的新型货币形态；是放在"中央银行发行库＋银行业金融机构业务库＋法人与自然人的个人钱袋"中的现金，归属总体宏观货币的一个部分，使货币分类更趋于复杂。"一库、一匙、一密钥"在技术上解决了大一统、风险大的问题，而将归一的货币解体，分散至自然人和社会法人，共同负责，而且安全。

法定数字货币"一库、一匙、一密钥"属形态，冠名中央银行发行无问号。那么要问中央银行是如何发行的呢？中央银行面对"一库、一匙、一密钥"不可确认额度制，不便设定限额，完全是由经济、金融、货币、商品、市场、价值规律等、要素所决定。可以想象，法定纸币、硬币由中央银行发行，但是社会自然人与法人衣兜里有多少钱，绝不是中央银行或银行业金融机构主动给，放多放少、花多花少都是个人的事。法定数字货币也是如此，经济、金融稳健运行创造了商品、货币宏观总量，这是货币运行、运作、运营的实质。货币宏观总量体现的市场流动性又分别由原生型实体货币与抽象转账支付清算货币两种形态完成。具体到社会法人或自然人，需要选择哪种货币形态呢？即酿成货币结构的分化，数量多寡客观自然。经济、金融、商品、货币、市场运行状况越好，人们生活越富裕，宏观货币与微观货币同步正方向前行，社会法人与自然人兜里的钱越多，法定数字货币库里的钱也必然越多。

法定数字货币库里的钱不需要额度限制，享受优惠待遇。设想中的优惠程度相比现行流通中的原生型实体货币更加优惠。纸币、硬币在直接支付法偿过程中基本无成本，法定数字货币可享受同等待遇，这也是抽象转账支付清算货币望尘莫及之处。但必须声明，这样的待遇必须是在日常经济生活中，用于油、盐、酱、醋、茶、糖、米、面等支付款项。如若出现了异常的大宗使用法定数字货币的状况，银行即要收取服务费用，涉及巨大数量还应实施严格监管，谨防洗钱等违法行为的发生。对于小宗的、频繁的法定数字货币支付费用，理论上应由国家承担，法定数字货币与原生型实体货币在一个货币制度下，享受了相同的待遇，从根本利益上解决了货币生成与存在的问题。

所谓的"一库、一匙、一密钥"具体表述如下。

第一，"一库"。什么是库？现实经济生活中原生型实体货币、支票、本票、汇票、银行卡、手机的生产与保管存在"N库"现象：一是印制过程的产品库（商品）均为存放产品性质；二是发行与回笼过程的中央银行发行库；三是代理库；四是重点库；五是周转库；六是代保管库；七是战备库；八是直属库；九是境外库；十是市场货币流通过程的银行业金融机构业务库；十一是社会法人财务小金库；十二是自然人钱柜或钱包等，均为存放现金性质；另外还有生产、销售、使用、保管支票、本票、汇票、银行卡、手机等货币重要凭证和支付工具与账务的库房。法定数字货币所需要的抽象出来的只有一库，即由中央银行发行库、银行业金融机构业务库、社会法人财务小金库＋自然人钱柜或钱包构成的综合体，处于这三个大领域、区域的"库"在实质上只是一个码，可缩写、简称为"库码"，即是一个由中央银行确立的密钥，这个密钥在全世界可先行设立100亿组，按照中国13.61亿人口，地球70亿人口计量，已足够矣。这个密钥属于纯正的结晶体、透明体，中央银行、银行业金融机构、社会法人＋自然人三位一体，绝密运行，安全、简捷、实用。中央银行为法定数字货币专门设置的"库"即是存款人账户，精湛、简捷到一个码，这是法定数字货币构成的第一个密钥。

第二，"一匙"。匙，是开启法定数字货币金库的钥匙，目前表现为银行卡和手机形态，固为两匙，而银行卡号即是由中央银行确立的、法定数字货币库专用的账户密码。作为专用，银行卡用于大宗法定数字货币支付，其中涵盖身份证号码等；手机用于小额零星花钱支付，其中涵盖手机号、自行设计的防遗失盗窃启动密码、指纹刷脸等生物特征密码。法定数字货币两匙泛指其运行、运作、运营的工具或载体，涵盖大数据网络平台。随着科学技术日新月异的快速发展，法定数字货币运行、运作、运营的工具或载体也一定会水涨船高，有所增加，随之更新与科学完善。

第三，"一密钥"。密钥泛指社会法人＋自然人针对运用法定数字货币个人账户自行设置的真空密码，即针对"一库"，再行设定第二、第三、第四、第五、第六……密钥，从而形成多重密钥。针对银行卡设定个人账户真空密码纯属私人密码，与中央银行和银行业金融机构毫无瓜葛，泄露私人身份证号码、手机号码等也属于信息犯罪。作为社会法人或自然人在日常经济生活花钱时，启动法定数字货币应呈现库码＋银行卡＋自设密码＋身份证号码＋手机号码＋微信密码 $=N$ 码、N 保险；日常零星小额花费法定数字货币则涉及库码＋手机号码，其关联绑定的银行卡＋自设密码＋身份证号码自行隐蔽其中。

至此，"一库、一匙、一密钥"从形式到实质形成了 N 库、N 匙、N 密钥，只不过它们有的呈现出来，有的处在隐蔽状态。法定数字货币风险管理的关键在于保卫库、匙、码，在于打击电子信息诈骗犯罪行为。作为 ATM 取款机、CRS 存取款一体机目前采用动态双密码实时操作，一次性作废，如果再操作，就完全重新使用新的技术。从技术角度上来看，应在 N 库、N 匙、N 密钥上确保安全。

法定数字货币由中央银行统一发行无须自圆其说，而是肯定无疑。从前有人认为现钞的投放多寡是由贷款与回收贷款的差数决定的，其实此种理解并非准确。发展经济，盘活市场，商品贸易需要货币起到中介、牵引、支撑的作用，货币宛如润滑剂，为经济发动机旋转保驾护航；又由于宏观经济、货币市场总量稳健增长，必然导致体现宏观货币总量的微观货币运作形式和量化升级，现钞的增量归根结底在这里呈现源头，换言之，就是货币发行是中央银行的基本职能。不同时期从严从紧；适度从严从紧；适度宽松；宽松；积极的财政政策与稳健的货币政策；稳健中性货币政策，同步延伸到"货币市场""债券市场""股票市场""外汇市场""黄金市场"，涉及加息减息、汇率汇价等都是流动性运行的过程，原生型实体货币的多寡则是继多项财政政策与货币政策工具操作形成的综合系统工程自下而上生成的结果，法定人民币纸币、硬币与未来法定数字货币的发行初始和存量也决定于此。诚然，法定数字货币生成还存在自上而下的认识，即中央银行提供一定额度置放在银行业金融机构，依据市场自然人或法人对其需要由商业银行配发。自下而上还是自上而下，均需要梳理完善的套路，必须要可操作性强、安全系数高。

"一库、一匙、一密钥"，"库"实际上就是自然人或法人持有的一个中央银行特许密钥，特许就是唯一赋予自然人或法人的存放法定数字货币的独特密钥，这个密钥链接着银行业金融机构业务库和中央银行发行库，自然人或法人与两库之间存在密钥链锁安全前提下的账务往来关系。至于自然人或法人在法律范围内乐意存放在库里多少钱，那就是自己的事情，这也是市场自动生成的。

四、九型法定数字货币

如果将"一跑道、一管道、一通道""一库、一匙、一秘钥"联通起来，构成综合理念、集成思维，即是"一道三密"，法定数字货币是介乎于古代原生型实体货币与现代抽象转账支付清算货币之间的一种定型货币形态，类似于创新发明的现代高科技微创医疗技术介乎于手术与药物之间，既精准又微妙。法定数字货币理论和技术属性可以"九型法定数字货币"来呈现。

（一）虚实型货币

纸币与金属硬币属于原生型实体货币，即是经济生活的现实，也易于理解；法定数字货币在纸币、金属硬币基础上换版、升级、再造、替身，其属性依然归属实体货币，但是其毫无具体的存在形态，客观上又属于抽象货币的范畴，因此虚实型货币在法定数字货币自身构成了辩证统一。一种货币具备"虚"与"实"两大侧面，虚是表象，实是本质，这是法定数字货币突出的首要特征。从宏观、从整体来看，货币一词属于总体概念，好比数学科学中的全集。而在这个货币全集中已经有三个子集呈现：一是现钞——原生型实体货币；二是抽象转账支付清算货币（泛指以支票、本票、汇票、银行卡、手机移动支付等各类形式为载体、为通道的大数据网络电子信息支付系统平台，其中微信、支付宝、钱包等覆盖于手机移动支付之下）；三是法定数字货币。由此构成"货币全集＝子集①（纸币硬币）＋子集②（抽象转账支付清算货币）＋子集③（法定数字货币）"模式。全集中三子集鼎立，既排除了"消灭现金""无现金社会"的误导舆论，同时也排除了以法定数字货币完全替代已经生成的抽象转账支付清算货币的不合实情的论断，相信在日后一个漫长时期，将会出现多类支付形态并存的局面。

时下，以手机作为支付工具操作的钱包、微信、支付宝等，其所替代的货币的绝对数量绝非定位现金。以网上支付为例，即便是不采用手机移动支付，也绝不会启用现金，其所替代的多半是银行卡业务或是各类票据业务，尤其是从纸质票据到电子信息票据。银行卡业务量为什么减少？因为其依赖 POS 机、ATM、CRS 机等，从根本上属于固定支付性质，不方便、不便捷。但是银行卡不会自动退出货币王国，大宗货币支付更安全，银行环境与所运行的款项构成最佳安全条件。手机移动支付替代了大量票据结算形式，根本在于票据也属于固定支付性质，一般无法脱离银行业金融机构进行操作，包括电子汇票也是如此，以致个人支票基本未能成型和大量流通使用。

"货币全集 = 子集① + 子集② + 子集③"模式，不论其作为定型货币，还是作为货币支付工具，它们最终运行、运作、运营的结果都会落点货币，不管是由实到实，由虚到实，还是由实到虚，实在展现或记账结果均为实在的货币。原生型实体货币运行了 5000 年，曾经代表货币的全部意义和作用，百分之百占有和拥有着货币阵地。可是，自 500 年以来，由于账务和票据的诞生，接踵而至银行卡问世，手机移动支付萌生与其博弈，其结果，致使原生型实体货币最终丧失了 90% 以上的阵地，虽然运行的笔数巨大，但金额微弱。

未来，法定数字货币的定型呈现，将从反方向与抽象支付清算货币博弈，原生型实体货币失去的阵地将被再次争夺回来。然而，货币的运行由实到虚，再次由实到虚，现代虚拟的法定货币形态属于货币存在的主体。原生型实体货币归根结底在于实，现代虚拟法定货币总而言之体现虚，虚是实的代言人，实是法定数字货币的本质职能。"货币全集 = 子集① + 子集② + 子集③"模式，表明实与虚并存，①、②、③并存，多类虚实货币形态均不会自行退出货币王国。

（二）法制型货币

法制型货币泛指各国货币的存在都必须立足本国货币制度框架之内，署名法定货币；可以在商品买卖或经贸往来交易中直接法定偿还的货币，具备货币的全部特征和意义，基本特征是由中央银行代表政府高度统一发行。一个主权国家一般发行一种货币，最终目标在于针对市场经济各类状况采纳相关的货币政策，既支持经济平稳较快发展，又抵御风险维护货币稳定。未来，中国的法定数字货币必然立足于人民币的旗帜之下，属于人民币全集中的一个子集。其本身属于法定货币，发行与流通的全过程都必须遵循人民币的各种法律；还属于人民币的组成部分，不存在人民币以外的任何东西，其他任何支付工具的论证均非属同一话题。

法者，治之端也。法治中国，法治世界，原生形实体货币与转账支付清算货币都将产生一次历史性变革。法定数字货币在法制上纯属刻版，不可变通，面对法治无可作壁上观、判若无事、荒腔走板。大国治理，机杼万端，循法治币，法定数字货币出台的根本政治基础和社会基础一定是法制体系下的依法定型货币。以秦代商鞅变法统一货币为经典，法制体系是法定数字货币的总抓手。货币能不能发？好不好用？只有在市场经济和公众日常生活实践中才能体味。以法为凭，货币质量的优劣在法定下破解，如《电子商务法》《电子货币法》《网络安全法》等执法为刃，以法筑堤。违法发行的各类"异币"属于"关键少数"，必须严肃厘清"异币"与法定数字货币的界定。有关数据披露，2016年第一季度末全球呈现的各类可扩散性"异币"多达656种，总市值高达80多亿美元。穿透式监管叫停非法代币公开融资ICO，维护金融消费者利益，防范了类似"异币"的火爆与风险。法定数字货币不容许各类"异币"牵绊、寄生、伴生、绞生。国际货币制度关键在于立法、执法，以史为鉴，作为公民也应心存对法律的敬畏和信仰。

据悉，2017年9月，人们还在讨论全世界27亿人无法接受银行服务的话题，在实质上，法定数字货币或现金的论证首先是服务工具、网络信息管道议题及法定数字货币的数字形式。初步认识到，法定数字货币无息，也无支付费用的支出和衍生的收入，归属非效益性，运作趋向零成本。面对国际货币体系（现金）运行比较差的现状，基于账户和不基于账户（黑户），法定数字货币准入门槛应高，体现在科学技术上，内置的控制芯片需要绝对确保安全。法定数字货币科研关键在于基础设施建设；关键在于货币制度旗下的政策举措（绝非改变主权货币）；关键在于了解客户服务市场。法定数字货币科研强调保密性、安全性，但并非是暗网，作为货币的主人，货币行使者与管理者和监管者之间，从货币发行初始到产生货币流向的全过程，再到一笔货币运行的终止，均需处于透明状态。虚拟货币的生态系统需要参照现有纸币的支付体系，应将法定数字货币纳入国际货币标准体系之中，使之兼容性更强，可点对点地兑换，呈现便利性、便捷性。纸币、硬币逐渐减少乃至逐渐消失的根本原因还在于不能保全价值，同时存在潜在投机。私有"数字货币"不会长久，虽然有些"异币"的支付成本不足1%，远远低于某些国际可自由兑换货币的支付成本，如200美元以下的支付成本为7%，但此处并非是矛盾的主要方面，问题的本质和关键在于合法性。

2017年9月4日，《中国人民银行 中央网信办 工业和信息化部 工商总局银监会 证监会 保监会关于防范代币发行融资风险的公告》指出：近期，国内通过发行代币形式包括首次代币发行（ICO）进行融资的活动大量涌现，投机炒作盛行，涉嫌从事非法金融活动，严重扰乱了经济金融秩序。为贯彻落实全国金融工作会议精神，保护投资者合法权益，防范化解金融风险，依据《中华人民共和国中国人民银行法》《中华人民共和国商业银行法》《中华人民共和国证券法》《中华人民共和国网络安全法》《中华人民共和国电信条例》《非法金融机构和非法金融业务活动取缔办法》等法律法规，要做到以下几点：一是准确认识代币发行融资活动的本质属性。代币发行融资是指融资主体通过代币的违规发售、流通，向投资者筹集比特币、以太币等所谓"虚拟货币"，本质上是一种未经批准非法公开融资的行为，涉嫌非法发售代币票券、非法发行证券以及非法集资、金融诈骗、传销等违法犯罪活动。有关部门将密切监测有关动态，加强与司法部门和地方政府的工作协同，按照现行工作机制，严格执法，坚决治理市场乱象。发现涉嫌犯罪问题，将移送司法机关。代币发行融资中使用的代币或"虚拟货币"不由货币当局发行，不具有法偿性与强制性等货币属性，不具有与货币等同的法律地位，不能也不应作为货币在市场上流通使用。二是任何组织和个人不得非法从事代币发行融资活动。三是加强代币融资交易平台的管理。四是各金融机构和非银行金融机构不得开展与代币发行融资交易相关的业务。五是社会公众应当高度警惕代币发行融资与交易的风险隐患。六是充分发挥行业组织的自律作用。各类金融行业组织应当做好政策解读，督促会员单位自觉抵制与代币发行融资交易及"虚拟货币"相关的非法金融活动，加强投资者教育，共同维护正常的金融秩序。

"凡有国者必设关，凡有币者必循法。"国际货币制度的本质在于立法、执法，1000年前中国纸币的诞生与发行最初是私人交子，为遏制无序状况很快收归官方钱引，依次曾经设立交子务、钱引务，史料记载了中国纸币发行千年的管理与监管典故，如孙甫、姚涣、戴蒙、郭子皋、郭叔谊、邓明父都大名鼎鼎。法定货币发行，从金本位到布雷顿森林体系，再到目前的浮动汇率制度都讲求法定准备金，包括美元在内，商业银行必须按要求存放在中央银行基准数量的现金或现金等价物。1979—1982 年，美国公开市场委员会的中间目标是货币总量，操作目标是非借入准备金；1983 年至今，操作目标为借入准备金或联邦基金利率，中间目标为多种经济变量的综合目标体系，这些都是保障货币发行与货币稳定的重要举措。试问，时下喧嚣的价值超过黄金 1 倍有余的"异币"从何而来？"异币"不具备问世的条件，其违背各国的货币制度与法律法规。

（三）国度型货币

未来，各国的法定数字货币科研与成功发行构成各个国家名片，世界上 220 多个国家即存在 220 多种法定数字货币，其以本国文字定名或以英文等外文署名的货币名称或缩写均覆盖在本国已经发行的法定货币大名之下，不存在与本国现行发行的法定货币异样的称谓，即不存在任何"异币"。法定数字货币科研与未来公布发行属于全新的货币形态，关键事项在于操作，思想架构奠定之后，技术实施的科学系统方案属于首要因素与基本保障。专家认为，目前运行的货币清算系统均由中央银行主管，包括大额实时支付系统、小额批量支付系统、网上支付跨行清算系统（超级网银）、同城票据清算系统、境内外币支付系统、全国支票影像交换系统、银行业金融机构行内支付系统、银行卡跨行支付系统（银联）、城市商业银行资金清算系统和农信银支付清算系统等。这些系统大多由中央银行主办，可视为非营利基础设施。除此之外，仅银行卡跨行支付系统由特许企业营运，但依然由中央银行监管。清算是由于跨行交易而产生的银行间债务债权引起的定期轧差，好比货币发行呈现的"每日报""周报""旬报""月报""季报""年报"，投放、回笼、净投放、净回笼、轧差后净数（净轧）反映货币投放的真实结果。银行间债务债权的清算实现这个目的只是表象，后台本质意义则在于统一法定货币发行。没有形式即没有内容，没有基本的货币运行体系作为保障，一个国家的法定货币发行制度即难以实现，宏观掌控政策，微观夯实基础，只有正确的金融货币决策才能得以顺利传导和贯彻落实。法定数字货币"一道三密"基本架构必须建立在"国度型货币"基础之上。

（四）开放型货币

开放型货币泛指法定数字货币更易于在国际流通的技术性范畴，落点可操作性，相比原生型实体货币走出国门可以减少许多麻烦，在无纸币、硬币运行的条件下，通过两国互换货币协定或者在经贸往来、项目融资等过程中，由双方中央银行或银行业金融机构相互构建代理发行库、业务库，即可通过"一跑道、一管道、一通道""一库、一匙、一密钥"联通起来，使得法定数字货币无障碍流通于双方市场。此处的开放型货币与通常论证的国际货币归属不同概念，但它们之间直接关联、紧密关联，存在着必然的内在机理。无论它们之间有什么不同，开放型货币率先是"有限型货币"，属于不同国家的国度型货币，在未经国际货币组织或相关国家或地区认同之前，无论何种法定数字货币均不可能在本国度以外的任何国家自由流通。目前，所谓"异币"的炒作即是一反常态。法定数字货币之所以称为开放型货币，因为其易于流通，不必搬倒物理实物，免掉假币滋扰，形态更先进了。中华人民共和国的消费者金融素养处于国际中等偏上水平，深信在本国货币已经构成国际自由兑换货币的条件下，法定数字货币的科研成功和在本土顺畅流通，以及走向全世界的时代指日可待。

（五）公众型货币

作为特殊商品的货币，为商品、经贸、交易、市场服务，在完全市场经济理念下，作为社会公众，商品、经贸、交易、市场活动的法人或自然人起到主导作用。因此，科研创造发行法定数字货币必须符合公众的利益，一切货币均应立足于为社会公众服务，法定数字货币属公众型货币完全出于其本性。经济金融全球化，科学应无国界，货币应无国界，货币的共性在于渐进趋向世界大同，欧元旗帜鲜明，为世界各国的货币发行起到表率作用，为法定数字货币科研开创先河。

社会公众型货币定论法定数字货币大众化，必然在货币流通过程中客观分离特殊性的支付结算方式，票据及银行卡等即是被拆分的对象，因为它们支付的通道受到相对固定形态的限制，同时更受到大宗大额巨量货币的限制，百万元、千万元、亿万元资金，如果以微信支付，起码心理上感觉就没那么安全。可见，普遍性与特殊性是经济生活中的不同表象，针对它们展开经济生活中的货币运作即会呈现不同的方式。票据的使用、银行卡的使用，一般停留在公司企业，无论是法人管理者，还是处在不一般层面的白领阶层。票据、银行卡与法定数字货币的作用不同，使用它们的人群不同，它们存在的意义必然有所不同，所以长期共存概念成立。

（六）高端型货币

高端型货币泛指基于安全与实用角度考虑法定数字货币的技术性能，使得差错率、事故率、案件率低，便捷操作的程度高，防范风险的能力高，稳定货币的系数高。

时下，数字科技高速发展，使每个人都处在信息过量的时代。专家们求索顶层设计、战略规划，假定存在"1.0""2.0""3.0"之说，回顾渔猎农耕时代、工业革命时代、大数据信息网络平台时代，得平台者得天下。法定数字货币科研过程中，旧有货币的围墙推倒了，新生货币的篱笆扎起了，无论是决策者、管理者、操作者只有重新绘画科学技术蓝图，才能在货币运行、运作、运营过程中，掌控大局、大网、大平台，才能占领战略制高点，服务社会，服务民生。银行间技术生态圈深度、广度不断拓展，全方位筑牢货币运行、运作、运营的保护安全网，高端型是法定数字货币的力量总和，现代高科技是法定数字货币生成的本源。金融是国家安全的永久性内涵，高端型货币根本在于体现法定数字货币的科学技术含量，货币金融科技发展需要本身的高层次设计，也需要构想和引入监管科技体系，为法定数字货币保驾护航。一旦法定数字货币形成定型货币，如同纸币、硬币一样实际应用，在境内市场广泛流通或走出国门，均需要非常规范，不能漏洞百出。高端型货币就是要做到未雨绸缪、万无一失。原生型实体货币从安全与技术角度考察它们是什么样儿，法定数字货币也应该就是什么样儿。

传统原生型实体货币的印制可代表国家或该领域的较高甚至于最高科技水平，法定数字货币涵盖在数字科技之下，在"货币全集 = 子集① + 子集② + 子集③"模式中，法定数字货币属于三子集之一，且为最后呈现的创新型定型货币，高端型法定数字货币为自己肩负了高度责任感与使命感。

（七）融合型货币

融合型货币泛指在综合理念、集成思维技术条件下货币变得更简单、更好用，只保留了国籍性冠名和计量单位，如中国人民币法定数字货币"元"。法定数字货币不再区分大、中、小开张；不再设定面额、面值；无所谓主币、辅币与档次，需要起大名和小名（如人民币定位大名为元，角、分是小名，一般国家的主币、辅币既有大名与小名之分，如美元、美分，欧元、欧分）。法定数字货币不需要罗列更多的称谓，以"元"作为消费、买卖、交易支付进行计量和会计记账结算的借贷单位。元后面如果再有金额，即为小数点之后，可顺其自然地展开货币流通与清算。精简了原来的元、角、分、厘、毫、丝，纷繁复杂地进行货币计量，由此更便于统计、支付结算、记账算账，有益于市场繁荣。新兴市场国家和发展中国家群体性崛起成不可逆转潮流，人民币或已成为世界重要避险资产，融合型货币对于法定数字货币生成，实质性吻合了市场。

　　未来的法定数字货币在"货币全集＝子集①＋子集②＋子集③"模式中，不应存在广义法定数字货币和狭义法定数字货币之说，子集②中以票据、银行卡、手机移动支付或另外的创新支付形式作为载体运行、运作、运营的大量货币数字冠名于人民币旗下毫无异议，但形不成另外的定型货币，尚应将其传统地定位在抽象转账支付清算货币范畴。理由是票据、银行卡、手机移动支付或另外的创新支付形式，其自身只是工具或载体、通道、网络、平台，其操作的对象并非如同法定数字货币一样的定型货币，只是单笔或多笔货币数字，发生由在途到账面的金额转换，只是在不同货币账户之间履行着一个会计账务数字转移过程，并无另外一种货币形态出现。在未来的货币全集中，子集①、②、③论点成立，整体货币全集中依然可以划分为实与虚两大侧面，然而在虚的领域又涵盖了两大范畴，即法定数字货币和抽象转账支付清算货币，应泾渭分明，不可混淆。

　　货币改变了自己，也融合了环境，从世界意义上促进了人类文明的进步。走出国门的法定数字货币，在国际市场上可不再为识别票面的主题图案或主体色调而为难，更不必再为真假的问题而担心，可以放心地使用。

（八）环保型货币

环保型货币是相对原生型实体货币而言的。首先，世界货币印制企业每年印制纸币所需要的专用纸张在数十万吨左右，这就意味着每年同步净化、回收、注销纸币的数量也应在数十万吨左右，即在一个时期内注入市场多少原封新券，相对一个时期后必然注销等量的不宜流通的损伤券。这就不难想象，在世界能源逐渐匮乏的情况下，未来法定数字货币的呈现，必然在一定程度上减少原生型实体货币面对纸张和金属基材的需求，实质上是对棉花、亚麻、木材，以及金、银、铜、铁、锡、锌、镍等稀缺金属基材的需求，对节约世界能源将会作出对应程度的贡献。

其次，真正属于涉及环境的问题。一是印制钞票过程中专用纸张与特种墨迹的处理；二是废旧钞票宿命处理均涉及轻重缓急不同的环保事宜；三是采集、采用、处理金、银、铜、铁、锡、锌、镍等金属基材过程中出现污染；四是钞票参与市场流通过程中受到各个环节人为的自然性的侵蚀，产生新旧程度、完整与损伤程度、污渍涂写程度等分门别类的问题，比如钞票可能进过卫生间、医院等容易沾染病菌的地点，也可能潮湿霉变，遇到不同保管和携带方式，日久年长，尤其是整洁度较差的钞票环保程度就更低了。相对原生型实体货币而言，法定数字货币不存在上述问题，科学组建了环保型货币。

（九）透明型货币

原生型实体货币属于非透明型货币，钞票是从哪里来的？又到哪里去了？体外循环的藏身之处在哪里？在许多情况下我们弄不清原生型实体货币的来龙去脉。有人家中存着整吨的钞票，也有人家中放着整亿元钞票，经济生活变得不正常，更违背了商品流通、货币流通、价值规律的市场作用力。然而，只要社会上的各类弊端存在，如涉税、走私、贩毒、拐卖、洗钱、赌博，以及许多异常的、意外的经济生活现象发生，如疾病、洪涝、旱情、虫灾、火灾、地震滑坡、冰冻雪崩、金融或货币危机，甚或战争等原因导致断水断电、信号中断，均会波及原生型实体货币的存在。总之，只要货币离开可视距离，人们就无从知晓了，原生型实体货币的运行、运作、运营没有轨迹，不具备透明性。法定数字货币恰恰相反，其改变了原生型实体货币的短处，化劣势为优势，其不论停留在库中还是运行在途中，均呈现无限透明，始终处于三位一体（中央银行、银行业金融机构与法定数字货币的主人）的状态下，时时刻刻都可以观察和掌握法定数字货币数量，可依照市场需求透明运作，无私无弊。透明性是法定数字货币科研的关键之点，必然产生深刻意义与积极效用。

目前，在互联网大数据平台作用下，在新的消费和营销模式与国际化金融的相互影响下，在国内和国际金融工具的采纳及安全诸多因素的影响下，货币在形式和实质上，也或主动或被动地、客观地发生着改变，这种改变反过来也影响着金融运行和监管模式。转变需要条件，监管迫在眉睫，真正去把握这种改变需要丰富的货币知识储备和较高的视野格局，金融实际管理和操作理念不能只停留在学术研究层面，虚拟账户体系已经逐步在形成，脱离传统银行业实体账户，而且趋于闭环，为虚拟或所谓的一些"异币"创造了应用环境。尽管强化金融，必须回归银行或持牌金融机构，并设置严格的风险防范监管门槛，但市场环境在逐步成熟，有市场才有货币，市场决定货币，市场又是由用户使用习惯和需求决定，国内外支付手段和技术的持续完善，必然带动、更新对货币的解读和应用需求。

五、法定数字货币与"异币"

所谓的"异币"，是根本找不到现实流通场景的虚拟商品，最大的法律与技术问题在于：第一，完全没有对应的物质保障，违背了货币发行、商品、货币、市场、价值规律的作用与反作用力，如同外星球飞来的莫名其妙的异物。第二，完全去中心化。法定数字货币包括电子货币、虚拟货币和数字货币，其在发行、流通、储存的各个环节都将是完全透明的。中国人民银行全球发行的法定数字货币是指数字化人民币，是一种法定加密数字，支付宝、微信支付和手机银行等都是电子支付工具或通道，本质上只是一种现有法定货币的信息化过程，还不是严格意义上的数字货币。

法定数字货币与"异币"到底有什么不同？最根本的区别在于发行者不同。"异币"的发行者并非中央银行，也只能是一种在特定的虚拟环境中躲躲藏藏的交易；而法定数字货币是可以被用于真实的商品买卖交易的，国家发行的数字货币才是真正的法定数字货币。

法定货币姓"公"，"异币"姓"私"；法定货币的背后是政府和公众，"异币"的背后是非法性。从 2009 年"异币"诞生至今，其已经创下 300 万倍的膨胀幅度，2017 年 6 月 12 日首次突破单价 3000 美元大关，达到 3012.05 美元新高；s7a6 等"异币"矿机达到 3 万台；海外 10 万名玩家关注，"挖币"数量占全世界的 5%；2015 年全国发电装机容量为 32000 万千瓦，"异币"占到 60 万千瓦，川西某个"挖币场"年度"挖币"耗电需要上缴当地水电费超过1200万元以上，鄂尔多斯某"异币""挖币场"年度上缴电费达1亿元；每隔四年"异币"发生一次产量减半，下一次在2020年前后。

"异币"不具备商品和货币的二重性，不能赋予其货币的地位，不能让它直接用于支付；对于虚拟的"异币"应严肃设防，否则后患无穷。

中国的法定数字货币科研与未来的货币发行与流通，遵循国家货币制度，完全覆盖在法定人民币旗下，作为人民币全集的子集，涵盖人民币大名之下的新型货币形态。全世界220多个国家和地区发行着220多种货币，在法定货币制度下，"异币"虚无缥缈，购买到挖币机的人都可以创造发行货币，数以千万、亿万的人都是货币发行者，每个人想到的都是如何理财投资赚钱，没有人关注风险，绝不具备抵御风险的能力。而法定数字货币强调的首先是法，不排除技术的关键性、重要性，只有强化完善法和技术，科研才能进展。

"异币"加引号，是因为其可以作为一种虚拟的理财交易产品，但不是货币，基金、保单、股票、债券都是货币的重要凭证或运行的形式，线上、线下互联网大数据运营构成一种载体，就其本身而言绝非是法定货币。2017年6月20日，全国公安信息化工作会议在北京召开，信息时代的货币如何运行、运作、运营依然属于经济发展过程中的核心问题，比如打着私募基金的旗号搞非法传销，高端人物层层返利，资金被少数人瓜分，呈现金融骗局、金融乱象，构成金融风险，炮制高杠杆、低成本，生成不良资产等现象。法定数字货币诞生在、存活在数字科技领域，从初始阶段即应设立严密的防范阵线，不给资本领域的犯罪留下可乘之机。

宏观与微观货币的运行、运作、运营应树立"脚印效应",一步一步走下来,步子或大或小,或急或缓,扎扎实实、脚踏实地的一连串脚印留下稳健又积极、健康又安全的轨迹。去杠杆的作用就是要维护货币最终稳定的目标,少来虚的,多来实的,资金资本货币应流向实体经济、小微公司企业、农村、农业、农民,朝着"实"的方向是主流。虚拟的东西违背物质第一性,形成违背经济生活实际的反方向运作,结论一定是好景不长。改革开放以来,从计划经济到市场经济,在不同时期实行的从严从紧—适度从严适度从紧—宽松适度宽松—积极的财政政策与稳健的货币政策—积极—稳健—中性稳健等,完全符合国家的经济发展状况,有效地支撑了国民经济发展。21世纪以来,有"小步快跑"等的经典语言,伟大的思想,伟大的人物,在高层面上表述了货币政策的科学性。它们的实质在于遵循了商品、市场、价值规律,遵循了经济、金融、货币运行的基本规律,既支持了经济稳步健康甚至中高速发展,又保障了金融安全、货币稳定。金融活,经济活;金融稳,经济稳。货币的"脚印效应"维度直线,预防曲线,旨在稳定安全。在目前科研法定数字货币已经构成货币革命的历史条件下,以法定数字货币的基础理论和技术基础凝聚的法定数字货币成品应适时推向社会。

六、法定数字货币与原生型实体货币和抽象转账支付清算货币的量化关系

现金、现钱、现钞、钞票、纸币、硬币同属性质雷同的一个货币概念群,但是现金与现钱、现钞、钞票、纸币、硬币这些真正实体的货币有区别,现金涵盖了现钱、现钞、钞票、纸币、硬币,但现金是

虚拟概念，会产生在途和账面的东西，现金作为现钱随时可以用，可是不用的时候只能趴在账面上，所以现金作为一种无形态的东西，不能简单地将其列入工具范畴。创造"无现金社会"的理念，并以科学技术具体实施，替代的标的物和主要目标肯定是现金，因为现金的绝对成分和体现的外表形态、参与市场货币流通的形式是纸币、硬币，社会公众认为现金就是纸币、硬币，其实现金还有一定量的账面的东西。法定数字货币要替代的东西直指现金，还会涵盖一定量的支票、本票、汇票、银行卡作为工具所运营的货币数字，总体货币在结构上会发生改变。

国外可以将银行卡、票据定义为信用货币，在我国为什么不可以将它们定义为货币？其实这还是作为货币工具与货币，作为货币数字与数字货币的本质性关系，将银行卡、票据定义为信用货币，作为货币的基础理论应该是欠缺妥当的，因为它们本身就是一张塑料卡片和一张小纸片，包括手机就是手机，当它们没有充当货币载体的时候何以构成货币？定义信用货币，泛指它们运行的结果而非形态，因此，直截了当地认为银行卡、票据、手机就是信用货币近似乎生拉硬扯。信用货币起源于诚信、信誉，是无形的东西，归根结底，将银行卡、票据、手机定位在信用货币不太确切。

法定数字货币科研自然想到"无现金论"。法定数字货币在法定货币基础上，未来必然由代表中央政府的中央银行发行，如同公众使用纸币、硬币基本无须费用一样，国家负担了成本而把利益承让给纳税人。时下，社会上所谓的"无现金论"背后是私有制，巨量的宏观收益落入个人旗下，数以万亿的支付操作者，个人、家庭、国家的意识淡薄了，虽然还没有醒悟到自己的本质性失意，在实际上还是已经以微薄的贡献去成全了巨额大亨。国家才是公众利益的真正维护者，反过来公众支撑的应该是国家。

法定数字货币发行的量化生成原理体现了货币本质，中央银行代表国家和人民发行货币，统一性与唯一性是先进货币制度存在的基础，也是法定数字货币得以发行的根本保障。法定数字货币发行必然从属在人民币的旗帜下。人民币发行将近 70 年以来之所以坚挺、信誉高，受到全世界的瞩目和赞誉，即是由于中华人民共和国的不断繁荣昌盛，国家实力的不断增强成为支撑货币发行与流通的强大后盾。法定数字货币形成渠道与法定发行的人民币纸币、硬币别无二论，完全是由商品市场流通规律、货币流通规律与价值规律所决定。货币发行原理与形成渠道可概括为六大要素：（1）经济决定货币；（2）货币决定货币；（3）市场决定货币；（4）文化界定货币；（5）科技界定货币；（6）政策界定货币。（1）、（2）、（3）归结发行原理，定夺货币宏观总量；（4）、（5）、（6）分离货币种类，决定货币结构，即人们传统行使货币的理念与现代科学技术创造的货币运行、运作、运营条件相互博弈；原生型实体货币与转账支付清算货币相互博弈，从而分化"虚""实"。在货币诞生 5000 年、账务诞生 500 年、票据诞生 300 年的一个漫长过程中，最终随着普慧金融 IC 卡"芯"科技的飞速发展，在强化政策引导、项目培育、改变受理环境之后，在货币上"虚"的东西越来越多，比重越来越大了，在这样一个不断变化的宏大工程中，法定数字货币量化问题位居其中。"实"的东西越来越少，比重越来越小，那些缩小的部分未来可能就是法定数字货币。300—5000 年前，原生型实体货币作为原生型货币代表了货币的全部意义、职能和作用，可谓居于至高无上的 100% 的地位；目前，就世界货币总体运行论证原生型实体货币占 5%~10%（不乏多国多者依然占比为 30%~50%）。转账支付清算货币后来居上，激进性地成为货币运行的主体。法定数字货币支付存在两种形式：一是由钱包到钱包，二是游离钱包不再属于法定数字货币，传统的实体货币调拨就像散装的运货系统，维系体外循环，在线下运行的过程中时常不知去向，法定数字货币运转则类似于集装箱，貌似隐藏封闭，实则线上透明，法定数字货币的灵魂根本在于透明，可以清清楚楚地观察到法定数字货币的量化界定。

遵循经济、金融、市场运行规律，宏观货币生成存在完整的决策与运行过程。原生型实体货币与法定数字货币的生成是宏观货币决策与运行的结果，并非中央银行硬性规定的数据，或是提前事先规划的指标。现金计划、货币发行计划、产品印制计划、发行基金调拨计划、损伤券注销计划确实存在，其预测的正是宏观货币决策与其运行的自然结果。至于人们乐意启用何种货币承载工具，还是直接行使原生型实体货币，或者法定数字货币，都是它们自己的事，国家不可能硬性规定每个人、每个家庭、每个公司企业法人存放或使用 N 数量钞票或 N 数量法定数字货币，钱夹里、库里放多少钞票或法定数字货币，依日常经济生活需要确定，依市场价值规律确定，肯定存在一个不多不少的交汇点，钱多了会吃亏，钱少了不够用，从实用与利益上会产生一个最佳交汇点，此刻的钞票和法定数字货币量化定数即是合理库存、科学库存。

货币，从属国家性质，或称"主权货币"，市场有本质，货币、资本有性质。中央银行履行政府职能，代表国家建立先进货币制度，统一掌管货币发行，代表社会公众利益。货币、国家、中央银行三位一体，没有统一的货币发行即没有中央银行的诞生和其存在的必要性，统一性即反映货币的性质，也是发展经济、稳定货币的基本条件。尤其处于现代社会，在法制国家、法制经济的氛围下，体现货币的职能和性质根本在于法制。多国均将领土完整、国家安全、维护货币坚挺、稳定等大政方针排序在多项基本国策首要的位置，世界皆如此，货币制度的核心在于统一和稳定。

经济决定货币在于世界经济要发展，在平衡、稳健、安全的条件下力争经济中高速度发展是根本规律。货币决定货币在于服务，宏观货币决定微观货币，流动性充裕，广义货币总量适宜、稳步增长，微观货币各类运行形态囊括电子票据、银行卡、手机移动支付，即便是纸质支票、汇票、本票的运行均会留下轨迹，因此，不存在利用区块链等底层具体网络技术调控货币量之说。发行法定数字货币的关键在于：（1）区块链去中心化；（2）所有权中立性；（3）技术中立性；（4）基础设施中立性。这与世界各国法定货币集中统一发行的性质相悖。相比各类"异币"，实质上带来客户资金安全、洗钱、资本交易杠杆不可控等诸多风险。同时，这只是表象，根本在于其混淆了货币属性，以偷梁换柱的技术问题，取代了法定货币的国家性质，在极大限度上干扰了财政政策与货币政策的宏观调控。在全世界220多个国家各自发行货币的情形下，设想以某一种货币进行统一绝非技术课题。"数字货币发展如火如荼"的论点混淆了"货币数字"与"数字货币"的血缘关系和本质区别，一边是数字，另一边是货币，本不是一回事。"区块链异币"只是被覆盖在人民币、美元、欧元等法定货币旗帜下的货币数字运行，社会公众心底的概念依然是上述法定货币，尤其是以国际可自由兑换货币计价清算。例如，在中国各大旅游景点，许多的外国人现场使用人民币现钞买东西，各国实行外汇管制，在本土使用本币，绝不会容许第二种货币在市面流通。改革开放初期，国家曾经一度发行"外汇兑换券"，也只是在极窄的范畴限定使用，很快即被取消。人民币的信誉越来越高，在全球货币体系中表现出稳定强势，过去 10 年，CFETS 人民币汇率指数、BIS 货币篮子汇率指数、SDR 货币篮子的人民币汇率指数，和对美元单方汇率，分别升值 28.3%、33.4%、28.4% 和 11.9%。2016 年初至 2017 年 7 月，我国货币政策完成比预期好，保障了 GDP 以 6.7% 的中高速稳健增长，降杠杆首先注重稳杠杆，符合货币制度最终稳定货币的目标，有利于国家经济长期稳定发展。人民币在五种国际货币——美元、欧元、人民币、英镑、日元中的占比位居第三，我国在提升境内支付结算水平的同时，不断强化跨境支付清算，人民币更加国际化。

目前，将近千家基于 P2P 网络等生成的虚拟货币市场，大多体现区块链个体经营，甚至遵循私有化逻辑，运营形态均为脱离中央的去中心化、去中介化离散式数据库。此举与法定数字货币油水不融。法定数字货币在于整体性、普遍性、公有化，排斥局部性、特殊性、私有化。货币无小事，货币需统一，货币要稳定，这是法定数字货币研发的唯一实质。根本杜绝金融失衡累积的潜伏性和隐蔽性危害，属于各国中央银行的基本职能和首要使命。透过现象看本质，法定数字货币既然是定型货币，根本在于货币性质与货币制度的裁决，其与纸币、硬币具备共同的法定性质与职能，而与各类货币运行工具（支票、本票、汇票、银行卡、手机、电子信息网络平台）相比，其处于截然不同的位置，一面是主人翁，另一面是服务生。从科技服务层面论，区块链纯属科技话题，与带有法定货币性质的法定数字货币绝非一个范畴，区块链如果设计得当，最多也只是服务法定数字货币的工具。银行业金融机构传统的业务营运方式多为链条式，以条条为主体，上下融通，最终实现全国一盘棋。如果将区块链与法定数字货币混为一谈，就将服务型的工具或模式与宗旨性的主体货币竞相混淆了。

市场经济属于法制经济，商品流通、货币流通受到价值规律、市场运行规律的制约。法定数字货币发行不应存在硬性额度，无须像以往纸币、硬币发行那样强调备付金率，并伴生等量规模，不管指数高低都是堆积如山的现钱，所以根据印制生产力状况，根据市场的需求，包括挤兑风潮、地震、水患、春耕、夏秋收等因素，银行业金融机构必需保持一定量的现金支持日常营业和以备不测。法定数字货币发行与实体货币截然不同的是物种变更，因为不存在实物，在其身上原来的传统的纸币与硬币属性即多元化也消失了。然而，货币决定货币的本质性能却不会改变，随着积极财政政策与稳健货币政策的实施，其产生的正能量有机效应使得国民经济新常态中高速发展，同时会带来滞后性变现（现钱）结果。流动性越是宽松，酿成的法定数字货币与实体货币量越多；相反，法定数字货币与实体货币量会对应递减，它们之间直接关联并属于正向升降。法定数字货币与实体货币之间无本质区分，但在量化上必然产生转换，法定数字货币必然越来越多，实体货币必然越来越少。科学技术飞速发展是法定数字货币与原生型实体货币量化转换的本源。

七、小结

我们在创造一种人类进步史上从来没有过的全新的定型货币，这就是法定数字货币，它是一种具有物理货币特质的数字实体（Digital

Object）。创新法定数字货币基础理论，搭建法定数字货币基本框架，编制法定数字货币运营程序，使其具备发行与流通的条件，是目前涉及此领域科研职员的神圣使命。

万源总有尽头，万变不离其宗。法定数字货币的呈现归根结底在于社会生产力的发展，人类科学、文化、文明进步，为一种全新的定型货币的诞生创造了条件。从本质意义论证，法定数字货币、原生型实体货币、抽象转账支付清算货币，其不管以何种形态出现，它们都承担货币职能，而且都是货币运行的工具。因此，它们本身不是货币政策，也并非是财政政策，然而它们运行的后果和获取的结果都反映了货币政策和财政政策。涵盖法定数字货币在内的各类型货币，依据市场需求先生正向作用力，遵循市场规律而后生逆向反作用力，这就是人类总结的经济、金融、商品、货币、市场价值规律。法定数字货币作为一种崭新的货币形态，作为各类货币运行的工具之一，不会在短期内，而今在一个相对较长，甚至于是漫长的时期内覆盖全部的货币形态和代表全部的、完整的货币意义。说到底，货币的诞生是社会生产力发展水平的结晶，同时也受到社会生产力发展水平的制约。可想而知，偌大的地球村里220多个国家的生产力发展水平参差不齐，在一个国家内社会公众的生存结构、科学、文化、文明素质参差不齐，综合考证其为货币发行与流通创造的条件同样是参差不齐。所以，无限宽泛的法定数字货币和赋予其无限宽泛的职能作用的定位值得商榷。

货币并非万能，某一种货币形态更非万能。有市场才有货币，定型的法定数字货币作为工具，只能在市场需要它的时候起到工具的作用。诚然，作为货币工具（涵盖各类定型货币）运作起来产生的政策效应雷同。原生型法定数字货币由中央银行统一发行和由市场自动生成体现在货币运行的两大侧面：一是中央银行发行，纲举目张，在保护客户利益的前提下，透明性地构成一篮子货币，中央银行宏观掌控源头流出的法定数字货币总量，基本覆盖常态流动性，同时调整货币流向，力求结构效益，注重风险防范，维护货币稳定，从正向面对市场经济产生作用力；二是自动生成，作为社会公众、自然人和公司、企业法人，其在市场经济价值规律的作用下，依据各类错综复杂的情况，享有法定数字货币的多寡并非定数，无疑也并非是在指令或摊派之下被动形成。它的流通必须定位分为布式，而且法定数字货币的流通系统（依托法定数字货币库）必须与现行已经建成的各种支付系统（网联）自然嫁接、链接，对于已经建成的支付系统，天衣无缝的商业模式和支付流程不做改变，它们将直接使用中央银行发行的法定数字货币字符串作为支付单位，从而自动生成中央银行统一的法定数字货币大账，构成总出纳、总会计模式。

中央银行源头流出的法定数字货币宏观总量，应等于其在市场上自动衍化生成的微观货币量，此刻的法定数字货币库，完全处于发散型（分布式客户账单），星罗棋布地服务于市场经济。数字科技、数字社会、数字货币、数字生活。法定数字货币将是人类数字社会生活中最为重要且不可或缺的一环。虽然其处在极其宽泛的领域，但也绝非是万能钥匙。

法定数字货币承传着5000年货币基因，归属创新型国家战略，归属混合型国家知识产权，归属国家现代与未来高科技智能金融。

货币属于公众，货币属于国家，货币属于世界。货币涵盖基于各国货币制度下已经发行的各种法定货币，法定数字货币自然居身其中。法定数字货币光明远大，前景无限！

知识点 >> 法定数字货币理论与技术基本框架 ABC

　　各国货币制度吻合国体均具备法定性质，统一货币发行并实现货币稳定的目标赋予中央银行基本职能和首要使命；法定数字货币是覆盖在各国货币制度和已发行货币之下的定型货币，具备支付手段（清偿服务）、流通手段（交易媒介）、价值尺度（核算计价单位价值稳定化服务）、储备功能（本外币间汇率汇价折算兑换，参与债币市场、债券市场、股票市场、黄金市场）等货币的诸项基本职能，具备商业银行运营体系保险和中央银行初始与最终货币发行的安全保障条件，与商品（产品）线下、线上生产销售不可混淆。法定数字货币是为原生型实体货币安装了心脏、大脑，替代、再造、升级而衍生的智能型货币，其基于原生型实体货币和抽象转账支付清算货币（三票一卡、手机移动支付、互联网大数据平台运行的货币数字），具备虚实型、法制型、国度型、开放型、公众型、高端型、融合型、环保型、透明型的特征，根本区别于支票、本票、汇票、银行卡、手机移动支付作为运载工具所运营的货币数字；其沿着"一跑道、一通道、一管道""一库、一匙、一密钥"的货币发行与流通模式运作，从形态到本质，鲜明、生动地构成"纺轮圈钱技术"，中国古代诸侯国依照纺轮的形态创造了货币，史称"圜钱"，与刀币、布币共存，最终定型半两钱，并统一了刀币、布币等多类货币。如今，集成思维，将纺轮圜钱技术用于法定数字货币科研门当户对。纺车之上有纺轮，纺轮依附轴心旋转，成方成圆，外圆内方，方居中央，定位中心。针对货币，方的本质就是法，统一和规矩；圆就是平台，圆就是市场，圆就是世界，圆就是公司法人、自然人。纺轮圜钱技术归于轴心技术，服务定型货币，具备中央银行和国家性质；纺轮圜钱技术否定各种"异币"和与此相悖的各类形态和自由散漫的技术，作用于法定数字货币。在宏观性能上由中央银行直面调控发行，旨在体现国有性、唯一性、法偿性、加密性、实用性、安全性，在实际量化上由市场反馈自动生成，又集中央银行、商业银行、货币主人三位于一体，履行管理与实施监管。法定数字货币与原生型实体货币既相对独立，又根本统一，可离可和，其架构"货币全集＝子集①（纸币、硬币）＋子集②（抽象转账支付清算货币）＋子集③（法定数字货币）"三子集形态，呈现世界货币崭新的分类和流通格局，以各类工具和载体运行的货币数字与数字货币泾渭分明的实质在于工具和货币与利益拆分，货币数字与纸币、硬币泾渭分明的实质在于公共服务和国家赋予特殊利益的程度区分；法定数字货币禁忌虚拟性、私有性、异类性的"异币"滋生与滋扰；其属于现代数字科技与普惠金融实践相融合的结晶体，可采用"s"作为货币首位代码，归属法定数字货币与数字科技第一个字的发声音韵，吻合其后再行编制阿拉伯数字密码进行加密，起到绝密的作用，以确保货币顺畅安全流通。

ABC Structure of the Theory and Technology of the Legal Digital Currency

Currency system of the various nations is designed to suit the constitution with statutory property. To unify the currency issuance and to stabilize the currency operation are the basic function and the primary mission of the central bank . The legal digital currency is a formed currency under the currency system and the issued currency of the various nations with such functions as means of payment （settlement）, means of circulation （transaction media）, measure of value （checking of numeraire stability） and function of reserves （exchanges and rates between domestic and foreign currencies in coins market, debt market, stock market as well as gold market）. It is qualified to meet the demand of safe operation of currency by the commercial banks and the safe issuance of currency by the central bank, with no possibility to mix with the production of physical commodity . The legal digital currency is the intelligent currency with heart and brain, or replacement and updating of the primitive physical currency. Based on the primitive physical currency and the abstract payment with transferring settlement（three securities，one card，mobil payment plus the circulating figure on the net data platform） it has such features as combination of bricks and clicks，legal status，nationality，opening，publicity，high-end，integration，environmental protection and transparency，with apparent difference from the monetary aggregate drawn from means of cheque，cashier's check，draft，bank card and mobil payment. Following the mode of currency issuance and circulation such as "one track+one channel +one tunnel" and "one vault+ one key+ one combination"，the legal digital currency is rooted from the appearance to the nature in the " technology of spin shaped coin"，created by the vassal states in the ancient China，inspired by the shape of spin. The spin shaped coin were in circulation together with the other formed currencies such as knife shaped coin and spade shaped coin，and finally perfected itself to be a round shaped coin （half liang coin） to unify all the other forms of currency such as knife shaped coin and spade shaped coin. Now，the technology of spin shaped coin is integrated into the research on the legal digital currency. The spin on the spinning wheel is rotating around the axis，to create a circle and a square – a circle embracing a square – with the square in the middle to position the center. From the point of currency operation, the nature of the square is law for unification and administration while the circle is market, the world, enterprise and natural person. The technology of spin shaped coin is related to technology of axis, serving the formed currency and featuring the central bank and the nation. The technology of spin shaped coin negates the illegal currencies of all kinds and the free technologies of various forms and is contributed to the legal digital currency. From the macro performance of currency, the issuance of the legal digital currency is done by the central bank, to reflect the features of nationality, uniqueness, legality, security, practicability and safety. The quantity is automatically generated by the market, and administrated by the trinity of the central bank, commercial banks and the money owners. The legal digital currency is independent from, but fundamentally more unified with the primitive physical currency. The structure that "currency of complete set = subset 1 (note and coin) +subset 2 (abstract means of payment like transfer) + subset 3 (legal digital currency) ", reflects the brand new category and circulation of the world currencies. The difference between the monetary aggregate drawn from various means of payment and currency carriers and the legal digital currency lies in that tools are distinguished from currency and interest, while the difference between the monetary aggregate and "note plus coin" lies in that the public service is distinguished from the special interest authorized by the nation. The legal digital currency should be abstained from the disturbance of the illegal currencies featuring virtuality, privacy and different species. As crystalline of modern digital technology and financial practice, the legal digital currency may adopt "s" as it's first serial number, which is the first initial of the legal digital currency and digital technology in Chinese, followed by Arabian numbers as encryption to guarantee the smooth circulation of the currency.

第二节 货币数字与数字货币理论

法定数字货币的基础理论与技术基础属于辩证统一的两大主题，货币本身离不开技术支持，离开了货币本质的技术就成了所谓的区块链"异币"，并不能称其为货币。数字货币与法定数字货币不论在形式上还是在本质上并没有根本的区别，而是把货币数字当成了数字货币或者是法定数字货币，没有把一种定型的货币树立起来，所以问题的论证必须率先把数字货币或法定数字货币确认为定型货币，它们是同一类型的东西，数字货币、法定数字货币在概念上没有任何区别，只要是构成定型货币必然都是法定货币，货币的法定属性在一个国家或地区构成世界大同。

　　法定数字货币的提议和实验大体在 15 年前即开始了，德国 G&D 公司、英国 DLR 公司曾经设想将它们印制的钞票塞进卡片，类似电子钱包，终未果。2011 年，一群在美国硅谷的年轻人最终将此技术运用到研究法定数字货币上，陆续为一些国家服务，他们是法定数字货币先河的开拓者。

　　货币数字与数字货币将"货币"与"数字"、"数字"与"货币"颠倒过来，架构两个截然不同的固定词组，并非简单的文学描述，而是在货币科学纲目上存在本质区别。货币皆数字，数字却并非皆货币，只有在世界货币统领下通过电子汇票、银行卡、手机移动支付、大数据互联网平台承载呈现的商品买卖、市场交易、贸易中的庞大账面或在途资金，包括跨境支付清算的经常与资本项下的款项，才能称为转账支付清算货币，方为货币。如若传统有纸化纸质支票、本票、汇票、电子汇票、银行卡、手机移动支付、大数据互联网平台处于非运行状态，无数字显示，它们即统统归于静止的工具，不能称为数字，更不能称为货币。法定数字货币则大相径庭，其本身就是货币，可与纸币、硬币并驾齐驱，比肩继踵。法定数字货币虽然基于纸币、硬币而升华，但是其由锁定的新型货币属性决定，其必然与现钞实体货币异曲同工，将"虚""实"构成有机结合的整体，"虚实"不再分离，原生型货币再度升级，重塑形象，力显生命力。法定数字货币是原生型实体货币的替身，但是不可能完全替代，也就形成了握手言欢的转换时代。由大数据互联网支付平台交易结算过程和账面显现的货币数字，不可在本质上偷换概念，而将其简单置身于法定数字货币之下。例如，以互联网大数据平台为依托，各类"异币"均无权称为货币，它们只能是被覆盖在人民币、欧元、美元等世界 220 多个国家和地区发行的 220 多种法定货币之下的市场商品买卖、资本交易、资金运营。"异币"将自己的投资行为冠名货币之外的货币，纯属排斥现行法定货币的非法行径。

原生型实体货币，除币名、发行货币银行、部、局、年版号、冠字号码之外，数字是货币的职业代言人，在纸币面额（纸币一般作为主币，称大面额，承担支付职能）、硬币面值（硬币一般作为辅币，面值小，承担找零钱作用）、票幅规格（长、宽、厚）、主体图案和主体色调四项基本构成要素，以及纸（含金属、塑料等材质）、版、墨、机读四项技术要素中，以面额面值构成的数字要素位居榜首，不论以货币自身本期价格衡量，还是以利息、利率权衡货币的增量，也不论以汇率、汇价变幻呈现货币的坚挺与疲软。总而言之，数字是唯一度量货币的戒尺。2016 年底，全国流通中货币（M_0）为 6.83 万亿元，全年净投放货币（现钞）5087 亿元，与同期相比增长 8.1%。我们可以看到，货币基数增量都是以整数和小数提供的数字，增长或降低比率、概率也都是数据。

抽象转账支付清算货币的公共载体是支票、本票、汇票（纸质或电子信息票据）、银行卡、手机移动支付及互联网大数据平台。写在纸质票据上或输入电脑里的东西是货币金额、开户行（含第三方支付金账户）、收付款法人单位或个人。上述都是公开的公共信息，只有密码、密钥是私密，且在上述公开和隐秘的信息中重复显现并占绝对比重，甚至百分之百的都是数字，金额是数字，账号是数字，密码、密钥是数字，甚至以代号标明的开户单位也是数字，货币皆数字成立。货币数字与数字货币辩证统一，货币数字计量货币表象，数字货币定位货币实质。

实证分析：自 1948 年 12 月 1 日中国人民银行成立并于同一天发行人民币以来，已近 70 年的时间，人民币现钞的印制生产与调拨任务以军事化或半军事化的体制进行，货币发行部门计划制作的单据都是以命令的形式部署，各级发行库多由部队警卫，远途调运都是中国人民解放军或武装警察部队武装押运。在体制上，由只有中国人民银行一家完整地独立地履行货币发行职能，到银行业金融机构纷纷设立，呈现中央银行发行库与银行业金融机构业务库之间频繁业务往来，为了货币运行顺畅和安全起见，即产生了许多行之有效的规章制度和管理办法。诸如，全国银行出纳基本制度；现金需求预约制度，尤其大宗取现必须制定提现计划；出入库款程序先后制度，入库时先收款后记账，出库时先记账后付款；账实、账款、账账相符制度；"四双"（双人临柜、双人管库、双人押运、双人收付款）制度；以及三人管库三人封装制度；等等。银行业金融机构在条块状自身体系内的改革改制精彩纷呈。中国建设银行最早在哈尔滨与呼和浩特市组建城市中心库，跨地区、跨市县、跨城区办事处，实行系统内现金调拨打组合拳的方略，减少了现金使用的总量，调节了现金使用的结构，降低了成本，增加了盈利，成效显著。中国工商银行总行在上海实行同类试点，将原有的数十个远近郊区县和城区办事处划分为东、西、南、北四个区，合理进行现金存储、调拨和运营；最早从北区开始将七个县区办事处整合起来，将前台与后台运营整合起来，实行大量现金集中清分处理，然后再行投放或由业务库上缴中央银行发行库，涵盖回笼完整券与损伤券。循序渐进，几十年间，银行业金融机构成长过程中如同建设银行、工商银行这样的例子诸多。就目前而言，行业之间竞争激烈，除非一些新开业的小型股份制银行挂靠某一有现金库的银行外，如同业无金库银行向其他行寄库存取现金，其他的银行之间就现金事宜相互不允许开设账户，也就不会出现现金上的互通有无。由于前几年因为相互开户出现了很多案件，所以即使今后出现代理发行库，这种情况也会严控。因此，目前或者是今后有了法定数字货币，这种现金流向客观上不会出现大的变化。青岛国鼎押运公司在 2010年前已经实现了独立于发行库的业务，运营银行业金融机构现金的横向调剂，有专门的调剂办法，灵活自如。目前，已经承办的代理银行业金融机构业务库业务，都是单独与银行业金融机构进行账务处理，各银行业金融机构的现金交换通过该公司的横向调剂系统进行，未来如果代理发行库政策实施，每家银行都可以在公司开户，现金业务需求可直接办理。这就和国际接轨了，和比较完全的市场经济接轨了。法国巴黎等有若干个这样的钞票处理中心，日本的 CSD 业务都是负责钞票清分处理与押运的专业公司经理，银行业金融机构与这样的公司都是完全独立的经济法人，相互之间展开业务往来依照协议合同办事，采纳行政性、经济性、法律性的管理举措和监管措施。这是一个国家发行法定货币（纸币、硬币）运行的轨迹和方向。

归根结底，中央银行与银行业金融机构之间，银行业金融机构与银行业金融机构之间，钞票保管清分处理押运公司与中央银行和银行业金融机构之间，发行库、代理发行库与业务库和钞票保管清分处理押运公司金库之间，所发生的库款（纸币、硬币）调剂和账务往来根本体现的都是货币数字，归于覆盖在人民币实体货币（纸币、硬币）之下的货币数字，从实体货币到账面货币皆为货币数字。实体货币往来、账务支付清算往来，只存在一种货币科目，只允许开列一个账户，遵循中央银行和商业银行货币发行、出纳、储蓄多年的业务运营实践，其承担货币运营、运行的轨迹勾勒出精彩的画面。

认识无止境，吻合业务工作实践大胆创新才有思路和出路。法定数字货币需要高容量、高速安全的运输处理（transacton processing）系统。目前已经有的支付系统，需要将它们综合起来，以便解决监管、兼容、安全的问题。有哪个技术或者是哪些技术的组合能够解决这些问题，就是可以持续的技术和商业模式。法定数字货币是开放型的货币，可以利用或者说绝不否定区块链技术，但是不会拘泥于区块链技术而忽视忘记最根本的东西。论证科学技术并非讨论意识形态，货币制度在本质上是一种法律，是属于国家的一项基本法律。货币数字是由众多支付工具加支付系统平台完成的，支付宝、微信支付、银联支付等电子支付系统所承载的货币数字大数据，无须外延即会大于法定数字货币，遵循的依据是原生型实体货币与抽象转账支付清算货币的现时占比大体为 1 ∶ 9，在世界货币总量中由于现钞占 10% 左右，所以预期未来的法定数字货币在货币总量中的占比必然会大大小于以其他各类支付清算工具进行清算的总括余额。

纸币冠字号码印制技术诞生在 990 年前的金代纸币，中国人民银行在第三套人民币发行管理与监管过程中提出针对票面冠字号码的管理要求，曾经发出记录原封新券甲种主币大额 10 券箱外带号的通知。2011 年 5 月 1 日正式实施的强制性《人民币鉴别仪通用技术条件》国家标准明确规定了检测货币的仪器机具设备装备采用冠字号码技术，这是在最高平台与层面上首次亮相的冠字号码科学，填补空白性地进行了创新驱动，该国家标准荣获国家科技创新奖，这对于现行法定人民币实体货币的流通与未来法定数字货币生成后的管理和监管意义与作用非凡，对于保障国家法定货币运行的安全与平稳运行功不可没。基于冠字号码科学技术的采纳,传统跨行调款业务信息、实物的流转效率和保险系数都添加了十分。银行业金融机构在管理原生型实体货币头寸过程中,每日会出现剩余或短缺的情况,即存在相互取现的需求。按现有实践,大多数银行业金融机构之间不能直接进行实物货币交易,只能通过人民银行进行发行基金业务往来调拨。人民银行分支机构针对辖内银行业金融机构开展跨行调款业务,主要分为两个阶段:其一,各银行业金融机构依照现金需求的具体情况向人民银行进行预约,制订现金计划,申请次日或近期的交款或取款事项,包括总量和券别结构、上下午时间要求等;其二,当银行业金融机构取款时,人民银行进行配款,生成跨行调款业务,由发行库到业务库,由银行业金融机构自行押解入库,当银行业金融机构交款时,人民银行遵照有关制度的规定履行入库职责。以上是人民银行跨行调款业务的履行程序,内涵支票入账流程,其基本处于竖向操作的位置。假定创新横向调拨业务,竖向加横向同时展开,呈现银行业金融机构之间现金送款和支票入账,即出现交款银行业金融机构依据跨行调款任务,向取款银行业金融机构进行实物货币送款,取款银行业金融机构确认收款后,派专人送转账支票到人民银行,人民银行手工入账到交款银行业金融机构存款准备金账户,交款银行业金融机构派专人到人民银行领取支票回单。传统跨行调款业务现金送款过程,存在重复清分问题和冠字号码信息无法跟踪问题,自强制性《人民币鉴别仪通用技术条件》国家标准确认了冠字号码科学技术的运用之后,从技术上提供了一种解决思路。从冠字号码流通系统结构图观察,实物现金清分系统采用物联网技术,完成实物现金自动清分、扫描关联捆包号,将冠字号码文件上传至冠字号码信息平台。实现现金清分、打捆成包全过程线上、线下联网完成，捆包号和冠字号码信息统一记录。其他银行凭捆包号下载冠字号码信息，避免重复清分。在实物现金转移过程中，通过分布式账本技术，在人民银行和银行业金融机构之间建立共享账本，对现金捆包号的出入库信息进行同步登记，代表现金权属转移，实现实物现金信息流和物流的双流合一。结合冠字号码信息的共享，实现实物现金流转和冠字号码信息的同步跟踪。基于冠字号码科学技术的应用实现跨行调款业务系统，可以减少线下手工环节，并将业务流整合进来。在跨行调款业务系统中，冠字号码科学技术的应用可以通过冠字号码信息平台获取冠字号码信息，同时通过分布式账本完成实物现金出入库登记、跟踪实物现金交款过程。解析线上在线生成的跨行调款任务流程，交款银行业金融机构和取款银行业金融机构通过系统提交申请，人民银行在系统上进行需求匹配，并最终生成调款任务。银行业金融机构通过系统查询调款任务信息。交款银行业金融机构清分出库根据调款任务，将实物现金通过清分系统自动扫描、打捆并封包，系统自动上传冠字号码文件和捆、包号信息。交款银行业金融机构通过跨行调款业务系统完成出库确认操作，对应捆、包号的出库信息在分布式账本上进行登记。该笔待交款的实物现金信息，包括捆、包号信息和冠字号码信息对所有参与方保证一致。交款银行业金融机构按现有流程将登记出库实物现金交送给前来取款的银行业金融机构。取款银行业金融机构收到实物现金后无须二次清分，通过清分系统扫描收款捆、包号后，可自动从冠字号码信息平台获取对应冠字号码文件。取款银行业金融机构通过跨行调款业务系统完成入库确认操作，对应捆、包号的入库信息在分布式账本中进行登记，即代表该现金权属转移至收款银行业金融机构。该笔收款的实物现金信息，包括捆、包号信息和冠字号码信息对所有参与方应保证一致。账与款要相符，账与账要相符，二者运行必须同步，依照统计学而论定货币数字是唯一锁定的目标。在此没有第二标的物，操作的是人民币现钞和对应着它的货币数字。

2017年6月26日，中国支付清算协会举办"新支付新技术新金融"研讨会，（银行支付机构网络支付清算平台以下简称网联）首次亮相，声称网联的技术路线选择了服务化、平台化、分布式、云计算的架构，已经确定了高性能、高安全、高一致、高可用、高扩展、高可控六大目标，具有支持每秒12万笔业务平稳运行的能力，峰值时间处理能力可达到每秒18万笔的水平。网联将构成中国重要的金融基础设施，运用分布式架构开发建设，在中国支付行业发展史乃至金融基础设施建设发展史上都具有跨时代的重要意义。近年来，中国第三方支付行业发展迅猛，2016年第三方支付机构累计发生网络支付业务1639.02亿笔，金额达到99.27万亿元，同比分别增长99.53%和100.65%。但高速增长的背后却存在着一定程度的创新无序、支付机构资金挪用和违规跨行清算行为断续发生。2017年1月，中国人民银行印发通知，要求建立非银行支付机构客户备付金集中存管制度，网联清算平台一端链接各支付机构，一端链接备付金存管银行，可为支付机构提供大量快速资金划拨的通道和平台，使得第三方支付行业发展再上新台阶。此处论证的关键和要点在于，网联平台每秒运行12万笔业务的能力，峰值时间可实现业务运行每秒18万笔的惊人水平，其所运行、运作、运营的标的物是什么？归根结底是覆盖在人民币或有关外币旗下的货币数字，无论是运行在平台上或者是已经归纳于账面上，皆为货币数字，绝非呈现了另类货币。什么是货币数字？什么是数字货币？什么是法定数字货币？科学论证货币数字与数字货币的唯物辩证关系，是科研法定数字货币不失正确方向、产生实质性意义的思想方法，也是强化支撑体系、加大政策倾斜、聚焦精准发力、攻克坚中之坚的关键。

　　中国人民银行实行发库代理和现钞处理业务外包，银行业金融机构业务库本来是中央银行发行库发行法定货币的桥梁和纽带，一段时间以来也是由保管、押运、清分、处理公司进行代理，将所承担的法定货币发行职能下摆前移，这些均属于机制实质上的市场化转型。同业拆借用于现金不现实，一是动辄千万亿元的现金往来成本和风险非常高；二是《现金管理条例》针对现金使用的单位和金额都有明确规定，同业拆借应该不在使用现金的范围之内，即使代理发行库，面对现钞的管理权仍在中央银行。实物运动轨迹有变化，但逻辑上并不会与以前有太大的变化。20 世纪 90 年代初期，据初步统计全国大约有 200 个代理发行库，主要分布在北京、上海、天津、西藏、新疆、青海等地。当时西藏自治区撤销县级人民银行机构建制，只保留了包括拉萨市在内的 9 个市、区、县级人民银行机构，所撤销的大约 21 个中国人民银行县级机构发行库均由农业银行代理。新疆塔什库尔干地区距离喀什 450 公里，没有中国人民银行地县级建制，起初由中国工商银行代理发行库，后来改由中国人民建设银行（此时行名尚未改成中国建设银行）代理发行库。其他一些省市也有雷同新疆、西藏由商业银行代理中央银行发行库的情况。2014 年前后，中国人民银行开始明确代理发行库的精神。当时云南省红河州河口县农村信用社拟订规划代理河口人民银行发行库，没有成功

的原因是人民银行昆明中心支行、云南省信用联社考虑其紧靠边境
不安全、库房简陋因素等。云南省全境大约有 129 家人民银行县支行，
其中撤销了 80 家左右发行库，在被撤销发行库的地方县级商业银行
要么在县内商业银行之间互相代理，要么归到自身州市一级商业银
行办理存取款业务，州市一级商业银行则在同级人民银行中心支行
发行库开户取送现金，虽然取送款的地点与部门有所变化，但是，
现金流转账务方式始终没有改变过。也就是说工商银行、农业银行、
中国银行、建设银行四家大型商业银行及相关股份制银行业金融机
构现金业务存在互补情况，往往还形成历史悠久的大银行代理中央
银行发行库的情况，后来的小型一点的银行在已经代理中央银行发
行库的商业银行开立账户委托或者以寄库方式等办理现金业务。从
1994 年中国人民银行陆续开始撤并一些县支行初期，为了解决运输
问题，存在县域业务库之间现金往来账款存取情况，随着经济社会
发展和安全管理，同时也由于那些年控制同业拆借业务，这种状况
渐进减少。当然，近几年同业拆借业务又在相当程度上放开了，银
行业金融机构之间相互往来业务有所增多。然而，不管是账务还是
款项的往来肯定均与法定数字货币关联不大，根本不存在任何瓜葛。
诚然，实体货币业务横向交叉往来有许多事项需要讨论，实际上在
县域有发行库的条件下，辖内银行机构之间基本不会发生现金业务
往来，而无发行库的县域各银行业金融机构发生现金业务往来则属
于不正常的是事情，因为现金清分外包对于经济相对落后的西部县
域成本过大。在银行业金融机构业务转型条件下，无论在思考或者
在决策顶层设计过程中，需要一是一，二是二，只有实事求是才能
最终面对矛盾、解决问题。目前的现状是，涵盖北京、上海、广州、

深圳的商业银行同业间基本没有发生现金拆借互补业务,钞票处理、守卫押运业务外包目前也基本只是在国有企业单位试点,杭州梓昆公司开始经营此方面的业务应是全国首家。未来,发行库业务代理本质上应属于市场经济理念下的中央银行业务前移,必然地不可脱离中央银行职员针对货币发行流通业务的监管。对此,英国、法国等发达国家中央银行很早就开始实施法定货币发行代理业务,银行业金融机构甚至可以代理中央银行针对损伤货币的脱机销毁职能,在贝尔法斯特地区就是这样做的,实际上提高了效率,也降低了成本,属于绿色环保型货币金银业务推动模式。因此,今后我们在核定铺底库存与监管方面要强化。

第三节　法定数字货币的存在和使用

世界第一张纸币诞生于中国,特指古代中国宋朝官方法定发行的"官交子"纸币。"官交子"纸币属于政府发行,通过立法通告发行,宗旨在于解决社会乱发货币、市场流通混乱、假币滋生与滋扰等问题。中华人民共和国成立前,军阀割据,乱发货币达 360 种之多,出现了极其混乱的状态,其中新疆发行了 60 亿元面额的纸币,是有史以来中国纸币发行最大面额。用区块链、大数据、互联网底层技术,将一定规模的资本、资金运营冠名于某种货币称谓,不论是其中哪一种,都可统称为"异币",实际上它们并不是货币,只是一种技术的运用,如果任其发展,必然导致地域性,甚至全球性的货币失控，诱发货币流通市场紊乱，带来严重的金融风险或危机。

第三方支付公司，正向，在宏观货币总量上赚钱；反向，在微观货币上施舍行善，这符合市场攻关薄利多销的经营法则或战略战术。例如，某第三方支付公司网上售卖长发西饼每个价格为3元，在苏州老店现场排队购买长发西饼每个价格为4元，但是买八个奖励两个，还是每个3元。所谓的价值规律就是将市场同类商品千差万别地进行比较，最终基本定位在同一价格水平上。长发西饼无论在苏州老店还是在第三方支付公司网上售卖，每个定位3元就是以价格体现的价值规律。

研究经济金融商品货币市场不仅仅是经济学家、金融学家、货币专家的事，作为社会公众百姓，作为每个参与经济生活的人，最好能够懂一点或者多懂一点。

私有公用脚踏车、自行车、计程车也是如此，经常骑车的人注意力完全在公用、无偿、便捷上，其实在完全市场经济氛围里私有才是本质。为什么要把车子骑到家里去？为什么要想方设法地独占一辆车？或者骑完了一扔了之？甚至毁坏之？皆是一种私心在作怪。扫二维码，开启数字密码，本质上是在打开货币流通的渠道。商品可以变为货币，货币遨游市场，当人们无时无刻不在与货币打交道的时候，货币却摇身一变，成了手机与脚踏车、公用小车的关系，货币神秘地隐形了，货币永远都是启动日常经济生活的一把金钥匙，实质上它们在向着法定数字货币的方向进军。

法定数字货币科研与未来发行应冠名在现行法定货币大名之下，中国的法定货币只有人民币（港元、澳门元、新台币），别无其他；应支持国民经济健康、高速发展；应坚持货币的统一性、可控性，目的在于货币政策体现的宏观量化调控，维护货币稳定的目标。法定是大逻辑，法定数字货币是法定货币的分支。经济、金融、货币都是宏观总体大概念，就货币而言其尚有许多小概念称谓，如原生型货币、历史货币、古钱币、苏区货币、根据地货币、解放区货币、旧币、新币、整体货币、全集货币、子集货币、宏观货币、微观货币、广义货币与狭义货币（M_1、M_2、M_3…M_8…）、流通中货币（M_0）、现钞实体货币等。

就总体而言，世界上只存在两种货币：一是原生型实体货币——纸币、硬币；二是抽象转账支付清算货币。此刻，科研的实质在于法定数字货币的归属，在货币全集中，在总体两个子集之上会呈现第三个子集吗？结论是：法定数字货币属于定型货币，与原生型实体货币连襟。原生型实体货币＋法定数字货币＋抽象转账支付清算货币＝货币全集，从而科学架构新型货币全集的三个新子集。货币正在创新性地进行着一场伟大的技术革命，在科学研究、技术开发、多种技术链条上中国在领跑，世界将刮目相看。

第四节　法定数字货币形态理论

一、智能

货币又开始了新一轮真正的改变形态的革命，基于螺旋回归原理，在形式上需要搭建实体现钞货币与抽象转账支付清算货币的有机衔接，其完全归属一种二元综合体。货币均为数字，法定数字货币归属物种概念，以抽象形态构成货币集合中的一个独立子集。其将现代信息技术附着在传统实体现钞货币之上，为固定的一成不变的纸币和硬币插上翅膀，有了心脏和大脑，融合声、光、机、电、磁，光机电网络一体化，说到底，法定数字货币归于沿着互联网大数据轨迹自由飞翔的智能货币。300年前，科学家发明了票据，替代了大量纸币和硬币，如今科学家创新法定数字货币属于螺旋上升。法定数字货币是原生型实体货币，与抽象转账支付清算货币的混成体，其既有实体货币原型，形似有型有态、有零有整，可收来付去，又不动声色，貌似来无影去无踪，构成实与虚、明与暗、露与隐的互动互补状态。当消费时，法定数字货币应与纸币、硬币的使命雷同，所不同的是法定数字货币所创新和具有的优越特性：包括依附互联网支付快捷；运行轨迹透明可见，便于统计分析与风险防范；实施无档次结构，可大宗使用而回避了整箱整袋的操作实体货币，避免了多项使用传统实体货币的累赘与不安全因素等。总之，法定数字货币的本质在于智能。

二、分类

货币的诞生、衍生关键在于"质"与"量"的连续性。质的改变是新型货币出现的基因。法定数字货币将整体货币切割成三大类别，促成了货币机体产生质的转化，即呈现了原生型实体货币、抽象转账支付清算货币（以支票、本票、汇票、银行卡、手机移动支付等为网络平台的清算、结算在途与账面货币）、法定数字货币三大区域，在形态上可以观察到三合一的现象，在本质上货币是唯一的标的物。在三大类货币中法定数字货币与原生型实体货币更为相近，法定数字货币是原生型实体货币的升级版，因此，又可归属"隐形物种"。法定数字货币是原生型实体货币的隐身，相比传统的纸币、硬币又产生了根本不一样的东西，虽然不比传统实体货币具有称谓、面额、面值、主体色调、主体图案、进位制、主辅币档次，下限（小额）、中档、上限（大额）等基本构成要素，但为了确保其顺畅流通，也存在一些基本事项需要探底。诸如在使用数量上，因为是自己的钱，零星小额支付可以不支付手续费，大额大宗支付即应附加成本，即便是作为劳务费，因为银行业金融机构产生对应业务操作，"一库、一匙、一密钥"网络信息通道的运行必然存在成本话题，且需要在法治平台上对风险进行依法防范。

三、N库

没有形式即不存在内容。从目前货币发行与流通形态论，传统原生型实体货币管理，在不同层面存在N库：印制产品库；中央银行发行库；现金保管清分押运公司代理发行库（中央银行业务市场化机制体制转型，发行基金下摆、前移）；银行业金融机构业务库（ATM、CRS、VTM）；现金保管清分押运公司代理银行业金融机构业务库；公司与企事业单位"小金库"（财务现金保险柜）；自然人个人钱财；等等。它们架构了货币发行骨架，从而使货币预热和保障着日常性市场流通中货币（M_0）供给，同时以防止脱供现象的意外发生。从印制产品、发行基金，再到现金的运行、运作、运营、投放、回笼、净投放、净回笼，涵盖现金计划、货币发行计划、印制计划、调拨计划、注销计划，它们的制定与实现，存在着一个完整的程序化排序，均需要银行业金融机构作为桥梁、纽带，从而使货币投身市场并循环往复地处于流通状态。法定数字货币发行则需要另外一块阵地，银行业金融机构在现有业务库的基础上，尚需要再加建一个无形的法定数字货币库，其与现行实体业务库并列，共同履行货币发行与流通使命，这样在不同货币之间、不同层面、不同时期存在了 N 库概念。所谓的法定数字货币账，只是一本抽象而有形的账，没有钢筋、水泥构建的实体金库；无纸化账务条件下的账款相符、账实相符、账账相符，已无实体的纸币、硬币可言；再无须钞票处理中心、钞票运输公司……一套相辅相成的系统运作工程，由虚到实，既需要技术工程构建，也需要人脑工程构建，在职员和人们的心里应具有一个既无形又有形的银行业金融机构金库，即法定数字货币库和法定数字货币账。

四、板块

货币发行是中央银行的基本职能，史上曾经出现"没有统一的货币发行即没有中央银行"的论断。具体而言，传统的银行业金融机构形成"大联行"与"小联行"业务，表内、表外科目并存，担负着承载总库、总会计、总出纳，大账本、大算盘、大出纳的职责与使命，体现货币的主权性、统一性、唯一性的公共原则、制度、信誉，使货币得以在无限范畴顺畅流通。"大联行"泛指银行业金融机构日常性业务的交易往来，同城或异地、跨行，甚至于跨境支付清算，均通过一条共同的入径和统一出口办理同行或同业事项；"小联行"范畴狭窄，泛指现钞实体货币发行、回笼业务的操作程序，只在中央银行内部一条龙作业，属于独有的、单项的、自上而下、自下而上办理的特殊业务渠道。目前，处于网络信息大数据时代，依全世界考察，原生型实体货币在整体货币总量中的比重有 10% 左右。人民币发行初始，直至 20 世纪 90 年代初，尚是通过电报、电话汇总全国"每日报"，其与银行业金融机构每天大宗资金贷款、投资理财等业务全然无关，那是一本宏观大账,而在当年的核算工厂进行清算,原生型实体货币只是一本小账,其从始至今由中国人民银行货币金银部门主管操作,历史上一个算盘、一支蘸水钢笔、一沓电报(密电)、一台加密长途电话,即可通常性处理业务。20世纪90年代初期建立的货币发行信息系统,以及小额、大额支付系统,它们所承担的业务职能与以往"大联行""小联行"雷同,但在业务类别上更分化、细化,精细化,它们涵盖中国人民银行信息中心的多类业务,包括上海外汇交易所、黄金交易所、上海清算所、支付司反洗钱中心、金电公司等,另外还包括工商银行、农业银行、中国银行、建设银行、交通银行等银行业金融机构自成系统的信息网络平台、建设银行与阿里巴巴支付宝、工商银行与京东、中国银行与腾讯、农业银行与百度等联手组合支付业务搭档,它们综合性地构成了类似国际清算银行的一个电子信息化体系。未来,在这个版块上,法定数字货币必然要建立一个独立于其他业务运行的跑道、管道、通道。

五、营运

从银行业金融机构营运角度论,需要为公司、社会企事业单位财务和公众个人开立三个性质相同、作用不同的银行账户,一则属于传统型存款账户,以起到传统惯性模式的支付结算作用,存款人作为货币的主人,针对存款可以任何形式启用,同时一旦存入银行,作为中介,银行也具备对于货币的处置权。二则法定数字货币账户,期储货币雷同现钱、钞票、纸币、硬币,它的特殊性在于只有货币的唯一主人,只有存款人才能独占和使用,也无使用过程中的诸项相关费用,库存规模由储户自然抉择,如同现金放在自己家里、拿在个人手上一样。

银行业金融机构只可透明掌握其动态信息，面对其存在，不论多寡，一分钱也不便动用。传统型存款账户与法定数字货币账户存在转化关系，而抉择者属于账户的主人。三则是继续保留传统业务库，以纸币、硬币形态支撑银行业金融机构门面，没有实体货币的银行缺乏味道。上述一则、二则、三则，履行法定数字货币发行业务职能，承担全程的货币营运职责。

法定数字货币既然是定型货币，即区别于支票、本票、汇票、银行卡及手机移动支付等重要货币凭证或各类信用工具。其应率先将三票一卡、手机移动支付等形态排除，再另论其能。尊重客观事实、依照科学发展观、循序渐进是法定数字货币研发与生成的方法论。相对时期内法定数字货币可能在网络信息发达的一线、二线大城市率先试用，渐进推广。面对边远落后地区，面对他类货币或支付工具，其不会一下子全替代、全覆盖。法定数字货币的运用将是脱胎换骨的货币革命。

六、流通

货币成功发行的基础首先在于发行什么样的货币，为谁发行货币，依据商品流通、经贸往来的需要，遵循市场、经济、价值规律制定适宜的财政政策与货币政策，从而决择发行多少货币。其次，在于公众认同。公众认同的前提在于具备顺畅流通条件，顺畅的流通条件带有普遍性，即毫无疑问地属于那种能够固定地充当一般等价物的特殊商品，就像人们以往消费纸币、硬币有市场一样。承载法定数字货币运行的网络平台，必需随时随地畅通无阻。提袋、背袋、钱夹里（手机、银行卡）揣着法定数字货币，需要了，抽出来，需要网络慧眼去确认，否则就是纸上谈兵。假定法定数字货币只能特殊人群享用，带有针对性，与广泛性不相关，就失去了创造与发行的意义。完全"隐形物种"形态的法定数字货币，创建与发行流通的需求条件高，从基础硬件设施考虑，需要一个颇长的时间段才能得以实现。因此，在践行法定数字货币过程中，必需总结经验，汲取教训，少走弯路，科学前行。

从同业角度来看，日本人喜欢使用大面值货币，如1000元、2000元、5000元、10000元，小宗小钱不管直接付款还是反找零钱，都希望以刷卡形式操作。货币产生了分流，小额辅币纳入网络电子信息支付，大宗大额主币用钞票、用银行卡。如此，小额货币就不再有实体流通的市场，实体形态会自然退出流通。情况有所不同，一些国家和地区大额、小额货币均多用，且在一定程度上希望大宗货币通过银行卡或采用其他支付形式，市场上流通的反倒是中档以下的小额货币偏多。其实不论小额、中档或者大额货币的运用，均为法定数字货币的生成创造了条件，尤其是小宗小笔货币的使用更是如此。因为论量化（金额），大额货币占实体货币总量的90%以上；论实物（张、枚数），大额货币在实体货币总量中却不足10%。相反，中档以下小额货币在实体货币总量中的占比虽然金额不足10%，实物数量却在90%以上。当法定数字货币诞生后，上述考查的内容已经不复存在。论法定数字货币的流通与使用效果，的的确确要比实体旧纸币技高一筹，无须在区分货币档次了，大、中、小构成的货币券别结构体系自行消亡。

七、安全

法定数字货币类似活体物种，存在定量数据的重复演示科学，以通过信息采集、虚实绑定等防伪举措确认其真实性、可靠性、实用性、便利性、安全性。法定数字货币是定型"一库、一匙、一密钥"的抽象物种。库与钥匙本身都是生物特征，而这个生物特征就是特有"数字"，属于中央银行特命之物，官方注册，独一无二。此处，银行业金融机构依然需要起到桥梁、纽带作用，将中央银行密码有机分布于各个持有法定数字货币的客户种，银行业金融机构是法定数字货币的保护神；秘是密钥，属于确认货币所有权的逻辑法则，是开启库的钥匙与密码，定位绝密，由客户、货币的主人翁自行设置、自行更动、灵活运用。法定数字货币以电子物证定位，所构成的特征库可分辨、比对、比选、剔除异己，判定唯一，由一般性脱颖而出，成为独到者，以防范风险，确保安全。

在商品货币市场上，实用、安全是法定数字货币存活的生命线。

历史总是循序渐进，人类在实践自然科学与社会科学时存在反复是一种客观现象，以至于可以定论规律性。目前互联网金融问题突出，时有出轨、失联、跑路现象发生，需要根治、强化管理与监管，需要适量投入，以保障其安全顺畅运行。在此前提下，在法定数字货币成为现实之前，依然会启用大量现钱，这是不容忽视和必须面对的问题，应未雨绸缪。

第五节 货币综合支付体理论

货币综合支付体指社会公众在日常经济生活中消费的形式方法，

构成的要件有三：现钞＋银行卡＋手机移动支付。

论证货币综合支付体对于科研法定数字货币、梳理原生型实体货币与抽象转账支付清算货币的关系具有现实意义。

2015 年至 2017 年初，通过对使用不同货币形式群体的调研，提出货币综合支付体概念。作为自然人与经济法人，会采用多种支付形式运营货币。例如，第一大领域为广义货币综合支付体，借助联行同业往来，同城与异地支付结算使用的纸质支票、本票、汇票，或互联网大数据平台运行的电子汇票、银行卡与手机电子信息移动支付形式等，可以覆盖上述全部支付形式，而它们的现实操作者多是国营大型、中型、小型企业和民营公司。第二大领域为狭义货币综合支付体，个人金融消费者，一般多采用银行卡、手机电子信息移动支付和现金三种形式进行日常生活中的货币支付行为，即构成窄面"一机一卡一票"的"货币综合支付体"。经常状态下，不论买方卖方，交易投资者均属于货币综合支付体中的一员。特定条件下则不同，一些情景则处于货币综合支付体缺项状态，其一，买卖交易者只采用现钞支付，即缺少手机移动支付和银行卡支付两大项；其二，只采用现钞和手机移动支付，不运用银行卡，即缺少十分关键的大项；其三，只采用银行卡和现钞支付，不采用手机移动支付。上述方面不乏排斥银行卡和手机移动支付的现象，但目前的支付方式都不排除现钞。一些小规模的超市公开申明，10 元以下消费额不刷卡，因为还不够承担缴纳多项费用的成本。显然，成本、效益、利润才是支付形式选择的依据。

买卖与交易过程中存在着"唯一标的物货币"，同时也存在着正方与反方既背离、又融合的两个独立货币综合支付体，它们针对唯一标的物货币的支付结算形式存在"完整共性"，也呈现差异。"完整共性"指可以采用支票、本票、汇票（电子票据）、银行卡、手机移动支付等货币运营工具和法定货币现钞（纸币、硬币）等进行货币的运行、运作、运营。而差异特指买卖与交易双方在不能实施"完整共性"支付清算的前提下，致使货币的运营方式与形态出现欠缺。就个体而言，买方作为甲方可以用银行卡刷 POS 机、手机微信支付扫二维码和现金全方位付款，即为完整的货币综合支付体。作为乙方若亦如此，买卖双方构成完整的货币综合支付体。假若他们均以种种理由不刷银行卡、不用手机微信支付，那么就是不完整的货币综合支付体。

知识点 ▶▶ 货币综合支付体

货币综合支付体反映货币存在的科学技术水平，也反映国民使用货币的掌控素质。覆盖货币之上的科学内涵与日俱增，使用货币的人文与技术素质参差不齐，面对货币匮乏综合理念、集成思维，就会在现实操作中产生缺陷，使货币发行和流通受阻。提倡货币综合支付体新概念具备现实作用和深远意义。原生型实体货币＋三票（支票、本票、汇票）＋银行卡＋手机移动支付构成货币运行、运作、运营的综合支付体。日常经济生活中作为现代自然人与经济法人，能采用多种支付形式运营货币、可以得心应手地使用各类货币运载工具者隶属全能；只能接受存折和现金，不能启用银行卡，更不会或不敢实施手机移动支付者隶属缺项。广义货币综合支付体的特征是借助银行业金融机构同业往来，进行大额、小额，同城与异地，甚至于跨境买卖、融资、交易，娴熟和安全地使用纸质支票、本票、汇票，或借助互联网大数据平台运作电子票据、银行卡与手机电子信息清偿服务，可以覆盖全部支付形式，多体现于公司企业单位法人。狭义货币综合支付体则在于只能采用银行卡、手机电子信息移动支付和现金三种形式进行日常经济生活，构成窄面"一机一卡一票"的货币支付行为，多体现于社会公众自然人。

Comprehensive Payment System

Comprehensive Payment System reflects the scientific and technological level of the currency in circulation, as well as the national ability in processing currency. With the daily increasing of the scientific content over currency, with the various levels of culture and technology of the people operating currency, with the lack of comprehensive idea and integrated way of thinking of currency operation, defects will occur in the daily practice to prevent the development of currency issuance and circulation. Therefore it is provided with realistic function and far-reaching significance to advocate the new conception of comprehensive payment system. The primitive physical currency+ three notes (cheque, cashier's check, draft) + bank card + mobil payment = the comprehensive system of currency operation, circulation and administration. The modern natural person and economic corporation in the daily economic lives should have the ability to operate currency with various ways of payment. Those who are able to perform various means of payment with perfection are all-round champions, while those who are able to practise payment with cash and saving account only, never with bank card, not to mention mobil payment are single players. The feature of the comprehensive payment system of currency of broad sense is the full coverage of all means of payment: with the interbank accounts between banks and financial institutions, transfer of big or small amount, in one city or different places, even for cross border trade, loan and deal, as well as the skilled and safe use of paper cheque, cashier's check and draft are realised; with the net data platform, the operation of electronic securities, bank card and mobil payment are done, mainly by enterprises. The comprehensive payment system of currency of narrow sense are the payment effected with bank card, mobil payment and cash in daily economic lives, featuring an action of "one machine one card one note", by natural persons.

第六节 法定数字货币与现钞实体货币博弈理论

法定数字货币与现钞实体货币既透明又隐匿。现钞实体货币看似有形有态，实则是看不见的战线，它们在体外循环时虽属流通中货币（M_0），但往往销声匿迹，像是一股暗流。法定数字货币貌似无影无踪、看不见摸不着，实则是固若金汤，毫厘不差、一目了然。从中央银行、银行业金融机构到法定数字货币的使用者，毫无隐匿。法定数字货币比现钞实体货币支付更快捷，可异地直接清算，可控制体外循环酿就的弊端，法定数字货币与现钞实体货币相融合更呈现博弈。

2017 年 8 月 24 日，国务院印发《关于进一步扩大和升级信息消费持续释放内需潜力的指导意见》（国发〔2017〕40 号），明确了信息消费的发展目标，到 2020 年信息消费规模预计达到 6 万亿元，年均增长率为 11% 以上，信息技术在消费领域的带动作用显著增强，信息产品边界深度拓展，信息服务能力明显提升，拉动相关领域产出达 15 万亿元，信息消费惠及广大人民群众，聚焦生活类、公共服务类，以及新型信息产品消费等重点领域。推进信息消费升级的重要举措包括：一是提高信息消费供给水平，二是扩大信息消费覆盖面，三是优化信息消费发展环境。中国人民银行编写出版的《中国农村金融服务报告（2016）》突出农村金融重大改革进展及普惠金融情况，特别是，G20 领导人杭州峰会推动数字普惠金融发展取得的重大成果。在积极展开法定数字货币科研过程中，论证法定数字货币与现钞实体货币博弈，首先主张信息消费、金融消费，在一定程度上（时间和数量）以法定数字货币替代原生型实体货币和相对数量的抽象转账支付清算货币，这是货币革命创新的方向。博弈旨在论证过程，要实现发展的目标需要付出艰苦卓绝的努力。

消灭现金，进入无现金社会好像只有一步之遥，在此要首先肯定这种意识。在网络支付爆炸性发展的背景下，原生型实体货币从存在走向终结只是一个时间问题，这也似乎成为行业甚至于全社会的一种共识，波及金融机具研发制造行业的走向与转型已成为迫在眉睫的课题。

根据数字 100 市场研究公司等部门的相关数据，网购、公共服务、餐饮及住宿成为主要移动支付场景，支付宝、微信、钱包占移动支付的主导地位，虽然担心个人隐私被暴露成为人们使用移动支付的最大障碍，但近六成受访者认为移动支付确实很便利。从全世界角度来看流通中货币（M_0）的运行情况，原生型实体货币自诞生 5000 年以来，又进入了一场现代科技大革命，在形式上体现了货币数字的分化，以虚拟形式体现货币数字的比重加大，以实体形式体现货币数字的占比降低，这种现象实质上在此 500 年前票据诞生和账务诞生的时刻就已经开始了，博弈的结果是原生型实体货币在货币总量中保留了一成；抽象转账支付清算货币以支票、本票、汇票、银行卡为载体运行、运作、运营，在货币总量中抢占的份额增加至九成，这样即在货币的实与虚之间构成了 1：9 的状态。近三五年来，由于手机移动支付的加入，抽象转账支付清算货币依赖互联网大数据平台大显身手，不但现钞实体货币，在货币总量中的占比有所降低，而且使用银行卡、支票、本票、汇票进行货币支付清算的数量也不断减少。

2017 年 9 月，调查世界主要发达国家现钞实体货币的运行、运作、运营状况显示：（1）瑞典 1600 多家商业银行已经有 900 家不再提供现金服务，农村地区不再保留自动取款机，商业企业拒收现金已经合法化，瑞典 swls 支付软件可实现全天候银行间转账实时到账；慈善捐款和对流浪汉实施施舍均可实现电子交易；97% 的瑞典居民持有银行卡，其中 85% 能够通过互联网进行支付；2007 年年均现金流通量为 105 亿克朗，2010 年降为 65 亿克朗；流通中大面额现金使用数量快速下降，1000 克朗现金占 GDP 比例从 1990 年的近 3% 降至 2014 年的 0.2%；2016 年瑞典现金交易笔数在各类支付形式总体中的占比仅为 20%，远低于世界平均水平 75% 以上的高占比；2015 年瑞典现金交易金额在货币运行总量中的占比仅为 2%，预计 2020 年这一比例将降至 0.5%。（2）丹麦政府 2015 年向议会提交议案请求审议除特殊商户外，服装店、餐厅和加油站等一般机构可不再接受现金，然而此议案至今未能通过；丹麦现金化程度非常高，政府推出居民电子身份证 NemlD 可联通网络银行，92% 的丹麦国民持有 NemlD，政府要求 18 岁以上公民开立 Nemkoto 银行账户，用于接收奖学金、医疗报销和休假补助社会公益福利费用等；Danske 银行推出手机支付软件 Mobilepay，目前已有 1/3 的丹麦国民使用；2015 年 87% 的 16~74 岁丹麦国民使用网络支付，占消费量的 25%；丹麦金融机构 ATM 从 2007 年 3000 多台降至 2015 年约 2500 台，营业网点从 1991 年 2200 多个降至 2015 年约 800 个；丹麦流通中现金量 10 年来一直保持在 700 亿丹麦克朗左右。（3）美国联邦储备银行针对货币（原生型实体货币）研究的结论：2012—2015 年美元现金交易笔数与货币运行总交易笔数的占比从 40.7% 降至 32.5%，金额占比从 12.4% 降至 11.4%。（4）荷兰中央银行针对此领域的研究结论：2010—2016年荷兰现金支付笔数下降约 32%，从 4370 亿笔降至 2950 亿笔，支付金额下降 27%，从 520 亿欧元降至 380 亿欧元，但现金仍是荷兰小额支付的主要工具，每笔交易平均金额从 11.08 欧元上升至 12.85 欧元。（5）加拿大中央银行针对此方面研究的结论：2009 年现金交易笔数占比与货币运行总交易笔数的占比为 53.6%，2013 年下降至 43.9%，2009 年现金交易金额与货币运行总交易金额的占比为 22.9%，2013年增加至 23.1%。（6）法国信息技术咨询公司 Gapgemini 发布世界支付报告数据：2015 年全球非现金支付 4263 亿笔，增幅 11%，创 10以来年新高，其中东亚地区非现金支付增幅达 43.4%，中欧、中东和非洲地区增幅 16.4%。（7）货币研究组织（Gurrency Research）估计，2016 年全球手机移动支付超过 5500 亿美元，增幅为 37.8%，预计2017 年可达 8000 亿美元。（8）国际货币基金组织（IMF）报告指出，2016 年美国非现金支付规模为 6170 亿美元，等于 2010 年的 10 倍之多，德国 33% 的消费交易通过非现金支付完成。（9）在世界范围内呈现停止大额货币设计、印制、发行、流通。2000 年加拿大中央银行宣布停止发行 1000 加拿大元钞票；2013 年底瑞典中央银行废止 1000克朗钞票；2014 年 10 月新加坡废止 10000 新加坡元；2010 年 5 月欧洲中央银行宣布永久停止生产 500 欧元钞票，自 2018 年起停止发行500 欧元钞票，已发行的该面额钞票仍为法定货币；2016 年 11 月印度宣布废止 500 卢布和 1000 卢布钞票；2017 年 7 月亚美尼亚中央银行宣布停止印制 10 万德拉姆（AMD）面额钞票。

以上情况表明：

其一，现钞实体货币依然是荷兰小额支付的主要工具，这无疑是表象，实质问题在于货币的坚挺，先进的货币制度框架主张构建"货币低面值 1-2-5 券别结构体系"，旨在发行值钱的货币，主张以中档货币作为货币流通的骨干货币，归根结底在于货币的价值与市场商品价格相对应，相对小额或中档面额的货币实际上起到了大额货币的作用，有市场才有货币，以少量的钱可以买到日常经济生活中必需的东西，货币的生命力与直面作用力体现商品、市场、价值规律的反作用力，在价格坚挺值钱的货币市场上中档以致小额货币排斥上限大额货币。

其二，现钞实体货币在荷兰每笔交易平均金额从 11.08 欧元上升至 12.85 欧元，这不仅表明现钞实体货币作为荷兰小额支付的主要工具支付交易笔数必然繁多，单笔和总体支付交易金额呈现增量，也从一个侧面反映了居于全世界货币运行总笔数 75%~85% 的原生型实体货币的原生生命力，其运行笔数和金额均在增加。

其三，生产力决定论。在瑞典等国家或地区，现钞实体货币需求数量极少，从理论与科学技术层面论证现钞实体货币没有市场，印制现钞实体货币的生产力即无法展开，展开的结果即会酿成物质与能源的大量浪费，涵盖货币在市场流通过程中仪器、机具、装备、设备配置的资金注入成本趋高，这是在一定程度上减少甚至无法采纳实体货币的缘由之一。

其四，所有制决定论。在日本等诸多国家或地区，货币的运行形态或形式与私有制条件下的自由资本主义市场直接关联，银行卡不能通用，个人和家庭经营的公司企业星罗密布，这也是现代先进支付工具或形式不得以采用的又一个根本原因。

其五，在货币坚挺条件下，大宗交易支付以大额货币支付为主体，或以转账支付清算货币形式替代大额货币进行大宗支付。在货币十分坚挺的条件下，大额货币可以退役，以中档和下限小额货币替代大额货币，荷兰小额支付选择现金作为主要工具的实质即是如此。日本货币流通市场上大量启用上限大额货币，小额货币没有市场，实质问题出在货币价格上，大钞票只好当成小钱花，小钱不经花且麻烦，2000年加拿大中央银行宣布停止发行1000加拿大元钞票归属调控货币的政策和战略事宜，同时进一步创造货币坚挺的条件与氛围。

其六，策略界定货币、文化界定货币和科学界定货币齐名，三者携手界定货币结构事宜。策略泛指货币制度、政策、方针、路线、方案、行政、经济、法律举措等，丹麦政府2015年向议会提交议案请求审议除特殊商户外，服装店、餐厅和加油站等一般机构可不再接受现金，但至2017年9月此议案未能通过，说明了事物的审慎性和重要性。涉及货币安全，无论是现钞实体货币，还是法定数字货币科研，都首当其冲地排在第一位。

通过对北京出租车行业50位司机调研得知，2015年初，使用现钞交付计程费用的是百分之百；2016年初，使用现钞和手机扫二维码支付计程费用的各半，现钞略占强势；2017年6月底，使用手机扫二维码支付计程费用的客户超出使用现钞支付计程费用的客户，手机扫二维码支付计程费用的数量明显处于强势，占到50%以上。

在北京乘公交车一般是打卡付费，没有公交卡的人上车后有语音提示可以投币。乘地铁现场购票，不管自动售票和人工售票均要使用现钞。一些加油站欢迎使用现钞，也可手机扫二维码支付，但台面上摆着的POS机只是为了IC卡充值，不作为刷银行卡支付加油费之用，目的是为了避开税、避免手续费。偏好使用或只能使用现钞现象使三位一体的货币综合支付体难以形成。

百年老字号"六必居"经营独具特色的风味咸菜生意，目前收款付款形成货币综合支付体，但是服务员提示"如果刷银行卡或手机微信支付就不能退货了"，实质上还是非常欢迎用钞票。也说明一旦进入货币信息网络程序，更改麻烦，不如钞票便捷，实体货币交易反倒胜出转账支付。可见，市场不仅决定货币，在文化、科技不断进步的条件下，货币不仅产生增量，且在结构形态上出现必然的分化。

2017年初，全国农村地区个人银行结算账户35.61亿个，人均3.91个；当年净增2.57亿个，增长7.78%，增幅相比上年降低了13.2个百分点；信用卡与借记卡合计数量25.52亿张，人均持有银行卡2.8张；网上银行开通数累计4.29亿个，较上年净增0.73亿个，增幅20.5%。从以上数据可以看到，随着农村普慧金融发展步伐加快，信用工具高科技含量攀升，使用现钞的数量同步减少。但目前在北京，仍有使用现钞的很大空间。许多郊区农民200元的手机已经使用十年，尚处在2G~3G的时代，智能网络无法实现。大学教授尚被网络诈骗千余万元，百姓看到了总是心有余悸。若发生地震、山洪、火灾、战争等灾害，网络没了，不能刷卡了，也不能微信支付，怎么办？此刻，唯一得以借助的是现钞实体货币。所以，若干年后，现钞实体货币还可能存在。

法定数字货币与现钞实体货币的博弈，尚有行政干预因素，诸如国家机关有明确财务规定，报销差旅费和医药费均不再支付现钞，而是将现金打入工资卡。这样一个行政举措即可大量减少现钞的使用数量。法定数字货币与现钞实体货币博弈，实质上是虚实之间的较量，先进的事物必然针对落后的事物大浪淘沙，只不过存在时间与空间的过渡。未来货币的天下既属于现钞实体货币，也属于法定数字货币，二者二分天下。

第七节　法定数字货币与数字科技论证

法定数字货币的生成属于数字科学技术，数字科技是对法定数字货币科研的支撑。法定数字货币必然性地从当下的货币数字中分离出来，中央银行发行库是法定数字货币之源；银行业金融机构业务库是法定数字货币中转站；每个独立的社会"自然人和法人钱袋"是法定数字货币的主人、主体。数字科技与法定数字货币互相交织，先进科学技术可为法定数字货币科研所用，但其本身不构成货币性质，不属于法定数字货币框架，利用区块链技术滋生与滋扰的各种"异币"即如此，一些国家的中央银行对此进行了验证。

《从贝币到"数字货币"》[①]一文创新性地将法定数字货币置身于银行业金融机构业务库，提出实施中央银行发行库、银行业金融机构业务库与"货币自然人和法人钱袋"三位一体模式，即"一库、一匙、一密钥"模式。中央银行发行库是法定数字货币之源；银行业金融机构业务库是法定数字货币的中转站；每个独立的社会"自然人和法人钱袋"是法定数字货币的主人、主体。三位一体中的每个成员都清楚法定数字货币运行的状态和数量，但是作为中央银行和银行业金

---

① 陈宝山.从贝币到"数字货币"［J］.金融时报，2016-08-08.

融机构则无权动用。在每个法定数字货币库中需要放多少钱、何时放、何时花都由钱袋主人决定。放在法定数字货币库里的现金与纸币、硬币一样，但是它们优于原生型实体货币。

法定数字货币具有独特性，看似是货币支付工具家族中新增的一员，其实与支票、本票、汇票、银行卡手机移动支付、互联网大数据平台等截然不同。不同处就在于法定数字货币本身就是货币，虽然貌似抽象，实则百分之百等同现钞，是隐身钞票。自然人或法人使用的法定数字货币成本基本由国家承担。法定数字货币基于现钞又高于现钞，是由实体到抽象归于衍生的实体货币，也是现代货币文明进步、科学升华的象征，其发行关键在于使用成本能否优惠于大众，只有仿照现钞发行，法定数字货币才有生命力，才能作为一种新生的货币得以顺畅流通。

法定数字货币高度智能化，避免了日常携带现钞的种种不便，同时优势更在于透明度，以规避使用现钞存在的无限弊端。因此，强化透明度是创新法定数字货币的目标之一，也是维护货币制度的科学方略。法定数字货币与原生型实体货币架构了双式定型货币形态。换言之，法定数字货币就是抽象了的原生型实体货币，应遵循货币制度从法定的角度让利于民。利用三票一卡和手机移动支付清算、结算都要支付相当数量的费用。如果利用法定数字货币进行日常经济生活相关费用的支付清偿和利用其他任何货币承载工具进行货币清偿无任何区别，那么法定数字货币就缺少市场。从利益角度上观察法定数字货币的构建和运用，与现钞相同，这是法定数字货币与各类转账支付清算货币工具的本质区别。

时下，在各大城市使用手机移动支付形式进行货币支付清算已经很普遍了。手机移动支付已经在相当程度上替代了大量的现钞货币和一定数量上的银行卡支付行为，并且替代的以银行卡为主要载体的转账支付清算货币量远远大于所替代的现钞实体货币量。日前，手机移动支付形式运行货币的增量虽然没有达到峰值，依然会由城市向农村，由年轻人向中老年人延伸，但激进的热点期已过，开始渐次进入普及性常态，替代性的量化程度也稳步提高。未来使用现钞的人数、次数均会减少，但是单笔金额会加大，这也为大额现钞实体货币的出台创造了条件。日元流通过程中呈现出大额货币支付使用纸币，小额支付使用银行卡的现象，这在本质上还是反映了市场需求，有什么样的市场就有什么样的货币。

第八节　法定数字货币账务生成理论

法定数字货币的账务生成必然会遵循法定货币发行的账务设置原理和仿效性的记账方法。传统的法定货币账务设置采用了自成系统逻辑，货币印制、投放回笼、净投放净回笼、旺季货币连续投放、净化回收注销一条龙作业。国家经济运行一些关键年份、关键数据的统计，曾经以货币金银部门提供的法定货币发行数据作为戒尺度量，分区货币投放量参考此数据。法定货币账务的设置一是一，二是二，未来法定数字货币的账户设置是在全透明状态下进行，透明的目的是谨防弊端，账务设置的目的是承载精良，必然要做到账款相符，这是法定货币账务设置也是法定数字货币账务设置的基本原则。在此原则之下，现钞实体货币的运行与账务记载同步，未来法定数字货币的账务记载也必然与其自身的运行同步。法定数字货币的账务在其运行的跑道、通道、管道内会自动生成，在无物理实物状态下的法定数字货币账务记载，防止电子信息诈骗首当其冲，应科学设防。

国家法定货币发行存在宏观寿命周期律、微观寿命周期律、技术寿命周期律，带有极端的专业特性，属于独特的经济、金融、货币科学，其中关联出纳、会计、账务，密不可分。1948 年中国人民银行成立至 20 世纪 80 年代末期，货币发行、国库、会计等业务经办，均采用"一支笔 + 一把算盘 + 小计算器 + 电报 + 电话 = 一本大账"的手工核算方式。自 20 世纪 80 年代末、90 年代初以来，此领域进行技术转型，逐渐形成"一个根线 + 单台计算机 = 自动打印账页账务"的子系统，其中尚不乏在一些环节时而出现的手工辅助作账。人民币账务处理基本遵循了"大联行" + "小联行"与"现钞实体货币" + "转账支付清算货币"两类框架，联行模式是 20 世纪 50 年代初期学习苏联经验形成的。"大联行"业务与"转账支付清算货币"为一体，涉及银行业金融机构和全社会商品市场买卖。"小联行"业务与"现钞实体货币"为一体，自成系统，作为总账、大出纳，承载"现钞实体货币"运行、运作、运营，涵盖原封新券（纸币 + 硬币）印制生产入库；发行基金（原封新券 + 回笼完整券）调拨、存储、投放、回笼、净投放、净回笼；损伤券净化（挑残、分版）、回收、注销，从崭新票币生成到其回收、注销，构成一个完整的实体货币物理寿命的"微观寿命周期律"。

数字科技是现代银行业金融机构发展的核动力，日新月异。全世界都在研究法定数字货币的生成，未来，现钞实体货币与法定数字货币两类形态共存，其账务设置必然与时俱进。发行基金＋流通中货币（M_0）＋法定数字货币账务，反映经济、财政、货币政策运行的结果。若能使货币政策、统计、发行、会计、研究等部门形成一体链接结构，对于现钞实体货币＋法定数字货币生成的账面结果加以解析、研究，即可使微观与宏观有机结合，使处于微观层面的货币更好地为发展国家经济服务。

法定数字货币未来的账务设置，包括法定数字货币置于库中或在途运行皆是一部无形的账务，在形式上必然有别于现钞实体货币的账务操作，但在本质规律上应百分之百一致。法定数字货币相比现钞实体货币，运行有轨迹，有了法定数字货币，雷同现钞实体货币的体外循环不复存在，依法进行业务操作需要真功夫、真本事，面对货币的监管需要法律，更需要科学技术。

第九节　法定数字货币预期论证

法定数字货币预期，可以分为近期界定、远期定格、年度预期三个规划范畴。这与原生型实体货币存在宏观寿命周期律、微观寿命周期律、技术寿命周期律趋同。

一、近期界定

法定数字货币近期界定，指一个期望值或是期望的目标，在于法定数字货币的性质和科学技术质量。2016 年初就有人预言，10 年内成功解决法定数字货币课题。

完全市场经济理念下，货币的运行、运作、运营应遵循行政、经济、法律规则。

法定数字货币是新生事物，数字科技、数字经济为法定数字货币的生成奠定了优势基础；国际上针对数字货币的研究已经15年以上，为世界法定数字货币的生成提供了实践经验和以数字科技为龙头的科研条件。

法定数字货币研究院（美国）即将成立，为法定数字货币科研提供了人才库，也为参与法定数字货币科研的人才提供理论和技术支撑，又为法定数字货币的形成带来无限光明、前景和希望。

二、远期定格

远期定格在于法定数字货币衍生过程与原生型实体货币和抽象转账支付清算货币的融合度与恒定性。首先，实体结构性已经不存在了，实体货币券别结构体系属于狭义性结构；其次，法定数字货币量化结构问题属于新课题、大课题。论实质，虚实兼顾的法定数字货币量化结构属于广义性结构，经济决定货币，货币决定货币，市场决定货币，这三大基本要素决定着法定数字货币的宏观总量。同时，在策略界定货币、文化界定货币，科学界定货币三大理念下，在法定数字货币衍生过程中与原生型实体货币和抽象转账支付清算货币之间的结构性问题又是新的课题。法定数字货币换位思考实质上已经进入了其发行与流通阶段。专家预测，未来法定数字货币替代现钞实体货币的程度，终归会存在一个极限。

法定数字货币远期定格，在于其衍生过程与原生型实体货币和

抽象转账支付清算货币的融合度和恒定性。从人类发现特殊商品货币
5000 年以来，即现钞实体货币诞生 5000 年以来，其在经济、金融运
行中生动活泼地发挥了 5000 年的生力军、主力军的作用。未来，货
币绝不否定原生型实体货币存在的久远性和恒定性。在宏观总体货币
"实"与"虚"两大侧面，它们都必定存在。

20 世纪 60 年代，美国人提出取消现金；2016 年出现互联网无现
金周，但现实中，1959 年美国流通中货币（M_0）为 280 亿美元，到
2014 年底流通中货币（M_0）趋向 4 万亿美元，近 70 年间美国作为银
行卡的发明国和银行卡发卡数量最多的国家，其原生型实体货币净增
140 多倍。

目前，英美媒体融合动向，也在显示积极进行数字化转型，但是
美国预期至 2050 年现钞发行与流通程度不会低于目前水平。

欧元也是如此，在持续宽松货币政策条件下，原生型实体货币增
量会逐年呈现攀升，自 2002 年 1 月 1 日发行欧元现钞以来至 2016 年
底，大约净投放 11000 亿欧元，年度平均递增比率趋向 30%。

三、年度预期

年度预期属于预测性质，指 2017 年全国净投放货币量（M_0）。
从实体货币年度预期联想到未来法定数字货币的年度预期属于同理。
发挥金融牵引支撑作用，深入推进改革发展。同时，深入扎实整治金
融乱象，加强金融监管协调，提高金融服务实体经济的效率和水平万
般重要。法定数字货币年度预期论证，实质上已延伸到现钞实体货币
量化论证，预期 2017 年货币发行量（M_0）客观的存在着两个指标：
一是 3000 亿元左右；二是 8000 亿元左右。这并非折中主义。

原生型实体货币运行反映的是货币政策与财政政策运行的结果，货币政策与财政政策带来的新生货币总量确定了，剩下来需要论证的是如何运行这些货币，以哪一种货币形态（现金或转账支付清算货币与未来的法定数字货币）和哪一种方式（付现或支票、本票、汇票、银行卡、手机移动支付）进行货币的运行。运行中的货币形态和所采纳的方式会分化货币总量，实质上生成"实"与"虚"的关系。综合国情解析如下：

其一，未来 M_2 低增速或成新常态，由于宏观货币 M_2 总量关系致使微观货币 M_0 净投放量递减。论社会融资存量，其已经属于进入市场的常量，不论滞存或融出，其转化现金的程度均处于高位状态，即它们不论分布在哪个角落均可随时变现，这在实质上是一成不变的经济生活常态。所以，此范畴并非是影响现金多寡的关键点。自然，融出去的资金可能提现的概率高一点，但均属无足轻重。因此，尽管从 2015 年以来社会融资存量一路攀升，陆续逾越广义货币 M_2 余额，包括 2017 年 10 月底社会融资规模存量同比增长 13%，广义货币（M_2）同比增长 8.8% 创下历史新低，呈现社会融资和 M_2 持续背离的情景。由于金融去杠杆趋势持续，银行同业业务增速放缓，会持续压抑 M_2 增速。另外，国家经济下半年以来回落和金融条件收紧，也会在一定程度上抑制企业投资，进而影响企业的派生存款，多重因素下未来 M_2 低速增长属于定数。由于宏观货币总量增速放慢，在相对程度上抑制了货币（M_0）净投放数量。

除开涉及总量问题需要考证之外，综合考证策略界定货币、科技界定货币、文化界定货币，左右经济决定货币、货币决定货币、市场决定货币总量所分布的货币结构性事项，实体货币少了，虚拟货币多了，一些地方机构甚至为农村统一发放 4G 手机，促使微信、支付宝等形式的手机移动支付数量增加步伐加快。这就从另外的视觉和日常经济生活现实中创造了现金减少的条件，为 2017 年实体货币（M_0）净投放量定位在 3000 亿元左右提供了理论依据，也依经济生活的现实正向证明了现金在相对程度上减少。

其二，年度预期涵盖 2017 年货币（M_0）净投放量，也广义地涉及全国逐年度货币净投放量（M_0）。结合 2017 年全国货币净投放量（M_0）8000 亿元左右论证结果为：

2017 年 8 月下旬，有专家预言中国经济或将进入中高速增长新平台。原生型实体货币投放、回笼、净投放、净回笼、货币连续净投放遵循货币运行规律客观的存在着诸多科研特点。诸如：现金净投放与固定资产投资和经济增长构成正向或反向运行；与银行业金融机构存贷款增长趋势一致或不一致；季节性与节假日投放回笼特征显著或不显著；投放与回笼渠道不变或多变；区域性投放回笼结构固定或不固定；等等。显然，正常情况下正向、一致、显著、少变、固定归于主要矛盾面；反向、不一致、不显著、多变、不固定处于次要位置。论理，固定资产投资越多，GDP 增长越快，现金必然处于大投放态势。然而，在特殊情况下并非如此。例如，一段时期，榆林市在大开发、大投资、大发展条件下现金投放不但没有增加，反而逐年减少并有大回笼之势的案例足以满足此论证。2003 年榆林市固定资产投资为121.1 亿元，GDP 为 138.1 亿元，分别是 2000 年的 2 倍和 1.7 倍，银行业金融机构现金净投放 2000 年为 14.2 亿元，2003 年下降为 6.5 亿元，下降幅度达 48.96%；2004 年前 10 个月固定资产投资和 GDP 分别增长了 39.1% 和 26.9%，而现金净投放仅为 0.39 亿元，较上年同期下降 90.55%。2017 年，甚至众多理论家也认为国家已经步入了无现金社会，但仅仅是 2016 年全国净投放货币 5087 亿元，市场流通中货币（M_0）从 2015 年底 6.32 万亿元增至 6.83 万亿元，人们在困惑不解中便问钱都到哪里去了？实质上货币（M_0）投放的绝对量化数据与经济平稳健康较快速度发展构成正向、一致、显著、不变、固定的模式归于主要矛盾面，只是在取钱、用钱的支付形式上，因为电子信息的作用力产生了流通的跑道、通道、管道、渠道立竿见影的转移，同时又无影无踪，支付转移了，钱本身学会了隐身法。中央银行发行库出去的不是数据，而是原生型实体货币，2016 年全国净投放货币（M_0）5087 亿元不是统计数字，而是账实相符的原生型货币调拨，出库、入库产生的净数，账实相符，账款相符，账账相符，出纳会计决算一分钱也不会差。

2017 年 9 月底 M_2 同比增长 9.2%，余额为 156.57 万亿元；M_0 同比增长 7.2%，余额为 6.97 万亿元，前三个季度净投放现金 1445 亿元，相比 2016 年前三个季度净投放现金减少 55 亿元。各类货币的基数加大，2016 年前三个季度广义货币与上年同比增加 11.5%，人民币贷款增加 10.16 万亿元；2017 年前三个季度广义货币同比增加 9.2%，人民币贷款增加 11.16 万亿元，相对比值降低了，绝对量增加了 1 万亿元。略有不同，M_0 同比增长的绝对量开始下降，作为微观货币之一的 M_0 绝对值运行的方向，与宏观货币总量运行的方向略有差异，一个在增加，另一个在减少，表明策略、科技、文化决定货币结构的势头强劲，货币形态转化的趋势进一步加剧，在经济决定货币、货币决定货币、市场决定货币总量的大趋势下，抽象转账支付清算货币与未来的法定数字货币所占据的比重不断增加，现金则处于弱势。此种趋势尚会显著加剧，现金的绝对量再增加，但相对值、绝对值增加的速度均会放缓，其在绝对程度上归属本质性的规律性的问题，反映事物发展的一般性。2015年、2016年、2017年印制计划以20%的数量减少却带来事物的特殊性，物极必反，预测2018年的印制生产量可能以超过20%的数量递增，30%、40%可能都不为过，原因在于矫枉过正，回归本源。

银行业金融机构存贷款是货币投放回笼的重要渠道，存款增长导致货币回笼，贷款增长引起货币投放，投放回笼扎差的净额为净回笼或净投放，以此定位货币投放和回笼。2000年至2004年，西部榆林市银行业金融机构存款和贷款平均每年以26.5%和31.9%的幅度迅速增长，而现金投放则平均每年以16.3%的速度在下降，这就是虽然不属于主要矛盾的反向、不一致、不显著、多变、不固定货币运行的特殊案例。西部榆林市2月、3月、4月是商品和储蓄回笼旺季，货币体现净回笼，其他月份均表现为货币净投放。但近年来这个特征越来越不明显，本是大投放季节却呈现小投放甚或是回笼势头，本是回笼季节却又呈现投放。总体论货币（M_0）净回笼的月份越来越多，净投放的月份则越来越少，甚至于只有1月、3月、9月三个月表现为货币净投放，全年的绝大部分月份均为货币净回笼，这也是反向、不一致、不显著、多变、不固定的案例。然而，从量变到质变，次要矛盾可能成为主要矛盾。其中，包括传统意义上的非主渠道货币运行形态不断发生演化，例如，服务性回笼和城乡个体经营收入回笼异军突起，增幅显著，比重不断上升。榆林市仅2004年1—10月上述两项货币回笼分别较上年同期增长了43.91%和48.2%。从全国来看，科学技术占GDP指数的比重、服务业和民营企业营销指数占GDP的比重不断增加，在本质规律上酿成货币运行的形式在改变，这也是货币（M_0）运行形态时而呈现反向、不一致、不显著、多变、不固定的重要原因。从区域结构论，城乡之间，北京、上海、广州、深圳这四个一线城市和二线、三线城市之间，东、西、南、北中经济发达与欠发达地区之间，大投资大发展阶段与后续完善渐进减少或不再投资之间等，货币（M_0）运行的不一般特征应特别引起关注。西部榆林市神木县 2003 年货币（M_0）净投放为 2.2 亿元，占榆林市投放量的 33.8%，较 2000 年少投放 5.6 亿元，整体下降了 21 个百分点。以神府煤田专设支行为例，该行 2000 年支出现金量为 23.3 亿元，2003 年仅为 4.2 亿元，绝对量减少了 19 亿元。显然，国家严格的《大额现金支付管理办法》、储蓄实名制及反洗钱等有关政策规定必然在一定程度上遏制现金的支取和使用，一个家里存放着整吨的钞票，整百万元、整千万元、整亿元钞票是特例，不具有普遍性，没有代表性。作为纸币、硬币其承担的使命和存在的阵地属于宽泛市场。未来，法定数字货币也如此，货币是国家的，更是公众的。

论经济决定货币，呈现三类情况：一是自生货币；二是平衡货币；三是匮乏货币。自生货币指良性发展的公司企业或建设项目自筹资金，手上有钱，无须借钱贷款（排斥上市圈钱），钱可以再生钱，产品性能好，有销路，有市场。平衡货币指企业的日子不好不坏，销售额与成本利润核算为货币之后账面基本保持平衡，不赔、不赚、不亏、不盈，这样的企业应具备危机感，亟须调整经营思路，定位目标与方向，经营货币要有压箱子底儿的钱，提取备付金（报备率）指标应高一些，需做好充裕完善的预案。匮乏货币指企业经营较差，财务账面时常处于赤字状态，依赖借贷，一旦缺少资金支持，资金链断裂，即会趋向瘫痪，如此企业急需调整结构，产品转型，假若银行贷款用在了基本建设上，企业会向好的方向扭转；假若银行贷款用在吃饭上，企业的前途不便估量。

经济决定货币。"十三五"期间，至 2020 年国内生产总值（GDP）将逾越 90 万亿元，2016 年底 GDP 总值在 2015 年 67.67 万亿元的基础上增加 6.7%，约为 5 万亿元，2017—2020 年尚有 4 年时间，预计 2017 年 GDP 6.5% 的增长目标顺利实现可能性很大，今后几年 GDP 年度均匀分布增值大体应在 5 万亿元。经济发展带有全球性或者宽泛的地域性，仅仅亚洲每年就需要 8000 亿元（人民币）基础设施投资，作为宏观货币实现其效用的时候会产生运行方式的转化，其中必然有相当数量构成原生型实体货币。

国家统计局认为，中国经济运行保持在合理区间，综合国力显著增强，新旧动能加快转换。2013—2016 年国内生产总值年均增长 7.2%，高于同期世界 2.6% 和发展中经济体 4% 的平均增长水平，平均每年增量 44413 亿元，2017 年上半年国民经济运行稳中有进、稳中向好，国内生产总值同比增长 6.9%，增速连续 8 个季度稳定在 6.7%~6.9%。

2017 年 10 月，根据国际货币基金组织（IMF）编写的《世界经济展望》中的数据显示，IMF 将 2017 年和 2018 年两年的全球经济增速预期上调至 3.6% 和 3.7%，均比 7 月的预测值提高了 0.1%。最引人瞩目的是 IMF 再次上调了中国的经济增长预期，2017 年和 2018 年两年增速将达到 6.8% 以及 6.5%，比 7 月均高出 0.1 个百分点，比 4 月预测值分别上升了 0.2 个百分点和 0.3 个百分点。IMF 预计，2017 年欧元区经济增速为 2.1%，比 7 月预测值高 0.2 个百分点，更是高出 4 月

0.4 个百分点。IMF 预计，美国 2017 年和 2018 年经济增速将分别达到 2.2% 和 2.3%。IMF 认为，经济增长受益于政策的支持以及供给侧改革。

货币决定货币。2016 年广义货币（M_2）余额在 2015 年底广义货币（M_2）余额 139.23 万亿元的基础上净增 15.78 万亿元，达到 155.01 万亿元，同比增长 11.3%，货币政策完成比预期好。在积极财政政策和稳健货币政策（稳健中性）条件下，2017—2020 年，广义货币（M_2）稳步均匀分布增值应大体趋同 2016 年，维持在 15 万亿元上下。2017 上半年稳健中性货币政策效果良好，金融去杠杆效果显现，M_2 个位数增长的同时，5 月社会融资规模增量以及人民币贷款均同比多增，显示金融尤其是信贷对实体经济的支持力度依然较大。这样一个宏观货币总量增量与趋势，必然由转账支付清算货币和原生型实体货币具体呈现，也必然体现分类增量，宏观货币在先，微观货币在后，增量必然显著。

市场决定货币。2017 年"十一"黄金周，全国共接待国内游客 7.05 亿人次，实现国内旅游收入 5836 亿元，按可比口径前 7 天，与 2016 年同比计算分别增长 11.9% 和 13.9%；1999 年"十一"黄金周刚执行时，出游人数高达 2800 万人次，旅游综合收入为 141 亿元，当年收获不小，但与现金相比之下却为之渺小。

2020 年全国城镇新增就业将逾越 5000 万人以上，衣兜里的钱成倍增长，逐年调整工资以为定格，货币必然流向市场。由此，根本在于经济决定货币，这是最为基本和关键的原生型实体货币增量因素，在本轮经济上升期，结合多类宏观指数"年度预期"2017 年净投放货币量（M_0）应为 8000 亿元左右。

具体分析，2014 年底广义货币（M_2）余额为 122.84 万亿元，增幅为 13.3%，流通中货币（M_0）为 6.03 万亿元，增幅为 2.9%，M_0 占

M_2 的比重为 4.91%；2015 年底广义货币（M_2）余额为 139.23 万亿元，增幅为 13.3%，流通中货币（M_0）为 6.32 万亿元，增幅为 4.89%，M_0 占 M_2 的比重为 4.54%，2015 年与 2014 年相比 M_0 占 M_2 的比重下降约 0.37 个百分点，而 M_0 绝对量上升了 4.8%；2016 年底广义货币（M_2）余额为 155.01 万亿元，同比增长 11.3%，流通中货币（M_0）为 6.83 万亿元，M_0 占 M_2 的比重为 4.4%，占比指数下降 0.5 个百分点，而 M_0 绝对量上升了 8.1%，绝对量增加指数明显大于关联广义货币并有所下降的指数。两个占比，不可决然论断无可比性，只是广义货币盘子大，流通中货币（M_0）盘子小，连续比较的结论依然十分说明问题。2017 年 3 月末，M_2 余额为 159.96 万亿元，同比增长 10.6%，增速低于市场预期，增速回落，与 2016 年底相比净增量 4.95 万亿元，依据稳健中性货币政策，后三个季度预期 M_2 余额各增量为 4 万亿 ~5 万亿元，全年 M_2 余额净增量大体在 15 万亿 ~18 万亿元。在银行卡、手机微信支付、法定数字货币应用的情况下，流通中货币（M_0）增量，不论相对 M_2 余额的占比指数，还是 M_0 绝对量自身相比的增幅多会有所下降，但是 M_0 增量体现的绝对值仍会增长，其中涵盖 M_2 余额稳健增量作用于流通中货币（M_0）存在滞后性，预期 2018 年、2019 年、2020 年均如此，预期 2020—2022 年达到此轮增量峰期，以年度统计货币净投放量（M_0），预期值应在 10000 亿元左右。

假定此期间法定数字货币出台，流通中货币（M_0）+ 法定数字货币量会高于遥测与预测值，它们属于此起彼伏的共性话题。

2016 年全国保险业总资产超 15 万亿元；全国技术性合同成交额首突 1 万亿元大关，"十三五"末期，科学技术对经济贡献率将达到 60% 以上；全国银行业金融机构境内外本外币资产总额 232.3 万亿元，同比增长 15.8%；农业发展银行 5 年 3 万亿元扶贫目标确定；资本市场首发和再融资合计 1.5 万亿元；境外投资者对全国境内金融机构直接投资存量逾 8855 亿元；中国对"一带一路"沿线国家投资已经超过 500 亿美元；全国旅游消费 3.9 亿万元；2017 年 2 月末社会融资规模存量 160.73 万亿元；1 月当月净投放货币（M_0）1.83 万亿元，流通中货币（M_0）8.66 万亿元，同比增幅为 19.4%；全年支付机构网络支付业务金额超 99 万亿元；国家外汇储备 3.010517 万亿元；国家黄金储备、年度进出口黄金总量等尚有若干指数；港澳通 3 年融合货币量 6 万亿元等。因此，面对国家经济向好，基于 2014 年全国净投放货币（M_0）1688 亿元；2015 年全国净投放货币（M_0）2957 亿元；2016 年全国净投放货币（M_0）5087 亿元，连续几年均趋向加倍态势的具体实践，年度预期 2017 年净投放货币量（M_0）应为 8000 亿元左右。比较符合国家经济稳健中高速度发展实际情况。进一步具体分析：2016 年上半年流通中货币（M_0）为 6.28 万亿元，同比增长 7.2%，上半年净回笼现金 398 亿元，至年底全年净投放现金 5087 亿元，流通中货币（M_0）6.83 万元，同比增长 8.1%；2017 年上半年流通中货币（M_0）6.7 万亿元，同比增长 6.6%，上半年净回笼现金 1326 亿元，以两个上半年末同期累加作为年度统计，同比增长 6.6% 即等于同期市场净增 4200 亿元。2017 年上半年人民币贷款余额同比增长 13.2%，社会融资规模增量为 11.17 万亿元，存量为 166.92 万亿元，同比增长 12.8%，人民币贷款增量为 7.97 万亿元，M_2 余额为 163.13 万元。在 M_2 增速放缓、存量货币周转效率提高条件下，流通中货币（M_0）仍会处于增加态势。2017 年 7 月末，广义货币同比增长 9.2%，余额为 162.9 万亿元，流通中货币（M_0）为 6.71 万亿元，同比增长 6.1%，当月净投放现金为 151 亿元。可见，2016 年全国净投放货币（M_0）5087 亿元基本属于下半年增量，从 2017 年上半年全国净回笼货币 1326 亿元、7 月当月净投放货币（M_0）151 亿元观察，实质上 7 月当月货币（M_0）投放 1477 亿元，经与 1326 亿元扎差后的净数为 151 亿元，与 2016 年 8 月末净投放货币（M_0）179 亿元相比基本持平，表明货币（M_0）净投放的时段提前了。2016 年 9 月末，全国净投放货币为 1862 亿元，如果 2017 年第三季度末全国净投放货币（M_0）与此数据持平，甚至超过此数据，截至 2017 年底全国净投放货币（M_0）指数逾越 2016 年基本定型。然而不尽其然，2017 年 1—9 月全国净投放货币量（M_0）为 1445 亿元，10 月末流通中货币（M_0）为余额 6.82 万亿元，同比增长 6.3%，当月净回笼现金为 1518 亿元，与上年同期相比多回笼现金约为 1300 亿元，剩下 11 月和 12 月两个月份，2017 年全国全年净投放货币量（M_0）3000 亿元左右的预测成立。简而言之，现金投放量的减少首先取决于经济决定货币、货币决定货币、市场决定货币总量增速的放缓；其次在于策略界定货币、科学界定货币、文化界定货币结构的变化，两个因素相加判定现金减少，8000 亿元属于应该如此，3000 亿元属于客观现实。

2017 年 9 月 29 日《金融时报》信息称，中国连续八年保持货物贸易第一大出口国和第二大进口国地位。《2017 年第四季度经济金融展望报告》显示，2017 年第四季度中国经济运行有望保持平稳，银行业经营复苏迹象明显。《2017 年亚洲发展展望》更新报告称；由于全球贸易回暖，中国经济增势超预期，亚太地区国家，尤其是亚洲发展中经济体 2017 年和 2018 年两年经济将保持稳定增长，亚洲开发银行上调中国 2017 年和 2018 年两年经济增长预期，基于 2017 年

4月预测值上调0.2个百分点，分别为6.7%和6.4%；亚洲发展中经济体2017年和2018年两年经济增长预期值上调0.2个百分点，分别为5.9%和5.8%。经济产生的增量，转化为小康生活的市场需求，属于原生型实体货币继续攀升的踏板。

在复杂的货币流通条件下，预测货币宏观与微观运行指数应有预案，呈复杂性求索。2017年第二季度银行家、企业家、城镇储户问卷调查报告显示宏观经济预期向好、企业经营景气提升。30.1%的银行家认为货币政策偏紧，66.6%的银行家认为货币政策适度。预测2017年全国货币（M_0）净投放量3000亿元或8000亿元，率先肯定了8000亿元左右，寻根溯源的理由是企业经营景气提升，经济市场需求量加大，宏观经济预期向好。

2017年2月天津推出"收钱码"，天津市常住人口1550万人，其中支付宝实名用户690万人，无现金消费指数排名全国第十位，上线的五大类44项支付宝城市服务，数量超过91.6%的城市，包括在押服刑人员也实现了无现金化管理。天津商业大学利用"电子校园卡"打造无现金校园，300多个支付项目排除了现金。

2017年初至3月，全国有3.7万户小微企业、个人经营者受到网上银行发放的经营类贷款50.8亿元。从支付平台到融资平台，从现金到信用的衍生延伸意义非凡。结论是会发生现金陡减，假定将2017年全国货币净投放量（M_0）定夺在3000亿元左右并非是乱弹琴，因为目前正处在一个依赖数字科技进行货币革命的翻天覆地的伟大时期，无法排除意外的可能性。面对现实，实事求是属于常态生活法则，网购虽然繁忙，但是沃尔玛也繁忙，时常可见现场采购的人群络绎不绝，验货交费的队伍排成长龙，收费员忙得不亦乐乎。

　　南京熟板鸭市场销售温馨提示，为避免储运条件对食品品质的影响，本产品不宜在网上商城购买。这本身遵循了物质第一性哲理，也不违背现代科学技术法则。到了晚上打烊时点，老兵水站的伙计坐在门槛上点钞票意味深长，修鞋的女士、修自行车的先生，钱包都是鼓鼓囊囊。在日常经济生活的一些其他环节雷同这种情况的并非少见，从国家法定货币净投放的量化观察，之前临近的 2016 年全国净投放货币（M_0）5087 亿元，总体上钞票不但没有减少，反而在巨量增加。准确把握当今时代特征，深刻理解"丝路精神"，构建"一带一路"金融保障体系，建立长期稳定可持续的"一带一路"融资机制。2017 年 8 月 16 日，国务院出台促进外资增长诸多措施，包括进一步减少外资准入限制、制定财税收支政策、完善国家级开发区综合投资环境、便利人才出入境、优化营商环境，探求中国经济增长的新动力，M_2 步入"增质降速"新常态，重构金融与实体经济新链接，实施创新驱动发展，增强科技创新能力，更好引领带动经济结构转型升级，积极稳妥推动经济去杠杆，确保供给侧结构性改革不断深化，促进国家与世界经济发展的平台增多了，结构更趋于合理，效益更显著增加，经济与货币总量在力求高质量条件下同步攀升。与此同时，所增加的货币总量必然在讲求科学，面对现实的前提下与其相对应相的形式，相适应的状态客观运行。

　　2017 年 7 月 24 日，中共中央政治局会议强调，做好下半年经济工作，要做到更好把握稳和进的关系，把握好平衡，把握好时机，把握好度，这样的总基调和方法论对于稳增长、促改革、调结构、防风险、惠民生诸项工作具有现实的指导意义。2017 年上半年，国家工业经济延续良好态势。综观世界经济，2017 年第二季度与第一季度相比，全球银行业金融机构经营环境有所恶化，下半年，全球经济金融形势仍存在较大的不确定性，国际银行业复苏的可持续性有待观察，中国银行业信贷增速温和提升，信贷投向将持续调整，净息差下降趋势将有所缓解，不良贷款率保持基本稳定，普惠金融将迎来较大发展，"去杠杆"背景下金融体系流动性总体处于"紧平衡"状态。宏观起决定作用，处于相对微观领域的现钞实体货币运行状况，必然会依从宏观政策现实操作并在滞后性影响下产生对应效应。2020年国家要步入小康社会，2050年国家要达到世界中等发达国家水平。2017年6月26日，夏季达沃斯论坛传递世界声音，国际知名管理咨询机构埃森哲在开幕式前发布通过转变工作方式以及开拓新的价值和增长源，人工智能到2035年有望拉动中国经济年增长率增加1.6个百分点，即从目前的6.3%提速至7.9%。2017年第一季度，银行业处理网络支付26万多亿元。2017年6月，"十三五"金融业标准化发展规划发布，争取主导研制金融业国际标准取得实质性突破。包括2017年6月30日网联切量启动，开始加速巡航，财付通、网银在线、快钱、百付宝、支付宝、平安付、翼支付七家支付机构完成接入，联动优势、中移电商的接入工作进入倒计时，上述九家大中型支付机构的交易规模在支付交易市场总规模中的份额占比合计超过96%。同时，中国银行、招商银行、交通银行、中国建设银行、中信银行、工商银行、光大银行、恒丰银行、浙商银行、华夏银行等商业银行完成接入，其个人银行账户产量占全部银行业金融机构个人银行账户总量的比重超过70%。第三方支付日后只要接入网联一家平台即可，不再需要单独接入银行接口，在实质上降低了对接成本，更有利于防范金融风险，在相当程度上杜绝打擦边球、相互推诿、相互不负责的无序竞争乱象。

上述众多现象，既可以看到法定数字货币推进的步伐，又可以比较现钞实体货币与目前支付结算货币界定的函数曲线，策略界定货币、科学界定货币、文化界定货币，年度预期实体货币净投放量因素繁多，数字科技、科学技术面对货币的作用力显赫。

关于印制生产量的论证不足以从根本上说明或反证货币发行量问题。2011 年全国净投放货币量（M_0）超越 6000 亿元，形成前后较长一个时期的货币发行峰；2012—2013 年随着整体经济下滑，全国全年净投放货币量（M_0）降至 2000 亿元以下；2014 年随着经济整体下滑，全国全年净投放货币量（M_0）为 1688 亿元，年度全国货币净投放量（M_0）从 2011 年的 6000 多亿元降至 1000 多亿元。其间，货币印制量并未大幅减少，夸张扩张生产力，忽略了均衡生产，再加上损伤卷净化回收注销力度问题，公布发行新币与旧币的印制关系问题，印制生产货币的生产力是高是低、生产量是大是小、是多是少，属于未知数、N 函数，在实体货币增量相对值和绝对量双重下降条件下，货币生产量递增 30% 以上，对于许多问号应该解析。

依据 1948 年 12 月 1 日中国人民银行成立并同日发行人民币的货币发行史，依据 1971—2017 年从事国家法定货币发行业务的实践，依据 1978—2017 年中国的改革开放率先始于金融与货币的理论求索和技术探讨，今后几年全国的货币发行正处于攻克坚中之坚的爬坡状态，量化适宜处于关键位置，量变即会引起质变，机制体制改革势在必行，也应解析。

四、结论

在论证年度预期的基础上，构想 2030—2050 年的货币演变状况。

原生型实体货币被抽象转账支付清算货币和法定数字货币的替代程度将止步一个节点，这个节点应该是年度货币净投放的负数，即在不久的将来，在宏观整体上，年度货币净投放将转化为净回笼。酿就此种状态的条件有两个：一是策略界定货币、科技界定货币、文化界定货币三个促使货币总量产生结构性变化的因素劲头大，在涉及货币全集的三个子集中，法定数字货币和抽象转账支付清算货币占了上风，原生型实体货币大量减少；二是以往市场上滞留的原生型实体货币过盛，陆续被缩水，从个人手持中被挤出来充盈市场。在相对时期内，在实质上取代了正面的货币发行，即取代了货币净投放量。未来，在一个时期内，印制生产的原封新券将无以承担增量货币发行，而是由原来的新增投放 + 净化回笼两大使命，只剩下净化、回笼、注销损伤券一项任务了。净化货币是美国等发达国家在 20 世纪八九十年代就开始履行的单一操作局面。论节点，主要是文化界定货币最为关键和根本，如在少数民族地区，20 世纪六七十年代，在全国已经取消了纸分币发行与流通的状况下，新疆几乎百分之百还在使用 1 分、2 分、5 分纸币。原因是在草原和沙漠上骑马的现象多，通过将纸分币装入帽子里、塞进靴筒中或插在袜子里均轻便易于携带，而硬币沉重、容易丢失，骑着马携带十分不方便。论全世界的原生型实体货币印制与发行，将呈现递减态势，以中国而论，具体产生 N 种状况：其一，流通中货币（M_0）与国民生产总值 GDP 和广义货币 M_2 的占比逐年降低，甚至于以半年、季度地下降，直至取向零点，但始终不会达到零点。同步体现投放回笼轧差之后的净投放绝对量依次递减，直至完全到达零点（以年度为界）。其二，原生型实体货币在投放、回笼之间拉锯，最终致使形成轧差后的净投放归于零点，并同步开始向负数演变转化，渐渐体现为净回笼。其三，在关键点上体现特殊性，一是传统佛教、道教等礼仪文化根深蒂固，钱通神灵、红白喜事、童叟亲情、生辰做寿、春节压岁等，致使一定量的钞票涌动；二是社会的一切被动局面和阴暗面依然会使用钞票，如地震、洪涝灾害、瘟疫、走私、毒品、涉税、洗钱、通信中断等。其四，止于常态节点，宛如一架天平支架的两侧，必然成平衡状态。已经饱和，甚至于膨胀的市场流通中货币 M_0 已经足够满足日常人们所需货币流通的需求，在美国硅谷的一个设计、安装、运行法定数字货币的公司，已经和世界上 N 多国家签约正式使用法定数字货币。其五，非同一般条件下原生型实体货币会遵循客观实际和经济、商品、货币运行的价值规律出现净投放返祖。例如，2008 年世界经济危机，美国 2008—2014 年净投放美元实体现钞 30000 亿元，是 1959—2007 年总投放 9800 亿美元的 3 倍多。经济危机与疾病是一些地区甚至是全球的次生危害，战争则是侵害人类的最高形式，战争可能会促使历史前进的车轮倒退，届时钞票又会大量回来。货币是独到的国家品牌，货币是沿着人类文明进步的方向稳步前行的恒定之物，不会发生物种类的频繁革命。

凝心聚力，稳中求进，法定数字货币科研势在必行。依托货币制度框架，一种与人民币纸币、硬币并存的新型货币形态的诞生是国家货币制度的有机组成部分。

首先，应奠定货币发行的基础理论建设，以预期实现纲举目张、事半功倍的良效。其次，在明确理论认识的基础之上，法定数字货币作为创新生产力水平的新型货币形态，关键在于数字科技的科学利用。在近期界定、远期定格、年度预期的理念下，在梳理数字科技、货币数字、数字货币的前提下，成功地、万无一失地编制法定数字货币软件程序，搭建硬件工程，应注重培育可以发行、捍卫、掌控法定数字货币市场的顺畅流通，确保其安全的人才队伍。从中央银行到银行业金融机构，再到社会自然人和法人，有一个隐形的法定数字货币金库，从上到下还要有一个对应的人才库。针对法定数字货币研发出台，还应积极培育可以使用法定数字货币的自然人与法人，将金融知识教育纳入国民教育体系，需要掀起一场未雨绸缪的货币技术革命。

法定数字货币科研并非单纯的科技事宜，涉及法定货币无小事，法律规定应吻合本国与国际货币流通现实，科学逻辑也应吻合本国与国际货币流通之需。另外，应保持对支付市场乱象和违法违规行为的高压态势。中国的法定数字货币科研具备良好的氛围和高科学技术条件，今后一定可以引领世界。

第十节　法定数字货币的国家与世界性

货币没有国界，法定数字货币在国家性基础上必然具备国际性，这是较原生型实体货币更为先进之处。然而，需要走出国境、走向世界、置身全球一体化经济的法定数字货币，必须符合国际货币的运行条件，所有的规则本质上均属于法治范畴，遵循的是经济、金融、货币、商品、市场价值规律运行法则。

事实上，纸币、硬币已经长期妨碍了货币的国际流通。数字科技的进步涵盖法定数字货币的生成，实质上是在为纸币、硬币安装心脏与大脑，在构成智能货币的基础之上，使得多国货币走出国门，参与世界商贸市场流通，为经济全球化服务。发明法定数字货币的意义和作用完全在于利用数字科技，令纸币与硬币脱胎换骨地成为新型货币，可以在本国流通，也可以在世界流通，免去携带实物、不辨真假、损伤后不便处理，甚至于被打劫、存在风险与不安全等诸多麻烦事。纸币与硬币的印制、发行、携带、调运、存储保管事无巨细，纷繁复杂，当其需要走出国门时，海关承办的业务量甚大，这并非持币人与执法者需要付出繁重劳务的简单行径，而是在货币本能上，纸币与硬币已经远远落后了，跟不上现代信息社会对货币操作的需求。现代科学技术的进步需要货币革命，原生型实体货币，显然与现代经济生活不同步，5000年前作为特殊商品的出现，实体货币处于领跑的地位，货币与商品并驾齐驱地运行、运作、运营，为人类的文明进步服务。然而，5000年后的今天，它们落后了，人类不能在将其作为最佳选择。

法定数字货币的先进性，在"一库、一匙、一密钥"框架下，根本无须设立有形态的货币发行库或代理金库，因为作为客户，人人都是发行库，全世界总计70亿人口，大凡涉及法定数字货币的各国，各自以100亿发行库代码即可全球覆盖了，这个虚而实的库就是法定数字货币的家。法定数字货币的国家与世界性，本质事项在于汇价汇率，涉及双边国家的双边汇率汇价。固然，波及的不只是单方汇率汇价之比，综合观察多国货币对一篮子外国货币加权平均汇率（CFETS）、对国际清算银行货币篮子（BIS）、对国际货币基金组织特别提款权货币篮子（SDR），十几年以来人民币汇率汇价均呈累计上升态势，人民币不仅在世界人民币心中的地位越来越高，而且使用和作为外汇储备的数量也越来越多。综观多种国际货币因素，科研与未来使用法定数字货币的国家，参与国际性流通，根本在于本国经济发展处于良性，根本在于本国货币有信誉，才能步入国际市场。

法定数字货币在一国境内使用，单一涉及本国的中央银行、银行业金融机构与客户三大要素。一旦流出国门，即涉及本国中央银行与发生国中央银行、银行业金融机构和客户四大要素，方可正常流通。法定数字货币最终需要落点科学技术，在渐进以其他货币形态替代现钞的前提下，法定数字货币一定会自然而然地沿着科学之路走向世界，而非属一国政府的命令式、计划性行为。现代科学是法定数字货币的本质。诚然，法定数字货币的生成离不开各国政府的支持，包括政策性倾向、公布与宣传、流通中的强化管理与监管。

法定数字货币的创造发明首先在于科学技术操作的先进性，根本在于通过货币革命所具备的货币职能的先进性。实体货币蜕变了，货币在人类文明进步中向前迈出了关键一步，由实到虚，再由实到虚。前一个由实到虚指在实体现钞货币基础之上票据、银行卡以及手机移动支付的出现；后一个由实到虚指在实体现钞货币基础之上法定数字货币的呈现。

法定数字货币为货币国际化、经济全球化及数字经济创造了物质条件，作为信息货币潜移默化的流通，在抽象的无形体领域神秘地遨游。

法定数字货币能否构成国际流通属于其成败之关键。数字科技无国界，法定数字货币本身的性能与智能已经具备国际化了，它不会再是传统的本来意义上的货币，货币将真正属于全人类。

欧元，是人类5000年有文字记载以来最晚发行的货币，且形成最大的货币群体，几乎在欧洲大陆形成货币一体化。欧元，打破一国局限，甚至打破包括德国、法国等世界发达大国的局限，将二十几种货币统一在一种货币称谓之下，构成世界最新、最先进的货币，近20年来获得的优势和为世界人民带来的好处有目共睹。货币的共通性，属于货币创新与未来发展的远期目标，在未来，假定世界可以使用同一种货币，地球村里的人们将无限受益，货币战争也将不复存在。

法定数字货币，将是继欧元之后，在地球上发行的更新、更先进的货币，在欧元等原生型实体货币的基础上，货币在新的领域有了新生，它们与以往的纸币、硬币一样在履行货币职能，但是却一反常态，在形式上没有了形态，以信息替代了形态。法定数字货币的呈现属于一场货币革命之后，携带着传统货币基因的货币仙果。这个传统基因涵盖两大国际侧面：一是货币国际法；二是没有国界的货币发行、运行、运作、运营科学技术，"法"和"技术"的合成，不仅构成法定数字货币的成因，而且构成法定数字货币立身的基本条件。法定数字货币的存活力，在于本国市场，更在于国际市场，不论哪个国家何时、何地、何人科研法定数字货币，都必须清晰地看到法定数字货币与全世界有着不可分割的必然联系，法定数字货币是世界货币。

本章思考题：

1. 从基本法制概念、性质、形态上论述法定数字货币。

2. 描述"一库、一匙、一密钥"。

3. 论述九型法定数字货币理论。

4. 试论述原生型实体货币"券别结构体系"。

5. 简要论述法定数字货币与货币诞生、衍生九段论的关系。

6. 论证经济、货币、市场、文化、科学决定与界定货币总量和结构的关系。

7. 论证法定数字货币、原生型实体货币与抽象转账支付清算货币的量化关系。

8. 论述货币数字与数字货币的根本区别。

9. 论述法定货币与法定数字货币之不同。

10. 从智能、分类、N库、版块、营运、流通、安全范畴，择要论证法定数字货币形态。

11. 结合实际论述"货币综合支付体"。

12. 论证法定数字货币与现钞实体货币博弈的真实性。

13. 论述法定数字货币与数字科技的关系。

14. 简述法定数字货币的账务生成。

15. 试论法定数字货币界定近期、定格远期、年度预期（年度预期的主体为目前流通中货币 M_0）。

16. 简述法定数字货币在国内与国际市场上的先进性。

Legal Digital Currency

法定数字货币

第六章

法定数字货币：数字金融的基础

◎ **本章概要**：本章深入总结目前关于法定数字货币运行的概况，侧重从技术上论证法定数字货币，包括金融科技的发展及新生态、从信息管理的角度看货币和金融、金融科技的信息安全挑战、金融科技的挑战和机遇，以及法定货币展望。"异币"指目前全球滋生与滋扰的大约 656 种各国法定货币之外的所谓货币。

货币具有广义和狭义的不同范围，对经济的不同层面发挥它不同功能，二者缺一不可。只有正确地理解了狭义货币以及它对大众和实体经济起到的作用，才能真正理解货币在从实体转化到数字的过程中哪些是必须保留的功能，哪些是可以摒弃的功能，以及哪些是需要放大的功能。对于"异币"另有定义"数字商品"之说。

第一节　金融科技的发展及新生态

一、货币的历史回顾

货币是在漫长的人类历史长河中，在经过原始部落、农耕社会、工业化、信息化、全球化社会的进化过程中，从以物易物—实体货币—纸币—电子货币—数字货币逐步进化和形成。

最初的社会形态是以部落为主的自给自足的人类社会经济形态，大家需要通过自己获得自己或部落成员所需要的所有食物、居所及工具等。实行部落内部的食物分配制度，并非交换制。因部落之间也基本没有食物的交换，更不存在分配制。

随着农耕社会及乡镇的发展，人类从部落演化到村庄和小镇，村庄和小镇之间人口和农作物的交流增加，产生了革命性的以物易物交换方式，极大地提高了个人及集体的生产及经济效率。这种先进的经济模式，可以被认为是人和动物区别的另外一个重要特点。这对人类的发展具有革命性的意义①。它的特点是人类具有将不同的食物和物品抽象到超越食物和物品本身的一种共通的价值评估。

其后，实体货币的产生只是一个非常自然的选择：因为大家都愿意把他们手中那些易腐坏的食物尽快地换成容易携带、可以长时间保存、相对稀有的那些物品。相反，如果你拥有这些容易携带、可以长时间保存，且相对稀有的物品，就可以很容易得到需要的东西。从最开始的贝壳，到贵金属，是这个自然选择的一个必然结果。

贵金属作为通用货币的选择，并不是绝对的。在以城堡和公国为主的欧洲国家，不同公国之间缺乏信任，使用大家都可以接受的贵重金属是很自然和理想的选择。在中国，因为国家被赋予绝对的权利，贵重金属（银子）和以普通金属为原料的铸币一直通用。从货币作为一个国家价值衡量尺度（unit of account）这一角度来看，同其他许多物理度量，如距离、重量和时间的标准制定一样，国家当然是必须担当这一责任的。实际上，所有现代国家都通过法律把铸币的责任放在各国中央银行。可以说，从货币作为价格计量单位、价值储存和交换媒介这三大特征来看，从贝壳到铸币再到纸币的进化，它的最主要的功能并没有太大的变化。货币的这一"无记名票据"（bearer instrument）的特征，是它之所以对实体经济具有"低成本、低摩擦和低风险"（costless, frictionless and riskless）通货的根本所在。

---

① Sicilia Kingsley, Riksbanken, "Riksbanken undersöker digital valuta", http://www.di.se/nyheter/riksbanken-undersoker-digital-valuta/.

二、货币数字化和数字货币的区别

货币（currency），根据词源字典[①]，是从拉丁语 currens 而来，意思就是跑动、流动，1699 年被用于描述"钱的循环"（circulation of money）。字典的定义着重于交换媒介（medium of exchange）、普遍被接受和使用（general acceptance and prevalence）和普遍性。

钱（money）的定义比货币广泛得多，比如，我们经常说"值钱"。从这个角度钱更多是指价值，而不是指它作为交换介质的功能。所有有价值的东西都可以用于交换，所以可以广义地通称为钱。许多现在的虚拟货币、加密货币等均具有钱的特点。

货币是通过法律或者公约决定的，是被大多数消费者和社会接受的广泛流通的并用于价值交换的唯一的实体或无记名票据（physical or bearer instrument）。

货币的数字化是在类似远程汇款的使用场景中，第三方服务机构接收甲方的实体货币，以记账的形式计入账本，记账的过程就是实体货币数字化的过程。远程汇款通过：（1）支付——第三方服务机构之间的支付信息交换；（2）清算——第三方服务机构支付信息和账单的处理和归总；（3）结算——清算的结果通过实体货币的交割。

上面描述的货币的数字化可以说早在几千年前就已经开始：当甲方把金币或元宝等实体货币存入钱庄（第三方服务机构），拿到银票（支付信息），乙方到另外一个城市取出，钱庄将银票汇总（清算），最后钱庄之间结算，就是货币数字化的具体实行。其后几千年，这一

[①] Online Etymology Dictionary，http://www.etymonline.com/index.php?allowed_in_frame=0&search=currency.

方式不过是经过了交通工具和通信工具的革新（从马车到电报到互联网）和账单技术的革新（从纸质账本，到打孔机，到计算机，到关系数据库，再到区块链），但是货币流通的基本流程并没有根本地改变。在这个系统中，实体货币可能从贝壳变为金银，最后变为纸币，但是货币还是实体货币，远程货币的流通通过记账、支付指令、清算和结算具体实现。

真正将实体货币转换成芯片中数字实体货币的尝试，是在20世纪90年代由大卫·川姆（David Chuam）[1] 创立的数字现金（DigiCash）公司开发的基于硬件的数字现钞技术。其特点是通过非对称加密算法和盲签名来实现将物理现钞转换成完全存放在可携带芯片上的数字现金。从概念上来讲，这确实是真正意义上的数字化的货币，而不同于将现钞存入银行将其转换成账号余额的货币的数字化的技术。通过安全和通信技术，DigiCash 上匿名的数字现钞可以直接从用户甲交接到用户乙的晶片中。DigiCash 最后并没有成功推广这一技术，其主要原因是因为携带晶片的电子现金在推广到商家的过程中需要与当时已经非常普及的信用卡支付系统竞争。DigiCash 的用户不但比信用卡的用户要少，安装接受 DigiCash 的设备也不便宜，用户经验也不如信用卡，最重要的是并没有给用户和商家带来任何商业利益，破产是必然的结果。另外，互联网的兴起，推动了像 PayPal 一样的可以将货币数字化流程直接推到用户手中，从而满足便捷汇款和网上支付的支付工具的发展，带来了巨大新用户群，导致了数字化货币尝试在与更接近用户的货币数字化技术的竞争中败落。

---

[1] Wikipedia，https://en.wikipedia.org/wiki/David_Chaum.

三、"异币"区块链和分布式账单

过去几年，数字货币和加密货币火遍全球，区块链被推崇为解决目前各种问题的万能工具，也被认为是法定数字货币的技术。但是2017年初加拿大中央银行与最大区块链公司R3进行测试的结果，国际清算银行CPMI数字货币工作组及中国人民银行数字货币研究所对区块链的研究报告，都从构架、效率和安全性等多方面进行了全面的分析，并指出这种技术在这些方面的一些重要缺陷。通过这些报告，可以总结得出下面几点主要结论。

1.区块链／分布式账单属于数据库和交易系统技术，需要从这个层面来分析和比较它的功能、性能和安全性。

2.不同的金融产品（支付、结算、数字现钞、合约流程）需要通过综合不同的技术，目的是解决实际问题。区块链是这个技术生态系统中的一种技术。

3."异币"及其他加密货币不是传统意义上的货币，它们已经被各国监管机构定义为商品(commodity)，和法定数字货币没有任何关系。

4.法定数字货币必须从法律，现有金融系统、安全性、兼容性、可监管性等各个角度提出需求，系统设计。

第二节　从信息管理的角度看货币和金融

一、货币的数字化

当社会进一步发展，贸易从个体发展到公司，经济活动也覆盖更多和更远的城市，这些便于携带而且可以长时间保存的实体货币也遇到了它的极限：运送大量的实体货币于许多城市之间可以进一步简化，这就产生了货币数字化（digitization of money）的需求，也可以理解为货币的记账。记账型货币的推动者是现在所谓的第三方支付，此项服务业的出现使得远距离的经济活动变得安全、可靠、便捷。与以贵金属（黄金）为基础的货币或政府发行的纸币不同，记账型货币给实体经济活动中的交易带来很大的改变。首先，这是第一次将实体货币信息化（第三方支付铺户接受实体货币，在铺户账本上记账），支付需要通过支付指令（支票或银票），最后清算、结算（提出现钞货币），这在实与虚和虚与实之间呈现循环转换。

先进的支付方式最早是在中国的宋朝出现。银票（交子）由商人自由发行。北宋初年，四川成都出现了专为携带巨款的商人经营现钱保管业务的"银票铺户"（第三方转账支付）。存款人把现金交付给铺户，铺户把存款人存放现金的数额临时填写在用楮纸制作的卷面上，再交还存款人。当存款人在铺户开设在另一个地点提取现金时，每贯付给铺户一定的利息。这种楮纸券便谓之"银票"。这时的"银票"，只是一种存款和取款凭据，类似现在的支票。

二、货币交换的信息化：第三方支付

在银票发明之后几百年甚至一千多年至今，虽然通信技术在不断变化，但是从货币作为交换介质的角度，这种第三方转账支付的方式并没有实质的改变。

第三方支付公司将收到的货币计入账本。从记账系统逻辑讲，这个账本是纸质的还是现代的数据库技术，或是区块链，功能上并没有本质的区别（区块链的设计包含了一些改进账单和交易安全性的问题，但没有改变账单的基本功能。其安全性本章有深入的安全分析）。与实体货币或现钞支付不一样，第三方支付的流程需要通过两个不同的处理系统（Infrastructure），分两步进行。一是通信系统，二是结算系统。在两个不同处理系统中实行的结果还需要通过另外的除错和核实步骤。

第一步是在一个通信系统中正确传送支付指令。驿站、邮局、电报网、计算机邮件、快递等，都是这种通信系统。它的功能是正确识别和认证客户，保证信息可以安全从支付人送到接收人手中。银票、支票、ISO 20022 里的支付指令、区块链里的交易字节，都是这个信息的例子。

第二步是将第一步收集到的支付指令进行确认和汇总（清算），通过不同第三方支付系统共享的结算系统，最终改变各自账本中的余额（结算）。

各国中央银行的实时全额清算系统（Real Time Gross Settlement System）、企业及个人转账用 自动清算机构（Automated Clearing House），都是这个第三方支付系统的例子。图 6-1 是第三方支付系统的两个例子。图 6-1 上方是通过传统第三方支付系统的案例。第一步：甲方通过传统邮政服务来传递支付信息，即支票，给乙方。第二步：乙方银行和甲方银行间通过清算机构进行清算和结算。图 6-1 下方是移动支付的案例。第一步：甲方通过短信等电信服务来传递支付信息给乙方。第二步：不同移动支付公司间通过网联系统进行结算。为了确保通信系统和结算系统实行的指令和结果匹配，通过第三方进行独立的对账（reconciliation）步骤是不可缺少的一步。这两个案例说明虽然通信技术改变了，通过第三方支付方式转账必须在两个系统（通信系统和金融系统）上分开进行，从而存在人为错误和故意欺诈的可能，导致效率和安全的风险。

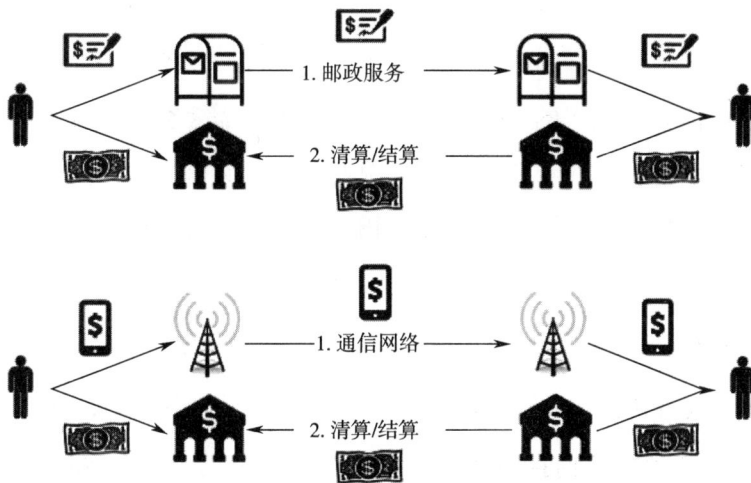

图 6-1　第三方支付需要在两个不同系统上进行信息和货币的交换

三、法定数字货币：实体货币结算的回归

如前所述，物理实体货币的出现，特别是法定货币的出现，给工业社会大多数的个人和商业机构提供了"低成本、低摩擦、低风险"的交易媒介。在这里需要再一次强调，当然，这里的"低"是针对个人和商业机构。"低成本"的意义在于中央银行和商业银行负担了法定货币的管理成本，因此对于个人和其他用户而言没有这些成本。摩擦是指交易过程中的清算和结算导致的交易摩擦和可能的错误。低摩擦指的是由于实体货币可以直接交易实现实时清算：货币首先在甲的手中，交易之后一定在乙的手中，不可能同时由甲乙双方拥有。

实体货币交易过程之所以能够直接进行实时结算，是因为交易双方没有物理距离，无须第三方参与交易过程。在经济活动局限于部落或者是村庄的社会，这种直接交易的方式是可行的。随着经济活动范围的扩大，这种直接交易的方式不能满足远距离的交易，通过第三方的货物和钱币的交易方式就产生了。这种分两条通道（支付信息通道和钱币清算通道）的方式是必要的，原因是需要交易的双方没有有效和经济的直接通信手段。这些状况在移动互联网时代已经完全被改变。由于手机以及数字身份认证和物流交通的普及，原来有距离的人群又被手机拉到一起，回到了原来的类似部落的任何人和任何人都可以直接交易的场景。但是，人们还是在通过各种不同的第三方支付服务系统（银行转账、手机支付都是第三方支付服务系统）来进行交易，并没有充分利用任何拥有手机的个人或商家可以像原始部落社会一样直接进行货币交易。当然从数字安全技术的角度，这样一种纯数字的实体数字货币（bearer digital instrument）直到 2016 年才被运用到商业系统中 ①。这种技术被称为法定数字货币 ②。

法定数字货币是一种安全、不可伪造、所有人都可以信任、认证、流通、持有的类似于物理货币特质的数字实体（digital object）。可以通过任何通信，在第三方支付或者其他交易体系上，直接从甲方交割到乙方的手中，不需要像原来的记账和转账系统一样，需要在不同的体系上进行信息和钱币的移动，最后通过清算和结算来保证交易正确。由中央银行发行的法定数字货币由于他具有类似于物理或无记名

---

① eCurrency Mint，https://www.ecurrency.net.

② ITU Focus Group on Legal Digital Currency，https://www.itu.int/en/ITU-T/focusgroups/dfc/Pages/default.aspx.

票据（barer instrument）的特质，可以提高在今天的数字社会中交易的效率、安全性和可靠性。图 6-2 比较了实体货币和法定数字货币的使用场景的共同点。图 6-2 上方是实体货币交易的场景。改革开放之前，中国实行的是计划经济，银行业并不发达，更没有第三方支付行业。普通民众通常通过邮局直接邮寄现金。与图 6-1 中上方汇款流程不同的地方，直接通过邮局邮寄现金不需要第二步的清算和结算。现金作为无记名票据具有及时清算的功能。图 6-2 下方是法定数字货币交易的流程。由于手机通信系统可以对用户进行身份认证，可以安全地将法定数字货币的数字实体从甲方转到乙方。因为法定数字货币和现金一样具有及时清算的功能，它也不需要像图 6-1 中的第二步清算和结算的过程。因此，通过法定数字货币进行的货币交易比通过第三方支付系统的货币交易具有低成本、低摩擦和低风险的特点。

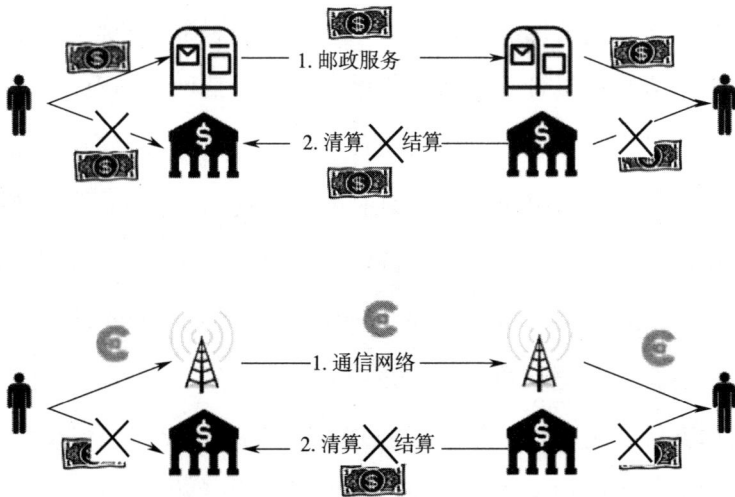

图 6-2　类似现钞通过邮政，法定数字货币可以直接交换和实时结算

第三节　金融科技的信息安全挑战

一、金融科技行业对数字货币的一些误解

通过前面对数字货币的定义和归类分析，可以看到金融科技行业目前对加密货币和数字货币存在较大的误解。这些误解主要体现在没有从法定数字货币的法律、经济和功能的角度去全面定义、设计和决定技术方案，而是从某种特定技术的构架先入为主，来重新定义货币应该具有的功能，比如，人为地限定货币发行总量，从交易系统中去掉承担流动性和服务风险的第三方机构。换言之，这种误解也体现在不是通过具有严格逻辑性和完整的调查去确定法定数字货币需要解决的问题和必须具备的功能这一出发点，而是照搬某种解决完全不同问题的技术方案来设计法定数字货币。例如，某种"异币"技术中的区块链目前被大多数金融创新公司及部分中央银行认为是一种颠覆性技术。但是从法定数字货币应该具有的功能这一角度来仔细分析，区块链解决的问题是在没有信任的群体中通过有效的共识机制来制造信任，并解决重复支付（double spending）而设计的一种冗余记账系统。它解决的这两个问题，在今天99.99％的消费者、商家、政府使用的电子货币支付系统中并不存在。与目前使用的其他支付底层技术相比，基于区块链技术的加密货币和虚拟货币更面临可靠性、兼容性、安全

性和监管性的问题^①。法定数字货币需要解决的是如何在现有的这些电子支付系统上支持一种由中央银行集中发行，并由这些系统安全流通，以致让所有消费者和商家都可信任，高效率的、安全的数字创新。

二、区块链等加密货币再定义

一个国家的货币一定具备计量单位、流通介质和价值储存三个基本特征。但最近几年大家熟知的某种"异币"和其他各种数字货币，并不具备货币的三个基本特征。比如，"元"是人民币的计量单位，dollar 是美元的计量单位。其一，某种"异币"和其他各种加密货币和虚拟货币，还是需要通过当地国家的本币来定价的，因此它并不是当地货币的计量单位，因此缺乏作为货币的第一特性。其二，某种"异币"只能在其独自的网络中流通，具有在其网络上注册的人之间转账的功能，如果需要用其来交换别的商品，它需要通过其交易所（bitcoin exchange）首先换成等量的法定货币。对于消费者而言，也许可以看到某种"异币"ATM，或者接受某种"异币"的商家，这与网商接受支付宝和微信支付没有什么区别，在这些"异币"ATM 或商家后面是某种"异币"交易接受的程度要高过许多个数量级，但是没有人把支付宝称为数字货币，因为它们都是利用货币数字化的第三方支付系统。从这个角度来看，由于某种"异币"并不具有货币应有的计量单位，它并不满足成为货币的第一和第二特性。其三，"异币"是否是价值储存，这个问题需要从法律角度来分析。"异币"在美国和中国还有

---

① 参见中国人民银行科技司司长李伟在 2017 年 1 月 26 日接受《中国证券报》采访时对人民银行刚结束的区块链测试结果的评价及加拿大银行发表的 R3 区块链测试结果。

许多国家被定义成商品（commodity），商品的价格是由市场决定，如石油、大豆、郁金香、乌龙茶，它们是商品，主要用于投资，不能作为真正意义上的价值储存。排除一些政治上偏激的看法，从法律的角度，一个国家的法定货币具有这个国家法律保护的价值储存功能。依此角度论证，地球上已经滋生的656种"异币"均缺乏货币的这三个基本特性。

三、区块链的构架

与许多人理解不同的是，区块链或分布式账簿，既不是分布式的，也不是记账簿，它是通过以集中批处理的方式，对所有交易历史进行记录和处理后而产生的一个过程，并以此来计算当前状态值。在工程或计算机科学定义中，分布式系统通常由几个分区组成（分区之间没有或只有很少的重叠）。其面临的挑战是通过分区内以及分区之间的数据交换而作出全局最佳决策。目前许多商业银行参与的支付系统就是一种分布式系统，这是因为存在管理、法律、IT、客户偏好、地理分布、人口分布等问题而不可能建立一个由中央银行设立并提供全国所有人的账号的系统。而这种一部拥有所有人账号的系统正是这些区块链倡导者所倡导的：整个系统所有状态的副本将对每个独立的分区（甚至所有分区的成员）都是可见的。然而，由于过高的成本以及并不如预期的简化，这种中心化批处理全用户备份的系统实现起来既不实际也不必要。事实上，互联网就是一个分级的分布式系统，其具有足够的冗余度以满足某些应用程序对分布式系统的需求。例如，DNS服务是一组具有严格分级控制的去中心化系统服务。与许多区块链和DLT倡导者所不同的是，互联网并非没有一个对其核心服务进行控制的中心（尽管决策可能是民主的），也不是没有对第三方的信任（想想当网络不能使用时，即使是 WIFI，我们也会打电话给服务商）。

此外，账户余额包含其所有账户的当前状态，因为影响这些状态的所有交易已经被处理并且使用迭代方法对当前状态进行了更新。在使用区块链算法时，要么根据自己算法的正确性来选择信任所有数据的当前状态值，要么每次在有新的交易发生时从整个分类账记录中重新计算当前状态。在这个方面，计算机科学的目标是开发出根据输入数据迅速给出最简单的结果的优化算法，而不是固执使用许多区块链系统所使用的"蛮力"算法。你可以信任自己的算法进行迭代，并且只保留账单的当前状态，或者不信任自己的算法，每次都通过整个交易历史重新计算当前状态。更进一步，由于开始计算时拥有所有交易历史并不能保证得到正确的当前状态，如果不信任计算当前状态的迭代算法而选择相信"蛮力"算法，又如何证明"蛮力"算法总会给出正确的答案？数学中最简单的真理是：应信任作出结论所依据的证据，而不是回到所谓的"常识"，纠结于诸如"因为从开始就有某地方的所有数据，就能正确估计当前状态"。认识到这点非常重要，尤其是区块链现在被认为是从物联网（Iternet of Things，IOT）到医疗系统甚至政府治理的救世主，就好像区块链产生之前整个计算机科学领域对算法复杂性的研究和算法简化都不需要一样。

另外，如何对被认为是正确的状态估计实施保护并且传输给每个参与者？用于计算当前状态的客户端数据副本都必须安全可靠，否则基于这些数据作出的状态估计就不可信。正因为安装在电脑或智能手机上的所有客户端都可以访问这个副本（即使该副本可以被质疑），不能保证它能给你带来不被篡改的结果。对于数据的保护涵盖了对通信信道、数据传输以及客户端所使用的代码，因此必将是十分艰难，但我们深信人类科学文化文明进步的步伐永无休止。

四、区块链的应用场景及解决的问题

区块链技术上使用的是基本的非对称加密，哈希（Hash）算法及默克尔树数据结构，是为了解决"异币"应用中无中心决策方的需求而设计的。实际上，除了上面所述区块链既不是分布式构架，也不是账单，它也不是真正没有中心决策。50%的计算能力完全可以被一国政府或者大型公司掌握。拥有超过51%计算能力的一方某种意义上也就是区块链推动者们说的中心决策方。一些其他加密货币拥护者已经开始质疑"银币"矿工占有80%的技术资源，从而拥有中心决策权。从另一个角度看，许多可以通过区块链系统去解决的问题在现有的金融系统中并不存在。例如，区块链应用的一个假设就是，在纯粹的点对点（peer-peer）的支付系统中，由于没有一方，或者没有可以信任的一方来计算和维护用户在当前状态的余额，因此用户当前的余额必须根据历史交易数据进行计算。这最终导致每一笔交易都需要为所有人提供可验证的签名。在许多采用区块链技术进行清算和结算的银行应用中，首先不存在这些用户不信任结算机构的问题，跨银行的交易系统（实时结算系统RTGS）已经运行多年，并没有区块链推崇者假设的信任或业务问题。当然，所有系统都有改进的空间，但是正确地提高跨银行结算系统效率的方法是：要么发现和定位已经存在的系统设计问题并通过技术手段去解决它们，要么改进交易流程或者围绕交易设计新的流程去解决业务问题。多年以来，企业级应用的构架上都会通过改进非最优化的交易流程并采用新的信息技术来设计和搭建企业级的信息技术系统。通过使用一种原本是用来解决互相不认识也不信任的用户之间交易问题的设计来解决交易流程或 IT 架构问题看起来是非常奇怪的。另外，区块链需要在一部分参与者之间建立加密通信信道，以防止通信内容被无权知悉的其他参与者获取，这会带来一系列新的问题，而且不可能通过最简单的系统解决。任何设计过企业级加密系统的人都会知道，管理密钥的重要性不亚于保障算法及相关协议的安全性。在这样的系统中加上几个私密共享协议、多重签名、同态加密以及共识算法，是不可能真正解决在一群预先毫不信任的区块链参与者之间实现安全的密钥配布和生命周期管理的问题的。

五、某种"异币"及区块链记账系统的信息安全分析

一旦了解并更正了这些区块链文献中使用的术语和定义的错误，便可以像分析其他交易系统一样来分析区块链的应用，并认识到其在安全性和架构方面中的一些设计缺陷，特别是当你把区块链的特点结合到想要解决的问题上时。

以下是对区块链技术缺陷的一些简要介绍。

（一）单点故障

许多"异币"倡导者都非常推崇其网络的可靠性。对于某种"异币"，这样一个极其昂贵和高度重冗余的系统（消耗的电力相当于一个小国家），其致命弱点在于其安全性。想象一下，用于交易签名的非对称算法和哈希算法都会在一定的正常使用期限以后呈现缺陷（美国国家标准研究院 NIST 曾经发布过一个时间表，密钥长度较短的或其他一些现在被认为是安全的算法将在几年后被弃用）。某种"异币"区块链的所有算法和不同的密钥长度都已经完全包含在它近 8 年的历史中。而根据区块链的算法，必须信任整个区块链的交易历史的不可

篡改性才能信任当前状态的计算结果。不难看出，部分早期区块链由于当时使用的算法或者密钥长度已经过时，因此，那部分交易历史可能被伪造，这将导致以此得到的当前状态也不可以被信任。这种系统设计导致一个非常危险的单点故障状态。

（二）混用认证密钥和签名密钥

非对称密钥可以用于认证和签名（如果需要时可用于加密）。根据加密安全设计原则的要求，不同的密钥应该用于不同的目的，以避免将密钥用于多用途而导致数据泄露[①]。在某种"异币"区块链实际操作中还存在更严重的问题：用户需要保护好自己的私钥，因为私钥不仅用于验证身份（发件人和收件人身份验证），还被绑定到其所拥有的"异币"上。通常企业系统设计中，用户丢失了身份验证密钥还可以通过回答一些安全问题得以恢复。然而，丢失了"异币"或区块链私钥，就意味着永久的失去对"异币"的使用权限。很多人现在处于这种情况。这通常对金融系统来说是不可容忍的错误。初始的银行基于中介业务诞生的本质条件在于信誉，货币的诞生、衍生和发展同样根本在于信誉，而并非在于商品，更不在于货币的各类"异币"，"异币"毫无信誉。

（三）缺乏密钥管理和控制

某种"异币"客户端通常在任何计算机或设备平台上生成非对称密钥对，其客户端生成私钥的随机程度对于系统的安全性至关重要。真相大白，事实胜于雄辩，已经不会对下面黑客攻击感到惊讶：一些黑客可能已经发现，一些智能手机平台的随机数发生器（Random

---

① 参见 NIST 和 FICAM 提议。

Number Generator，RNG）非常脆弱，甚至有些设备在生成随机密钥时可用电磁探头来读取该密钥。由于单点故障设计，当那些通过攻击随机数生成系统已经获得了私钥的黑客会在某天发起大规模攻击并给人们带来数百万美元、N 量美元的损失。若任其泛滥，届时，因技术失误酿成的局部，甚至于整体性货币危机，不会亚于因货币政策、财政政策决策失误，管理与监管失误而酿成的局部甚至于世界性的货币危机、金融危机，起码可能酿成局部甚至于整体性的货币、金融风险，致使货币流通混乱。

（四）垂直耦合设计而非分层架构

任何像区块链技术这样复杂的技术都应具有分层架构设计，而不是使用垂直的紧密耦合的系统架构。互联网设计具有七层（OSI 模型）或四层（TCP/IP）。这些层完全不存在耦合，因而可以支持每层具有最大的灵活性和交互性。另外，区块链将用户认证（用户层）、一致性验证（交易处理层）、区块链签名（数据完整性层）和智能合约（应用层）绑定在一起，使其成为一个完全封闭的系统，不可能与现有的银行系统或支付系统等其他系统进行交互操作。这种设计的安全性和架构问题繁多。

第四节 法定数字货币：金融科技的挑战和机遇

一、金融科技在发展中国家的机遇

据联合国统计，在非洲撒哈拉国家和南亚部分发展中国家中有近

80% 的公民没有银行账户。抛开特定的政治、经济因素，这类国家中央银行面临的一个重要问题是如何为这些国家大多数公民提供普惠金融服务，从而达到提高人民的生活水平、刺激经济发展的目的。从世界银行的普惠金融联盟（Alliance for Financial Inclusion，AFI）、英国的金融体系深入（Financial Sector Depenning，FSD）、美国的 USAID，到比尔盖茨基金，它们在过去十几年一直在这些发展中国家推动数字金融，特别是基于移动支付的各种技术创新，如肯尼亚的 M-Pesa 等。这些数字金融措施在过去十几年为这些国家普惠金融起到非常巨大的推动作用，甚至在某些国家，移动支付总量占到 GDP 一半以上。但是这些创新技术也给它们带来了兼容性与监管、清算和结算的安全和效率等方面的诸多问题。

二、金融科技在发达国家和中国的机遇

在发达国家和中国，绝大部分公民拥有至少一家银行账户，同时还享受多种便捷非现金支付手段，如信用卡、支付宝和微信支付等。由于这些第三方支付系统是通过银行账户实现转账和支付，因此并不存在上述一些发展中国家移动支付带来的监管、兼容、清算和结算安全和效率的问题。这些国家金融系统需要关注的主要问题是高度发达的虚拟经济，即股市、期市、外汇、各种基金等流动性、信贷、结算等风险管控问题。中央银行目前只有通过行政手段（立法和各种规则）以及审计来管控这些风险。基于某种"异币"等加密货币的金融科技，在过去几年被认为是解决这些实际问题的可行方案。这些系统的特点包括：（1）用集体共识机制（如联盟链）来取代"异币"去中心概念；（2）用多边加密机制来代替公开链，从而提供数据权限控

制以保护隐私；（3）用多个分链及链对链协议来提供不同区块链之间的兼容性，从而取代所有交易存放于一个区块链带来的效率和兼容问题。除了某种"异币"和类似的数字商品，目前最大的私有链平台Hyper Ledger 和 R3 的 Corda，已经和传统的基于关系数据库、权限控制、数据加密、交易协议的技术没有本质上的区别。实际上，R3 已经公开证实 Corda 不是基于区块链，HyperLedger 是基于分布式账单构架。需要指出，在这些虚拟经济金融系统中实施这些新技术平台最大的挑战还不是将目前所有金融系统的软件和工作流程升级到区块链技术将带来的巨额费用和时间上。从根本上论证，这项技术将颠覆的主要是这些虚拟经济金融系统操作者之间的商业和利益关系。与第一类国家实施法定数字货币是为了润滑实体经济、提供普惠金融服务的目的不同，第二类国家实施法定数字货币的目的主要是提高虚拟经济金融系统的透明性和抗风险性。由于需要解决的问题不同，因此选择的技术方向也不同。这类国家比如英国、加拿大，还有一些城市国家比如新加坡等，它们的中央银行已经开始测试基于区块链和结算币（settlement coin）的沙盒测试。正如英国中央银行 2016 年发布的《中央银行发行的数字货币及其宏观经济影响白皮书》中提到的，其目的是降低虚拟经济金融系统的风险，提高透明性和可监管性，从而提高流动性和效率，达到刺激经济的作用。加拿大中央银行在过去一年通过 R3 CEV 公司对区块链进行了为期一年多的技术测试，参与企业包括 7 家商业银行和 Payments Canada（类似中国银联）。这项相对比较全面的测试得出非常负面的结论："使用区块链技术将给大规模支付系统带来更高的运营成本和风险。"在发达国家和市场中推动金融科技的挑战，将是如何从使用场景出发，改进和调整目前区块链技术的设计和发展方向，解决现有金融系统中的具体问题。

中国既有世界最发达的移动支付技术和覆盖率，同时也面临高速发展的虚拟经济及其金融创新带来的挑战。由于中国传统上对金融的监管具有强有力的法律和规则等行政手段，它将可能开发出综合上述两种方案各自的优点，从而同时解决实体和虚拟经济金融系统问题的可行解决方案。

三、法定数字货币的要点

要理解法定数字货币，首先要理解原生型实体货币（现钞）概念。首先现钞（fiat currency）除了具有上述计量单位、流通介质和价值存储等特性之外，在目前绝大部分国家，它也是一个法律概念。全球两百多个国家地理位置、经济发展、政治制度、国家体制等各异，但是所有国家都有中央银行，以及关于货币发行和管理的法律。在研究 180 多个国家的关于货币发行和管理的法律和条例之后，可以总结以下几点：以《巴基斯坦中央银行法案》（*The State Bank of Pakistan Act*，1956，2015 年 11 月整补）为例：

1. 第 24 节：中央银行拥有唯一发行现钞的权利，可以通过需求提供给商业银行，并适用于巴基斯坦全境。

2. 第 26 节：现钞发行必须通过完全独立于银行部门的现钞发行部门。

3. 第 27 节：中央银行发行的现钞的面值、材料、设计必须通过联邦政府指定的委员会批准。

根据上述法律，中央银行一直就有发行法定数字货币的权利，在过去计算机快速发展的几十年中，也有中央银行和创新公司不断地尝试过发行数字现钞的案例。以下通过案例进一步解释在过去信息化社会和目前数字化社会里，法定数字货币成功需要的其他的特性。

在数字时代，法定数字货币应该具有什么样的特性才能成功呢？图 6-3 描述了法定数字货币特性的决策数示意图。第一，法定数字货币不能是基于货币数字化技术的支付系统，也不必要。它必须是由中央银行发行的，非记账形态的，具有不依存于支付和通信系统，类似物理货币特性的数字化货币。第二，数字货币的发行必须是中心化的（只有一个发行权威机构——中央银行），但是它的流通必须是分布式的。而且流通这个法定数字货币的系统一定不是从新构建的，而是现在就已经建成的各种支付系统。第三，对于这些已经建成的支付系统，它们的商业模式和支付流程不会改变，但是它们将不再记账，而是直接使用中央银行发行的法定数字货币字符串作为支付单位。

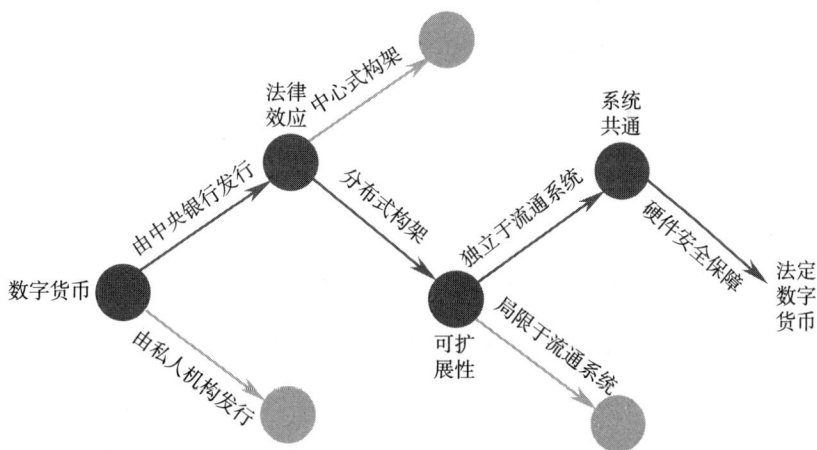

图 6-3　中央银行发行法定数字法货币的必要条件

法定数字货币的概念从根本上改变了物理货币的形态和远程货币流通的流程。法定数字货币不是实体货币以数字化记账和支付指令、清算、结算来完成远程流通。法定数字货币是通过数字安全技术实现的在数字世界中的实体货币，它是通过加密硬件来保证数字货币单元的唯一性，通过计算机网络的安全身份认证和安全传输机制，让数字货币可以在数字世界安全认证的基础上实现类似于实体货币在物理世界一样的实时结算（instant settlement）。

四、法定数字货币发行和流通模式

金融体系是一个非常复杂的基础设施，关系到一个国家的主权、对外贸易、经济政策、人民福利、商业繁荣等。它不但由多层的技术来支撑，也由不同的商业实体、不同的监管机构及不同的商业和个人用户构成。大部分人对金融体系只能了解对他们日常生活有影响的那些技术层次、商业机构和监管部门，对于机理性的本质内容几乎一无所知。如同一个国家的法律、条例等，金融体系都是经过许多年的积累和通过许多错误和案例的经验与教训的总结，从而筛选、升华适合这个国家在这个阶段的金融所需而构建。它的功能和本质不由技术的革新而改变，技术和革新必须从了解金融系统的功能和约束入手，来解决现有体系中的问题，而不是以技术为基础，提出一套封闭的沙盒系统，来颠覆现有的法律、制度和监管框架。比如，某种"异币"限定其总量的特性，在现代社会的金融系统中没有任何法律、制度和经济学基础。

本书中法定数字货币是基于对目前金融系统中现钞作用的理解，通过利用现有金融体系作为法定数字货币流通的管道，在维持现有法律、监管和金融创新技术的基础上，实现了一种全新的数字货币形态的改变。如图 6-4 所示，中央银行在这个模式的第 6 层，它的功能是按照中央银行已确定的 M_0 的管理和政策，通过法定数字货币的技术，安全地发行本国所需的所有法定数字货币。通过法定数字货币技术和接口，第5层的商业银行可以接入中央银行法定数字货币系统，提供法定数字货币的批发及流动性风险管理等服务。第4层的网联和银联将不同的零售银行和其他第三方支付系统连接起来。目前的银联和网联需要通过清算、结算和对账，如果这些由银联和网联连接的第三方支付系统和零售银行流通的都是中央银行发行的法定数字货币，它具有及时清算的特点。第3层的支付和汇款服务公司将法定数字货币直接提供给它们的用户。第2层的支付应用除了提供用户支付界面以外，还可以向用户提供法定数字货币的认证和防伪功能。第1层提供数字社会最基本的服务，即身份认证。

数字金融是一套复杂的系统。类似互联网的7层服务模型（根据OSI模型）图6-4的多层法定数字货币的发行和流通模式提供了一种切实可行的架构，既保证了目前法律和金融监管的完整性，充分利用了现有的金融基本建设的投资，还给现有金融科技公司（支付宝、微信支付）和创新技术（基于区块链和分布式账单的支付系统）提供一个公平竞争的平台。

法定数字货币发行及流通的多层模式

层	责任者	功能	安全措施	安全目标	技术提供公司	
6	中央银行 财政部	发行和 监管	法律和 政策	M_0 控制	法定数字货币	发 行
5	金融 机构	汉动性 风险	金融 风险	安全 流通	HSBC BARCLAYS RBS	批 发
4	银联 网联	交易 平台	交易 安全	兼容的 安全性	VISA m-PESA PayPal	
3	收单 公司	支付 收单	硬件及设备 安全	支付及收 单安全	First Data	流 通
2	应用 开放商	接口	应用 安全	防伪	支付宝 pay Pay	
1	服务商	身份 认证	用户 安全	身份 安全	Pay with Touch ID fido alliance	使 用

图6-4 法定数字货币由中央银行发行，通过现有和将来的金融科技体系流通

五、法定数字货币的基本技术方案和实际推进现状

法定数字货币是一种由中央银行发行，通过商业银行等其他金融机构批发，最终通过现有移动支付以及其他新型电子支付系统提供给大众、商家、企业及政府等客户流通使用的高科技数字安全产品。eCurrency 是一家位于硅谷面向全球市场的金融科技公司，其核心技术是目前最先进也是唯一实现商业运营、无须改变客户体验，并首个获得国际电信联盟支持及标准化的法定数字货币产品公司。eCurrency在过去五年中通过与二十多个国家（这些国家的特点：缺乏现代银行服务，但具有高度移动支付人口的发展中国家）的中央银行、商业银行、移动支付公司等合作，成功地设计，并大规模试运行了这一产品。2016 年 9 月，eCurrency 在西非塞内加尔正式商业营运并逐步推广到西非八国货币联盟。

不同于目前的虚拟货币、电子货币及区块链等技术，eCurrency的产品不依赖于某种密码安全技术，而是通过系统的吸收现代货币生产管理流程、硬件加密技术、分布式账单架构，并通过与现有的银行结算、移动支付终端、网银及移动电子钱包等现有的支付系统接口，实现以下功能：（1）中央银行通过硬件加密技术可以完全控制法定数字货币的发行总量；（2）银行及任何现有第三方支付公司通过简单的接口安装在支付系统后端，由中央银行管理的硬件加密设备来流通法定数字货币；（3）由于所有系统流通的都是法定数字货币，可以从根本上解决不同第三方支付系统间不兼容的问题；（4）大幅度简化目前不同系统间支付、清算、结算的流程，实现即时现金结算的效率、完整性及防伪功能；（5）使用现有第三方支付系统的客户不

需要改变用户体验；（6）中央银行可以完全实时监管法定数字货币的流通、总量，及其他微观及宏观经济指标；（7）由于第三方支付公司流通的是中央银行发行的法定数字货币，中央银行无须通过储备金来监管（它们从中央银行／银行直接购买法定数字货币）；（8）客户无须顾虑从哪家第三方支付公司取得服务，可以对法定数字货币有与现钞等同的信任；（9）中央银行可以通过发行法定数字货币获得铸币税（Seigniorage）。

eCurrency 提供可以由中央银行来发行、与现有金融体系接口的法定数字货币系列产品和服务。与印钞造币需要的特殊材料、设备、工艺、技术类似，eCurrency 提供一系列的法定数字货币发行及流通、监管硬件和软件，中央银行对产品具有完全控制（基于硬件密钥管理）。

eCurrency 法定数字货币的发行、配置和流通和现钞雷同，具体如图 6-5 所示。

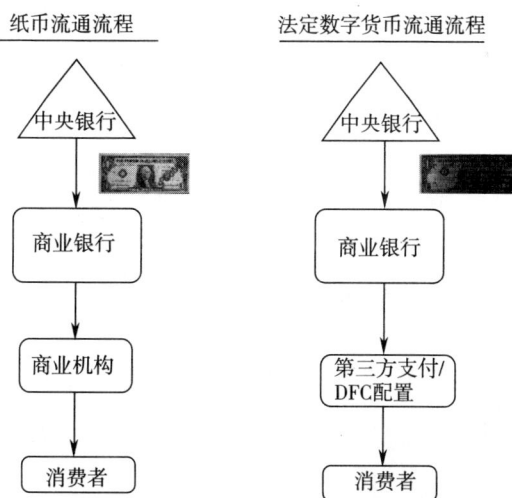

图 6-5 法定数字货币可以通过类似现钞的现有渠道和流程流通

eCurrency 法定数字货币产品主要由线上和线下两大部分组成。线下部分主要提供安全、键管理、设备管理及与现有现钞管理体系接口的功能。线上部分主要提供与现有金融系统接口，提供不同支付系统兼容、即时现钞结算、中央银行即时监管等功能（见图 6-6）。

离线设备提供根键、法定数字货币总量管理，及加密硬件的安全保障

在线发行管理，安装子中央银行数据中心，提供身份认证、设备管理、法定数字货币风险管理、监管数据处理及显示

在线法定数字货币安全流通设备，安装在法定数字货币流通渠道，包括银行、第三方支付、网联出入口、支付系统接口

以上系统通过标准SOAP接口与现有银行、第三方支付、网联出入口、支付系统接口与上面法定数字货币系统连接

图 6-6　eCurrency 法定数字货币发行和流通产品架构

第五节　法定数字货币展望

移动支付和其他数字金融服务正成为对于许多国家的社会经济发展领域的电信 / 信息通信技术（ICT）主要成功案例之一。移动金融服务为强化经济增长和发展提供了新的契机。与此同时，移动金融服务对电信 / 信息通信技术产业的发展也起到了助推器作用，在某种程度上夯实了行业发展基础。与移动支付的簿记存储于移动支付提供

商的私有账本中不同，法定数字货币是由中央银行发行并通过密码学保护的数字对象，在法律上等价于纸币。目前，国际电联已设立法定数字货币焦点组（ITU Focus Group on Legal Digital Currency），对数字货币特别是法定数字货币进行更严格的定义、归类，并对过去将近十年的数字货币技术进行整理和分析，并将从监管、法律、架构和安全等方面和标准化的角度提出建议和可行性方案。目前，欧洲中央银行、国际清算银行、中国人民银行数字货币研究所、前肯尼亚中央银行行长等专家和商业银行、金融科技公司、互联网安全公司，以及普惠金融及消费者保护协会等组织积极参与这项标准制定的重要工作，包括美联储、英国中央银行和中国人民银行在内的多家中央银行已经表示它们正在进行中央银行发行数字货币的研发和工作。雷同原生型实体货币形式的法定货币，在过去和将来在金融包容性中的关键角色相同，法定数字货币必须对一个国家的所有公民可用，并且对数字金融服务中的互操作性起到催化加速作用。如今，电信 /ICT 基础设施为中央银行发行数字货币实现该目标提供了最佳平台。在未来，法定数字货币将需要 ICT 平台建设更加高效、安全且可以提供无缝协作的服务。

法定数字货币焦点组将针对法定数字货币平台进行调研，重点关注平台的特点、特征和安全挑战，从而抵御数字形式的货币伪造，并克服与其他支付系统进行互操作的挑战。

法定数字货币焦点组将与来自中央银行、ICT 法规机构、金融机构、金融服务提供商、安全领域、全球平台组织和 IOS 等标准机构以及学术界的专家共同合作，致力于法定数字货币的管理、ICT 基础设施支持、安全方面的工作，并通过 ICT 项目和解决方案来增进金融普惠目前所取得的成果。

法定数字货币焦点组将对基础设施服务领域的 ICT 方案和项目进行分析，了解安全和互操作性数字化工具以及它们的应用如何提升现有的普惠金融方案和项目。对于这些方案和项目所涉及的法规、安全、协议和过程等领域，ITU–T 研究组可以进行规范化并形成最佳实践，促进这些方案在全球范围内实施。

法定数字货币焦点组主要目标如下：

● 对于法定数字货币实现的普惠金融生态系统进行调研。

● 绘制具有功能网络参考架构和实现法定数字货币所需流程组件的流程图，结合现有支付系统从而实现互操作性。

● 确定法定数字货币的使用案例、需求和应用。

● 增强对法定数字货币的安全、监管启示、消费者保护、诈骗预防和伪造方面的问题以及法定数字货币如何处理这些问题的了解。

● 为国际电联电信标准化部研究小组标准化确定新领域。

法定数字货币焦点组主要任务包括：

● 创建法定数字货币法律、法规和政策方面文件的知识库，作为治理基础。

● 收集整理法定数字货币相关者现有计划的信息，包括开发中的用例、需求，以及世界范围内的数字金融服务相关标准。

● 分析现有 ICT 基础设施服务和无缝协作法定数字货币解决方案所需要的基础设施之间的差距。

● 从现有通过整合传统支付系统与法定数字货币而获得不同支付系统间互操作性的工作中收集实践和经验教训。

- 对应用于法定数字货币的架构和 ICT 基础设施进行调研。

- 对在现有法定数字货币的实施过程中学习得到的益处和经验进行评估，涵盖教训方面的记取和总结，重点关注法定数字货币增强金融服务安全性和互操作性方面的影响，从而推进普惠金融。

- 对适用于 ICT 基础设施中不同组件的现有安全标准和其他标准机构以及工业联盟的最佳实践进行评估。

- 对数字货币现存标准工作进行调研，从而确定 ITU–T 进行标准化的范围。

- 法定数字货币焦点组应在上级组进行会议的四周之前将交付成果发送给上级组。

法定数字货币焦点组的主要交付成果包括：

- 收集文档，为从中央银行和监管者的角度出发的法定数字货币治理提供参考依据。

- 对法定数字货币和其生态系统的术语和分类方法进行定义。

- 就法定数字货币生态系统作出报告，对利益相关者的角色和责任以及金融普惠用案例进行描述。

- 就实施法定数字货币所能带来的互操作性场景编制报告。

- 开发用于数字货币实施的安全架构和参考模型。

- 就法定数字货币以及与现有支付系统的整合框架作出报告。

- 就法定数字货币中的大数据分析用案例进行报告。

- 就法定数字货币以及合规保证框架的 ICT 安全和管理参考模型生成报告。

- 就 ITU–T 研究小组可以进行标准化的新领域提供报告。

　　法定数字货币的功能是为主权国家的实体经济提供安全、可靠和类似现钞功能的定型的法定货币。人类正在以飞快的速度进入真正意义上的数字社会，大部分数字社会中的行动将是经济活动。参与这些经济活动的对象不但包括个人、企业、政府，也将包括数字社会中产生的新的个体和群体，如自动驾驶汽车、机器人、IOT等。一种低成本、低摩擦、低风险，可以由所有数字通信系统安全流通的真正意义上的法定数字货币将是人类数字社会中最为重要的一项基础建设系统。

本章思考题：

　　1. 以综合理念、集成思维论证法定数字货币技术。

　　2. 简述对法定数字货币的展望。

第三篇

法定数字货币
行业管理与风险防范

第七章

原生型实体货币运行换位思考 N 则

◎ **本章概要：**本章分为十一节，主要介绍了在不同时期针对原生型实体货币安全的认识与风险防范举措，包括反洗钱、大额用现风险，日常业务操作过程中差错、事故、案件风险等。运用若干传统的和现代的货币金银业务操作程序，可以避免即可能发生的风险。

第一节　境内或跨境大额使用现金及支付交易概念与监管

原生型实体货币运行、运作、运营风险防控严肃、严格、严密。沿着原生型实体货币运行轨迹换位思考，从创造法定数字货币过程中得到启示，科学预设万无一失的安全方案，对未来法定数字货币管理与监管者至关重要。针对大额用现、洗钱、电子信息诈骗等不法犯罪行为，从广义范畴解析风险防范，未来均有可能构成法定数字货币风险防范要素。

有形态的现钞（M_0）与无形态的转账结算货币，构成货币存在的两大类型，而现钞一般在货币总量中的占比为 5% ~ 10%。现钞货币的发行与监管是银行业金融机构，特别是各国中央银行的基本职能。现钞货币的运行涉及自身与外部、直接与间接的若干关系，有事物存在与发展的矛盾运动，也有因矛盾运动而引发的风险事宜。依据分段多值函数理论，可以将货币运行程序分段描述为基础货币、派生货币、待发行货币、已发行货币、出入国境货币、注销货币、伪造货币等。这样以时间为横坐标，以各货币变量在不同时间的取值为纵坐标进行研究，将在形式上构成的不等量，在本质上存在共性的变量关系分段考察。无疑，货币的总和减去假币才等于真正的货币总量。从中可以观察到，假定在将货币划分为七段的前提下，其后五段均涉及原生型实体货币直接运行范畴，如果以形态和量化解析，即是排除了转账支付清算货币之后，那个在货币总量中占比为 5%~10% 的实体货币量，不单纯是阿拉伯数字数据，它们在运行、运作、运营的全过程中均呈现立体状态。

中国人民银行公布的《人民币大额和可疑支付交易报告管理办法》（中国人民银行令2003年第2号）明确规定，大额支付交易是指，法人、其他组织和个体工商户之间金额100万元以上的单笔转账支付；金额20万元以上的单笔现金收付，包括现金缴存、现金支取和现金汇款、现金汇票、现金本票解付；个人银行结算账户之间以及个人银行结算账户与单位银行结算账户之间金额20万元以上的款项划转。同时，规定了局限在短期即10个营业日以内经营货币，属于15种可疑支付交易的行为包括：短期内资金分散转入，集中转出或集中转入、分散转出；资金收付频率及金额与企业经营规模明显不符；资金收付流向与企业经营范围明显不符；企业日常收付与企业经营特点明显不符；周期性发生大量资金收付与企业性质、业务特点明显不符；相同收付款人之间短期内频繁发生资金收付；长期闲置的账户原因不明地突然启用，且短期内出现大量资金收付；短期内频繁地收取来自与其经营业务明显无关的个人汇款；存取现金的数额、频率及用途与其正常现金收付明显不符；个人银行结算账户短期累计100万元以上的现金收付；与贩毒、走私、恐怖活动严重地区的客户之间的商业往来活动明显增多，短期内明显发生资金支付；频繁开户、销户、且销户前发生大量资金收付；有意化整为零，逃避大额支付交易监测；中国人民银行规定的其他可疑支付交易行为；金融机构经判断认为的其他可疑支付交易行为。2016年，中国人民银行对上述涉及资金、现金支付汇划的数量规模进行了调整，其中明确跨境支付交易的单笔转账支付金额达到20万元需要报备，单笔现金收付金额达到5万元需要报备，可见监管更加严格了。

以上针对归属大量使用货币的行为，配套着一些对应的管理措施，在本质上体现一个"严"字。若一笔一笔的大额用现连续发生，即构成大宗用现，量化数据可能是几十万元、几百万元、上千万元，也可能是数亿元。事实上，大宗货币的流通，应该通过支票、本票、汇票、银行卡或者电子货币等转账结算的方式进行，这是货币分类和科学运行趋向，是先进货币文化的体现，是人类文化文明发展的象征。相反，大宗使用现钞的现象，即构成货币运行过程中一种违背科学规律的落后势态，涉及产生繁重或无效劳动，防范洗钱、偷逃税款，甚至货币自身安全等议题，弊端颇多。因此，凡发生大宗用现行为，必然会受到监管与限制，银行柜面的强化管理系有法可依，顺情合理，这同时也是货币流通规律锁定。关于反洗钱的有关规定具有鲜明的、现实的国际意义和国内意义，一方面，银行业反洗钱指导性文件的制定，目的在于使该项工作列入法律规范，着眼点是为了扼制腐败，打击走私、贩毒与金融犯罪等不法行为，以促进社会安定。所以，它要讨论的是特殊性问题，扼制的是个别少数的不法行为。另一方面，即应该说明，凡涉及人们正常经济生活的交易行为是不受影响的，储户的储蓄是受到保护的，正常合法的权益是受到保护的，银行与金融部门会更加提高服务效率和质量。

现金管理的难度较大，包括涉及对现钞、银行卡、账户、大额提现、代币券的管理均是如此。银行业金融机构大额提现 20 万元、30 万元、40 万元、50 万元、100 万元现金被视为正常，如做汽车买卖。特别是小银行大额提现的登记台账工作量太大了。查企业的现金业务库存很困难。在强化货币管理时，研究自然人与机器人、计算机与电脑网络的吻合至关重要，以计算机替代或者辅助传统的现金管理模式是现钞实体货币管理的革新与革命。建立和依托科技账务网络管理系统对现金实施管理，分别编制中央银行与银行业金融机构的专用程序和版本，锁定目标、理顺关系、减少程序、捕捉信息、备案备查、提高效率、防范风险，可以及时掌握大额提现的动向，可以事先发现洗钱的苗头，真正起到和实现反洗钱、防逃债、防逃税、防逃汇套汇等初衷，实质上这已经成为法定数字货币产生的理念。

作为"三票一卡"手机移动支付等结算工具，其归于"两点运作"，从始点到终点，终将归行，有出处、有入处、有时限、有轨迹。现金则大为不同，一旦步出银行即不知去向，归来无时、归行无处，钱非固定。钱的运作是隐现的，商品流通引发货币流通，经贸往来引发货币流通，债市、股市、资金拆借引发货币流通，货币流通又反向作用和引发市场经济的繁荣。例如，某地蔬菜交易市场的货币运作，在两个外地买卖者和当地市场与银行两个管理者之间，先后发生了质的转变：（1）货币回笼型：①外埠城市携带大量现金至异地交易市场买菜；②市场营销与管理部门收纳现金并交存银行；③引起异地银行商品性货币回笼。（2）货币投放型：①外埠城市汇款至异地交易市场买菜；②市场营销与管理部门无收纳现金行为；③买主到异地银行取现付给卖主，卖主携现金返回外地，即引起异地银行商品性货币投放。对于明显大额提现应该建立监控机制。凡超额、超规定大额提现，应引起高度警觉，要及时看到提取行为，不要视而不见或者无动于衷，从而跟踪处理，弄清其到底要干什么，最终的目的是什么。例如，某企业填制"差旅费"项目，每天到银行取现金 8 万元或 9 万元，连续 5 天不停，其总计约为 50 万元存款即被取光。其中是否有问题？到底是作为差旅费，还是移作他用，还是存在避税、债务问题，还是钱被洗掉了？没有钢铁般的管理力度和铁的手腕，对于现金管不住，也管不好。银行业金融机构与企业的利益属于互动、互通关系，相互间作为条件吸引，牵扯面极广。银行业金融机构提现大体形成规律，若出现异常即会十分明显，应该对此进行监控。为了真正做好此项工作，对此除应配备高素质的人，更为重要的制约条件是讲求科学。从某种意义上说，包括一些银行业金融机构在内的现钞实体货币的体外循环都是隐秘得无影无踪，而法定数字货币的理念根本在于透明，避实就虚，转虚为实，要将那些不知去向的原生型实体货币抓回来。

　　大额提取现金也称大宗提现，其在一般情况下不应该成立，因为在一般情况下，大宗用现行为若发生，即应采取转账形式，这样既快捷又安全，可谓事半功倍。相反，几十万元、几百万元，甚至几千万元现钞，涉及数量问题、安全问题，煞费苦心、劳民伤财，可谓事倍功半，得不偿失。大额提取现金概念可分为两类：一是指一次性硬性豪洗巨款，可能超过百万元、千万元，可能先通过转账转移资金过程再到现金提取过程，当然也可能暂时不转为现金。这类大额提取现金形式可能是一笔罪恶的洗钱行为，是通过提取现金这样一个过程将犯罪收益的赃钱、黑钱进一步伪装、掩饰、隐瞒和藏匿，使其合法化。洗钱行为多可能构成国际性犯罪，更与腐败、走私、贩毒、赌博等相关，它会干扰正常的金融、经济与社会秩序，是现金管理内容的重中之重，是首当其冲的监测与监管目标。二是指可疑性积少成多的大额提取现金行为。其提现数量可能是一次性20万元以下，但是它换时换地，作为短期行为，在不停地提取，特别是在政策容许的可能范畴内，打擦边球，逃避管制，最终达到大额提取现金的目的。这类大额提取现金形式若出现大范畴的现象，其构成的洗钱金额、程度，其实要比少数人那种一次性硬性豪洗巨款的犯罪行为更为严重，其更应是强化现金管理的重点。对于洗钱行为，金融行动特别工作组（FATF）、巴塞尔委员会等金融机构或政府机构，以及类似"太平洋周边地区打击洗钱及金融犯罪会议"等，均有严厉打击的规定。

第二节　反洗钱、反恐怖融资和反逃税

2017年7月4日，反洗钱工作部际联席会议第九次全体会议召开，会议传达了中央全面深化改革领导小组审议通过的《关于完善反洗钱反恐怖融资反逃税监管体制机制的意见》和国务院批准的《应对金融行动特别工作组第四轮反洗钱和反恐怖融资互评估工作方案》精神，这是包括未来法定数字货币在内的开展反洗钱工作的行动纲领，反洗钱是需要摆上日程的金融使命。

洗钱概念与行为的剖析是提升反洗钱认识和做好反洗钱工作的前提，不能因为现钞服务了洗钱而急于消灭现钞，而是要打击洗钱，呈现无现金城市甚至社会，但是洗钱行为只要存在，就会利用货币流通的其他渠道进行，甚至采纳科学技术洗钱。

一、什么是洗钱

洗钱又叫"倒钱"，或叫"打数"，是逆施的货币运作方式，

是货币发行当局禁忌的范畴，是一种违法犯罪行为，是各国执法部门打击的目标。对洗钱的确认存在基本概念。1988年12月19日，《联合国反对非法交易麻醉药品和精神病药物公约》中规定的洗钱是指，为隐瞒或掩饰因制造、贩卖、运输任何麻醉药品或精神病药物所得之非法财产来源、性质、所在，而将该财产转换或转移者。这是初步考证的世界上较早以文字规范的洗钱概念。巴塞尔银行监管委员会从金融角度将洗钱定义为：银行或其他金融机构可能无意间被利用为犯罪资金的转移或存储中介，犯罪分子及其同伙利用金融系统将资金从一个账户向另一个账户作支付和转移，以掩盖款项的真实来源和受益所有权关系；或者利用金融系统提供的安全保管服务存放款项。金融行动特别工作组（FATI）作为全球性的反洗钱国际组织，其对洗钱概念有更加高度的升华与概括，认为：凡隐匿或掩饰因犯罪行为所取得的财物的真实性质、来源、地点、流向及转移，或协助任何与非法活动有关系之人规避法律应负责任者，均属洗钱行为。其实质或核心概念是确认洗钱是犯罪行为，在此前提下以便开展后续的相关工作，包括斗争与打击。国际反洗钱组织主席卢古嘉利曾经向人们介绍该组织反洗钱的数条建议和参加该组织的必备条件：认定洗钱是犯罪行为；了解你的客户；建立可疑资金报告制度。最新的洗钱定义认为：所谓洗钱，是指将犯罪所得及其收益通过交易、转移、转换等各种方式加以合法化，以逃避法律制裁的行为。

二、依照货币形态解析洗钱

洗钱行为只有从有形态货币和无形态货币的分类与转化上才能彻底说清楚。一般情况下，洗钱的第一步是从无形态货币开始的。

为了达到诈骗资金或偷漏税款等目的，案犯首先从一家银行将某笔款项划付到另一家银行，或通过银行间的连续汇划，使资金得到转移。怎样才能逃脱呢？这就是洗钱的第二步，即进行从无形态货币到有形态货币的转化，将款项以现钞的形式从银行账面上摘下来。此种行为也可能是大额提现，也可能是分散提取，总之要实现全额提出，以消除蛛丝马迹。洗钱的第三步，是设定有形态货币向无形态货币的倒流，将从某些银行取出的大量暂时无用，又不便安全存放的现钞，以偷梁换柱的手法，如通过赌场，或者根本不再通过什么样的形式，再将其存到另外的一些银行去。至此，一笔洗钱，在有形态货币和无形态货币之间，汇来汇去，取来取去，存来存去，即产生了"断线"现象。所谓洗钱，洗掉的不是钱，而是钱主，经过以上三步，谁是真正的钱主已经不知道了。

洗钱使非法所得通过伪装逃避，在短瞬间或通过长期蜕变，从隐蔽到公开构成合法化，事情的来龙去脉也就不容易再弄清了。因为洗钱的数额一般都比较大，所以此类风险也较大，是金融监管和防范的重点。

以上是一个相对微观的概念，在打击洗钱行为时其可操作性极强。世界是对称的，事物是辩证的，无独有偶，对洗钱行为的相对宏观概念认为，洗钱分为三个阶段：一是放置阶段，即把非法资金投入经济体系，主要是金融机构；二是离析阶段，即通过复杂的交易，使资金的来源和性质变得模糊，非法资金的性质得以掩饰；三是归并阶段，即被清洗的资金以所谓合法的形式加以使用。此概念也可被认识为宽泛的广义概念，属于理性较强的抽象归纳。

三、洗钱的具体描述

1.本质鲜明。洗钱涵盖一个完整过程，也必然出现一个后期结果，通常带有国际性、地域性，其本质特征是最终以现钞为载体，实现赃钱、黑钱合法化。洗主暗箱操作，构成洗钱的最关键环节，是以地下钱庄或以其他形式出纳、存取、运输现钞。从已经发生的事实看，洗钱行为直接服务于走私生意，大量经营洗钱生意已经是构成违法犯罪的一种社会行当。洗钱会获得高额利润，洗钱赚大钱，这也是洗钱犯罪行为愈演愈烈的根本原因。地下洗钱的组织化、规模化，尤其是地下钱庄的泛滥，已经在一定程度上替代了银行的部分功能，成为外汇黑市的一种重要表现形式。钱庄外延的日趋扩充，实际上也促使国家金融监管体制不断完善。

2.数量显著。洗钱的数量触目惊心，反洗钱的形势十分严峻。据悉，一些洗主每天因洗钱引起的出入现钞量，近乎超出一些国家的基层小银行，千万元的现钞流快捷地、潜移默化地在境内外或者地域之间展开，有走私黑钱、腐败黑钱、逃避国家监管和税收黑钱等，潜意识地形成一股现钞暗流。

3.形式与手段。无疑，资金顺利周转在洗钱链锁中，与现钞并列，构成不可缺少的要素，这就要求研究转账货币的账户问题。纯粹做洗钱生意的地下钱庄，其在境内账户进钱，境外账户出钱，只有把境内收取的现钞顺利运至境外或者他地，整个洗钱的资金链才能顺利解开。洗钱的逻辑往往远非常人所能想象，一些钱如何从境内操作至境外，由此地运往他地，甚至连警方也无法作出清晰的判断。由于资金往来数目巨大，洗主经常以多个空壳公司名义，在银行开设多个账户，为不露破绽，还会不停地频繁地更换账户，并在新账户建立后，尽快将老账户的资金转到新账户。洗主在境内外的整个洗钱交易过程多通过通信往来进行，除去直接向客户提取现钞外，洗主绝不会与客户直接见面。他们之间没有任何合同或契约，而是完全靠信誉办事。洗主不惜本钱，能够做到先替境内客户在境外支付外汇，再向客户收取酬金和佣金，目的只是取信于客户。洗主像码头水产市场上的早市定价一样，习惯性地商定当天的外汇汇率，接下来再与境内购汇客户商定汇率。购汇客户会将境外受益方的银行名称、账号、购汇金额等资料告诉洗主，然后经老大签名确认将外汇汇入客户指定的境外账号。洗钱涉及的现钞运作途径有多种方式：直航航线，就是通过"水客"以最简单、最原始的办法，将钱分批携带过境；与走私公司相互配合，通过做假单证、签订假的购货合同等把钱汇出去，属于跨境支付清算；直接运送，亡命之徒、背水一战；一些钱并不出境，只是由此地浮游彼地，直接打入客户的银行户头。从另外一种意义上讲，事实上银行系统并不一定是洗钱的主要据点，一些集团已经开始拥有自己的地下钱庄，同时在洗钱上发挥了更直接的作用。地下钱庄的专业化、职业化，预示着走私与洗钱的同时升级。可见，通过地下钱庄查处走私案至关重要。

4. 获利。不可小视黑钱洗主，他们有很多招徕客户的生意经，一些有规模的钱庄服务和信誉甚至做得比正规银行还要好。以港元为例，某期银行兑换牌价为1.10，洗主牌价却只有1.08，且手续费低廉，通常收1%~2%的佣金，使得通过地下洗钱投机的成本比通过银行汇划款项的成本低，客户自愿上门。洗主更明白，只要资金链畅通，洗钱就是无本生意。

5.安全。钱要洗净，无论如何离不开现钞，地下钱庄类的洗主手上任何时候几乎都有巨额现钞，所以最难以保证的就是安全。每个洗主都会煞费苦心，对洗钱行为设定极为严密的组织结构、细致分工和诡秘操作。财务有人专门负责，每天进多少钱，出多少钱都有详细记录，但所有的账本在一定时期后即会被销毁，死无对证。负责联络与运钱有另外的人负责，任何人都不能打听或插手自己业务范围以外的事。洗钱是最为危险的犯罪行为，本身就是被打击的对象，极不安全。但是也不尽其然，一般来说，洗主各有各的进货渠道，并不相互争抢生意，甚至大宗买卖一个洗主一下子不便消化，就几个洗主彼此之间相互配合，这样不但没有危险反而构成安全，所以事物都是辩证的，打击违法更要面对现实，因人、因地、因情处置，防止顾此失彼。

2017年7月4日，反洗钱工作部际联席会议第九次全体会议在北京召开，中国人民银行行长周小川参加会议并发表讲话指出：党中央、国务院高度重视反洗钱、反恐怖融资和反逃税工作（简称"三反"工作），将此作为深化改革的重点任务之一。部际联席会议全体成员单位要从维护国家金融安全推进国家治理体系和治理能力现代化的高度认识反洗钱工作，着力补齐制度"短板"，强化部门间务实合作，健全"三反"监管体制机制，争取在国际反洗钱领域发挥更大作用，全面提升"三反"工作水平。

法定数字货币科研换位思考，不法犯罪洗钱分子可以利用现钞实体货币进行洗钱，也可以利用转账支付清算货币进行洗钱，未来也会利用法定数字货币进行洗钱，对此应防患于未然。人民币发行近70年针对实体现钞货币和抽象转账支付清算货币的反洗钱工作，包括跨境支付清算过程中展开的反洗钱业务都取得了世人瞩目的成果，未来的法定数字货币反洗钱工作任重道远。反洗钱工作部际联席会议第九次全体会议指出重点做好以下工作：一是完善组织机制，发挥好部际联席会议的组织协调作用；二是抓紧完善反洗钱相关法律法规；三是推进国家洗钱风险评估，建立反洗钱战略形成机制；四是全面加强监管力度，提升机构的风险管理水平；五是加强部门协作，打击洗钱和恐怖融资等犯罪活动；六是健全反洗钱数据信息共享机制；七是深化反洗钱国际合作；八是扎实做好应对互评估各项工作。第九次反洗钱工作部际联席会议交流了反洗钱工作情况，分析了国内外反洗钱和反恐怖融资等形势，审议了工作报告、《落实〈关于完善反洗钱反恐怖融资和反逃税监管体制机制的意见〉分工方案》及《反洗钱工作部际联席会议制度（修订版）》。面对目前的理论探讨和科研技术进展，以及未来的反洗钱工作的实际情况，法定数字货币今天主动设防与未雨绸缪均势在必行。

第三节　原生型实体货币在金融风险、货币危机中起到的反作用

现钞在金融风险中扮演的角色显著，现钞是以中央银行负债的形式，代表中央政府、借助政府的权威所推行的一种法定支付手段，其包含了即期所铸造的金属硬币和印刷的纸币。现钞以现时、全额方式直接满足交易双方，构成交易的达成与债务的清偿同步完成，避免了因商品移交与货币所有权转移非同步进行，从而给债务人酿成信用风

险。所以，现钞作为传统的货币形式，与经济人在银行业金融机构中的存款货币和银行业金融机构在中央银行储备账户存款货币相比，有其特殊的运作魅力。现钞货币的诞生已有千年历史，作为经贸往来，商品流通与交换交易的媒介经久不衰，即说明从前、现在与未来其存在和运作的强大生命力。现钞供应是中央银行作为货币发行银行的基本职能，现钞运行的风险主要表现为总量脱供的矛盾。如若发生，其将是各类金融风险的导火索、引爆器，属于最直接、最敏感的风险因素。同时，现钞风险不仅体现在总量上，而且有结构问题，要努力做到券别结构供应的合理性，并使市场流通中货币的整洁度达到一定目标、假币滋生较少等。这是一个国家生产力发展水平和综合国力的体现，是精神文明建设的标志之一。试问金融风险若发生，伴之而来的挤提、挤兑的对象是什么？当然是现钞，是有形态的货币。假设此时银行再开给客户一张纸质的货币凭证或收据，客户绝对不会接受。现钞供应量一旦发生问题或券别结构严重失调，即会引起价格的波动，以及市场票币过于破旧、假币蔓延等，必然在极大程度上带来国内与国际性的金融波动与影响，导致社会和经济的不稳定。例如，某国家过去多次发生因发行大额货币或新版货币，同时宣布新币与旧币不适宜的兑换比例的情况，而导致货币贬值和更为严重的后果。在发展中国家，其现钞有的虽然构成世界自由兑换货币，但基本上都是在本国本区域内流通，投机者会以某国为突破口，以巨额的游资集中财力决战。回顾亚洲金融风暴，国际游资就是以突如其来的高卖低买货币的手法获取暴利。

第一，于无形态货币项下操作，其在具备充足外汇存储条件下赢得信誉，从该地银行大量贷出本币资金并进一步购进外汇，在形式上要做到以最快的速度以官价将银行、公司与政府手上的外汇，尽可能挤兑到所剩无几的最低下限，终极目的是要在绝对程度上控制外汇的总量，直至官方再也拿不出外汇，在实在不得已情势下甚至宣布挂牌停止外汇兑换，并到不自觉地被动地放开汇率为止。这在实质上是带有国际性的最为危险、最为强劲的挤兑涡流，是一种金融宏观失控现象，比一般挤兑风潮要严重得多。

第二，于有形态货币项下操作，投机者因在无形态货币项下贷到了所需要的本币，即有能力在外汇黑市上基本以官价继续买进外汇，此时黑市上有多少外汇现钞即会将其买空，其与无形态货币项下相互呼应，归根结底是要达到买尽外汇、控制外汇的目的。相反，由于投机者为了买尽外币，瞬间即抛出了大量本地货币，致使当地货币逐渐充斥市场，远远超出商品货币流通的正常所需，在价值规律的作用下，该货币即成为被迫贬值的对象，物价随之波动，商品紧俏，市场紊乱。

第三，无形态货币项下和有形态货币项下的本币外币炒作分步或者同步进行，投机者已经完全实现了控制外汇的目标，此时在他们身上可谓本币、外币运作双通，随后即妖言惑众。因国家确实已经外汇缺乏，银行柜面已经见不到外汇现钞，公众要想得到外汇只有到黑市购买，别无出路。此一时，彼一时，此时的投机者即以少量外汇高价买进当地货币，将被贬值的当地货币以较低或极低的价格，几乎在绝对数量上补仓回购，除可归还银行本息外，还可从中挣到了差价悬殊的高额利润，而能够驱动这种行为的条件是掌握和拥有充足的外汇，并随时打入或者抽走外汇。例如，泰铢曾经被国际游资打败，1997年7月2日，泰铢兑美元从24.4泰铢兑1美元急剧贬至35.6泰铢兑1美元，投机者从1美元中即盈利11.2泰铢，获得暴利在25%以上。

银行业金融机构则发生被挤提挤兑、股市暴跌的风险。瞬时问题显著的金融公司的外汇存款被提空，中央银行不得不提供无抵押担保贷款。此时的银行则急需美元，一个国家可谓步履艰难。平民百姓在金融动荡之际为了实现货币保值的目的，蜂拥至银行挤提现钞，抢购黄金。银行账户的账面现金即会转为有形态的现钞货币。

在金融货币危机中，可以将现钞的逆向运作归纳为两个范畴，但其充当的却是一个角色。范畴之一是现钞在炒作家的手中运作体现为少数人大手笔，不论其在汇率转换过程中，还是在利率转换过程中，都是处于有形态的现钞货币和无形态的转账货币之间的巨额运作，作为期货且有利用时间差的概念。范畴之二是现钞在平常百姓手中的运作，其所体现的是直接性、大众性、一线性、短期行为，一朝风起，即时兑现，没有硬通货。现钞货币摆在那儿，任挤任提，银行就要倒闭，收盘关门，这实在是硬碰硬、没商量的关系。因此，现钞在金融货币危机中所处的位置，既是前沿角色，更是运作的落脚点，所以不得不想到它的极端重要性，对此绝不容忽视。

现钞总量遵循多种因素变化，对现钞监管的关键是要做好宏观的量的控制。其总量及结构数量的适宜形态应是：印刷和发行票币数量最少的形态；调拨、保管数量最少的形态；市面流通中货币量最少的形态；回笼、销毁票币数量最少的形态。工作中应遵循这"四少"形态理论，针对出现的不同情况，制定出合理的现钞供应量。综合世界经济发达国家现钞管理情况不难发现，虽然现钞绝对量在增加，但支票、本票、汇票、信用卡、各类电子货币的使用更相当普遍，与转账货币相比现钞所占比重较小，现钞货币早已经是属于被弱化的范畴。国家应选择弱化现钞的方案，弱化现钞货币 M_0 占广义货币 M_2 的比重，扼制现钞货币畸形发展的势态，将现钞使用量减少到最低程度。一方面，创造条件加快非现钞结算步伐，通过各种有效宣传方式，说明采用转账货币的重要性，号召人们多采用转账形式结算；另一方面，要严抓用现管理，改变目前比较严重的现钞"体外循环"现象，以及非法使用现钞的各类弊端。

法定数字货币的科研与未来出台除恪守透明这个实质外，解决现钞实体货币的量化问题也是其重要的使命。法定数字货币是现钞实体货币的升级版，所以会直截了当地替代相当数量地实体现钞货币。

第四节　原生型实体货币风险的表现形式

现钞在各类货币形态之中属于最现实、最活跃的货币。现钞风险不仅与挤兑风潮、洗钱等风险直接关联，而且有其他许多风险点，如差错、事故、案件、假币等。现钞运行过程中出现的风险、经历的教训和取得的经验，可供法定数字货币安全运行换位思考，佐证科研。

一、总量风险

总量风险主要表现在脱供现象，原生型实体货币供应一旦发生数量短缺，必然在很大程度上带来国内与国际性的金融波动，包括洗钱风险等。原生型实体货币总体或局部滋生脱供现象，属于流通中货币（M_0）的第一大风险；保障供给为流通中货币（M_0）管理与监管的重中之重。

二、结构性风险

现钞结构失调的恶果仅次于数量匮乏的危害性，属于总量匮乏的表现形式之一。如果发生了结构性风险，在形式上带来的是现钞流通不畅，实质上会构成现钞的贬值。例如，大票、小票之间金额兑换比例应为 1∶1，但在小票紧缺时，为了做生意找换零钱，以大票兑换小票的价格可能呈现 0.9∶1、0.8∶1，甚至 0.6∶1 的现象，相伴而至的则是金融秩序与货币流通秩序的紊乱，这是处在宏观范畴的由现钞本身引起的内在性、本质性风险。

法定数字货币未来不存在实体结构性问题，但是如果出现超法规大宗使用，便会与支票、本票、汇票、银行卡、手机移动支付等货币运行工具承载的抽象转账货币之间发生货币数字纠葛，本质上是利益关系，法定数字货币无成本或成本很低，而其他类型的货币转账支付形式则需要支付手续费。从这个意义上说，把控法定数字货币使用量化问题与原生型实体货币的券别结构体系雷同。

三、差错风险

差错风险指因职员素质等问题，由业务差错引发的风险。例如，某单位实行柜员制，一职员在付出现金时错将4万元支票看成40万元，并按40万元付出。客户心知肚明，但财动人心，如数收下后迅速逃逸。若不是借助监控手段很难将此笔款追回。逃逸的客户已经远离取款银行所在地，潜回数百公里以外的老家去了，借助现代信息跟踪，几经曲折才将款项追回。这样的客户实质上已经构成犯罪，这样的出纳错款行为实质上也为银行带来了风险。

未来的法定数字货币也会存在这样的问题。

四、事故风险

事故风险指因职员责任心等问题，由经办业务时的直接疏漏所酿成的风险。例如，某单位调款过程中，因运钞车门未关牢，致使数袋钞票（数千万元）滑落无人知晓，虽失而复得，但是有惊有险，实质上潜伏着极大风险。又例如，银行一职员误将客户身份证号码作为汇款金额填写，收款方客户收到款项后哈哈大笑，因为他一看就知道这是对方的身份证号码，好在老板上善若水，即刻声明查询，将款项退回，避免了因事故酿成的金融风险。

法定数字货币绝不能开这样的玩笑，因为"一库、一匙、一密钥"的操作，全过程，几乎百分之百处于电子信息转化之中，专用跑道、通道、管道运行实质性的高级货币，管理与监管，必科学、必严密。

五、案件风险

案件风险主要是指发生于现钞的内、外盗窃案件，以及调运钞票路途中被抢劫所引发的风险。在市场经济大潮下，一些不法分子的作案目标重点对准金融部门，此类案件呈上升趋势，且大案、要案、恶性案件繁多，风险度有所加大。

1.案例介绍。某部门职工于数个机构、数个网点，以男友证件开办数张借记卡，盗窃巨款一举成功。5月10日上班，该职工本应作出纳员，但其抢先占领计算机输入系统，充任了记账员，并顺势作案。分别在数张卡上，以相应科目虚增存款数百万元。其后，为不被发现而进行掩饰，在当日综合业务中，通过另外科目以数笔红字冲账。作案成功后即通过手机向男友发出"钱已进账"的短信息，其男友随即在数十个网点取款数十笔，其中有柜台取款、ATM 取款、POS 机消费。

2. 案例分析。（1）内外勾结作案。（2）预谋。9 日和 10 日已经提前预约取款。（3）内行、狡诈。11 日倒班再任出纳员，不打印 10 日流水账，反以 9 日流水账冒充 10 日流水账，致使案情雪上加霜，因 11 日、12 日是双休日，监督人员正常休息，必然导致戏剧般的作案情节不能被及时发现。（4）疏密、失密。计算机密码被盗。（5）失职。多处预约提款上百万元，但不同的卡上却分别只有 30 万元甚至于 10 万元，但而后取走的却是数个上百万元，对此，很多办事机构麻痹大意、视而不见，绝非简单的警惕性不高的问题。（6）专业内控不力：①双休日占每周总时间的比重约为 1/3，但经办业务无人复核监管；②申请办卡无量限制；③所有卡均确认为本地卡，逃避了预约检查；④大额取现无科学的监控机制、条件与设备，数百万元现钞在瞬间被同一人于一家机构取走无人过问。（7）规章问题，沿用旧有的不适宜的记账方法操作，导致监督缺乏针对性，外加双休日，即有三天时间失控，为犯罪留有可乘之机。（8）领导责任。没有关好门，没有选好人，没有看好人，后院起火。（9）权限。个人取现 80 万元，随便可以答应？有没有个标准，权力太大了，这不禁令人想起早年英国巴林银行倒闭的该类情景。（10）现钞管理地位低。对其重视程度差，商业银行拉客户，向现金要效益，放松现金管理。

六、假币风险

假币的滋生是一种社会现象、经济现象，是世界通病。假定伪造的假币增多，四处泛滥，即会扰乱金融秩序，货币流通秩序，甚至引起社会的不安定。假币是货币发行的大敌，也是从反面呈现的金融风险。各国政府对此都很重视，比如美国政府将其作为政府的职能，在总统提议下财政部专门设有特工局，负责履行防止伪造货币的使命。我国国务院和各级政府均设有反假货币联席会议，承担反假货币的组织工作。

扼制大宗现钞运作是防范洗钱等犯罪的有效手段。从总体来看，近年现钞货币的收支特点为平稳增加，与经济货币化程度和经济发展速度相适应，其处于正常的货币发行与流通范畴，与货币流通规律相互吻合，特点分别显现为由单一的宏观调控型向多因素带动的复杂市场型转变；投放区域因时点变化由经济落后或者经济放缓地区，向经济发达地区转移；投放主体由国家银行向股份制商业银行转变；投放渠道中储蓄投放力度加大；投放途径以银行卡尤为突出。所以，现钞货币的运行也不免包含一些因不良的社会信用环境和金融风险暴露所导致的被动局面，特别是在一定范围内与一定程度上存在一定比例的徇私舞弊行为。

在货币流通市场上，原生型实体货币运行状况如下：经济总量的不断扩大及经济货币化程度的不断提高，必然要求增加现钞投放以满足交易和储存的需求。个体、私营经济的出现与发展必然导致现钞投放量增加。在中国经济转轨过程中，由于法制环境和信用环境的制约，私营、个体经营者具有强烈的现钞结算偏好，在实际交易中表现为"钱货两清"的方式。同时，私营、个体经济具有劳动密集型特点，雇员多为农民，为了大量支付工资，必然导致现钞投放量增加。这与 20 世纪 70 年代末 80 年代初期，个体经营者急剧增加，在货币投放与流通上表现为硬分币紧缺，不得已又恢复了多年停止流通的纸分币发行，在实质上体现了现钞需求量增加一样，那个时期的下限辅币在实际上还起着计价与支付的作用。同时，与20世纪80年代末90年代初期的角币和低面值1元、2元纸币短缺类似，它们从形式到本质，在货币流通现实面前和体现在货币流通的规律上都充分反映了因经济快速发展需要，市场容纳现钞货币的总量亟待增加的话题，这必然也是在价值规律的作用下，商品和货币流通规律的客观要求。结算收费政策空白和银行卡功能的异化是现钞收支大幅上升的重要原因。商业银行的结算业务是由转账结算和现钞结算两个部分构成的。在通常情况下，作为商业银行中间业务的重要组成部分，商业银行在提供服务时应该对转账结算和现钞结算同时收取手续费，但在现实中有差异。据悉，大多数客户之所以采取现钞方式结算，除可得到比例不等的折扣和优惠外，另有为了缩短销售周期、避免支付风险、涉税等动因。信用卡作为一种新型的交易支付手段，其先进性应体现转账结算功能，但现实的运行中却功能异化，于若干场合或者环节比较单一地成为现钞存取的工具。这种卡功能定位的异化既是商业银行无奈，又是其现实的选择。生产型税收制度和单位账户、个人账户间的转账议题，使得企业特别是个体、私营企业大量通过现钞交易达到规避政策的目的。1994年进行税收制度改革后建立了以增值税、营业税和消费税组成的生产型流转税体系，但是生产型流转税存在税收转嫁和计税复杂等问题，违法者可以通过开立假增值税发票、增列虚假费用、少报营业收入等进行偷逃税款（从2017年7月1日起，大凡需要开立发票者都需要给出单位税单号）。要达到这样的目的最可信、可行的操作方式就是运行现钞，其通过储蓄账户或者提取现钞后存入储蓄账户进行日常经营活动，这就必然导致现钞收支总量大幅增加。金融机构和企业的经营机制具有转轨特点，导致不合理甚至不合法现钞支付增加。在若干执法主体中由于强调以"客户为中心"，对客户提现用途审查不严，甚至根本不加审查的现象客观存在着，或者通过借助经办现钞结算业务不收取手续费的做法，从而达到拉客户与存款的目的，这在实际上是花钱买客户。又由于法制观念不强，以"转移账户""多头开户"，要挟商业银行放松现钞管理，从而导致各类不合理、不合法的现钞支出增加。信用环境干扰，导致企业和居民手持现钞大量增加。在信用环境较差等因素的共同作用下，逃废金融债务、开立空头支票、进行欺诈交易等长期积聚和遗留的问题，可能暴露和引发包括群体性事件在内的金融风险。在此前提下，企业、居民，特别是个体、私营企业在权衡手持现钞利息损失利弊后，为规避信用风险而大量采取现钞交易方式，导致现钞投放量激增。货币替代特征显著，即商品交易从异地携现采购到本地提现采购，在货币流通环节与时点上发生了截然不同的变化。以往赴异地采购商品需要随身携带大量钞票，表现为于本地银行取现（货币投放），异地市场投放进而存入银行（货币回笼）。如今，同样到异地采购商品，则表现为本地现钞存入银行（货币回笼），该款瞬间即转划至异地银行，客户再由异地银行取现（货币投放）进行商品交易，这样现钞净投放远程移位态势必然加剧。它们在以往的现钞本地投放异地回笼，与现在的本地回笼异地投放间产生着转换关系，而这在实质上是属于货币类型的转换，是无形态的转账结算货币与现钞货币之间产生了转换，是不同的货币类型之间出现了大量替代现象，从而构成了与传统现钞使用概念完全相反的、在高科学技术条件下现钞运行的全新特点，在此逻辑之内现钞所运行的载体一般是信用卡。但是无论如何，这种货币运行的落点却始终是现钞，客户所要操作的目标最终是钞票。跨地域经济融合，导致货币出入境与犯罪行为并存。综合考虑人民币价格稳定、信誉不断提高，在周边甚至多个国家或跨洲界地区得到使用等因素后，其滞留境外数量会持续攀升，2010 年，走出国门的人民币现钞在 300 亿元左右，2017 年则趋向 600 亿元。同时，在诸多因素中，不应排除密切关注的特殊风险问题，包括地下钱庄等囤积大量现钞，假币、不干净的货币鱼龙混杂，用于走私、洗钱等犯罪行径，以非正常途径使货币入出国境的可能。国家货币出入国境管理是现钞管理的特殊形式。其涉及货币汇率与利率管理而引发的货币稳定议题、经常项目与资本项下的国际货币流通议题、国际间反洗钱斗争议题、反假货币斗争议题、反恐怖融资议题、现钞货币的印制生产与投放市场并进而组织净化等议题。在这样一个领域，涉及洗钱的矛盾异常突出，需要讨论的话题十分复杂。在此领域，需要银行与海关、经济贸易及外汇管理等部门的密切合作，从而制定符合实际的、切实可行的有关方针政策。

国家关于货币出入国境的数量标准既要适宜，又要稳定。对于特殊的情况，应该特事特办，给定政策特殊办理。只有深入进行国家货币入出境的改革，使标准适宜了才能符合经贸往来与货币流通的需要，管理稳定了才能反映货币的质量，货币才能具有信誉，才能真正成为国际自由兑换货币。总之，入出国境现钞货币的量化指数的制定与掌握以严为本，以低、少为上策。大宗可疑性现钞支付行为是金融群体性事件、挤兑风波、违法洗钱等恐怖行为的潜在隐患或直接引爆器，对此已经引起世界各国的关注。此类风险发生的影响很坏，应未雨绸缪、防微杜渐。因此，限制非法操作的大宗现钞交易是防范经济犯罪的重要方面。

第五节　针对原生型实体货币"行政＋经济＋法制"管理

原生型实体货币管理的目标，应该逐步转向控制不合理投放和防范经济金融犯罪，强调行业内审与系统自控，这是一项大政方针的改变，现钞管理内涵起了本质性变化，人们的认识也应尽快跟上，灵魂深处产生一个根本的变革。

防范现钞货币风险监管为本，在长期形成的现钞大投放意味着通货膨胀理念作用下，强调现钞管理就要控制现钞投放，所出台的有关措施几乎完全带着行政色彩，在市场经济环境中其生成的后果必然是执行难度大或者根本无法落实。"行政＋经济＋法制"的管理才符合完全市场经济理念。现行现钞管理的一线执行主体仍旧是商业银行，而商业银行所具有的企业性质与其现行的现钞管理职责存在冲突，尽管在现行法规上规定商业银行对现钞违规行为可以进行行政处罚，但现实中商业银行由于涉及利益冲突问题，对现钞违规行为的行政处罚难以实施。因此，结合现钞管理职能与管理部门业务转型时机，应将以往的控制货币投放概念调整为保障现钞供给、防范金融风险，以适应经济全球化中外金融机构对现钞运行的需要。现钞管理目标应该逐步转向控制不合理投放和防范经济金融犯罪范畴，强调行业内审与系统自控，这是从一般到特殊的一项大政方针的改变，是现钞管理内涵的本质性变化，是现钞管理任务的战略性转移，人们的认识也应该尽快跟上，在概念上产生一个根本的变革。现行我国的货币金银工作已经突出业务转型政策，包括现金清分处理业务外包、发行库业务前移实现代理等。现钞管理的关键环节和突破口是大额提现、大宗用现议题。因此，明确执法主体、定位执法目标和职责、制定对违规从事大宗现钞交易的惩处规定是一项适时、有益的大事。从 2017 年开始的现钞管理业务转型将迎合着法定数字货币的科研创新，展开一场货币运行的管理与技术革命。

金融知识的创新和运用是金融业可持续发展的战略，作为法定数字货币的科研也是如此，维系金融业发展与生存的根本是人才的培养。涉及现钞运作的基本条件和最突出的问题也是人才议题，人才为本的事项解决得好是对现钞运作风险的根本治理。要推动现钞管理部门的前进步伐，首先要更新知识，解决人才问题。有了高新的认识和崭新的知识，进行以提高认识为先导的现钞运作改革，各类矛盾才能迎刃而解，风险才能防范。特别是在中国加入世界贸易组织后，现钞管理部门也可能与外国人常来常往，外资银行的分设使争夺优秀金融人才的矛盾骤然突出，建立高素质的现钞管理队伍变就得更为重要了。

国家现钞实体货币管理水平与国际相比尚有一定差距，主要表现为管理、操作手段落后。时下，信息高速公路网络资源的开发使技术对经济增长的贡献率上升到世纪之交的 90% 以上。现钞的研制也已经从原始设计、二维设计，发展到三维综合设计，往往代表了一个国家或地区的较高科学技术水平。2013 年陆续发行的欧元、美元、加拿大元和人民币新版货币体现了高端性、显现性、智能性。全息动感、三地动感、镂空动感，特别是以暗色调为宗旨的智能型机器识读技术，在进行法定数字货币科研时大可借鉴。用先进的科学技术构造现钞会为现钞发行后的各项管理，包括对现钞运作全过程的现代化处理创造先决条件，起到发挥整体效应的积极作用。现钞管理现代化程度的提高不但可以解决人员编制少的矛盾，减轻劳动强度，最重要的是数字统计快捷，能有效服务宏观经济金融政策。同时，经过高科技设备处理过的钞票，准确无误、完好无损，避免受人为因素影响而造成的偏差，在较大程度上提高现钞货币信誉，以树立银行的权威性和应有的信誉和地位。未来法定数字货币的流通关键在于法治与信誉。

市场经济就是法治经济、信用经济。未来的现钞运作，特别是经济全球化的现钞运作，将涉及金融服务方面的具体承诺，对此无疑要坚定不移地推动金融改革和整顿。在预先应对时间已经很少的情况下，在做好国际金融服务中，对涉及市场准入、国际待遇、争端事项的解决，对涉及高度动态化、高度专业化、高度技术化的问题，对涉及国际公认并作出明确规定及要求的有关服务、权利义务、获准参与、待遇原则的履行等，均与现钞运作管理相关，对此必须加深认识和理解，增强法制观念，将法律作为准绳，政行法进，罪行法治，依法治币，使成文法规成为提高现钞管理水平的根本手段，成为保障现钞顺畅运作的金融大计。

2017 年 7 月 6 日，《金融货币和物流》杂志指出，在世界经济生活中以现钞作为支付手段的还是占到了全部买卖交易支付形式的80%，作为现钞的升级版，未来法定数字货币的地位和作用可想而知，法定数字货币比现钞更科学、实用。现钞运作的不安全因素存在于其运行过程的各个环节。中央银行各级行及商业银行、非银行金融机构甚至钞票的印制企业均应设置专人专岗，强化内外协调，加强对应管理。就总体而论，在科学技术高度发达的今天，应用科学技术解决现钞运作的安全课题，对增强风险防范能力大有益处。以科学技术防范现钞货币运作过程中的风险是目前及未来所要选择的必由之路。对此应采取主动措施，科学治现，如在现钞货币处理区或金库设置先进的防范系统，国内外若干自助银行、无人银行便是极好的范例。

发行现钞、保卫现钞是银行的重要职能。知识为本、科技为本、人才为本、法治为本是印制、发行现钞的基础，也是保卫现钞的条件。换言之，保卫现钞即是强化实施对现钞的监管，具体可划分为静态与动态两大类型。现钞的静态监管是指对处于生产、保管形态下的现钞的管理，包括产品质量、包装、票样、印版、废品、原封新券、回笼完整券、损伤券、五好钱捆（准、齐、净、紧、清）、达标金库等。在流水线塑料塑封自动清分包装条件下，针对现钞实体货币点准、撒齐、挑净、捆紧、名章清晰的传统做法应参考混搭，以好的理念和经验指导现行作业。因为钞票越来越立体了，OVI、OVMI、安全线等在票面上不可能均匀分布，所以一半一半调头捆扎的情况就呈现了，必然性的应该循序渐进、与时俱进、因势利导。现钞的动态监管是指对流通中现钞的综合性管理，如对职能机构、专业人员素质、发行与保卫关系、流通数量与结构、现钞与电子货币、现钞流通速度与流动力、纸币与硬币、发行基金调拨与出入库业务、柜面现钞出纳、储蓄业务、各类代用现钞与金融法纪、现钞与债市股市、现钞流向与出入国境、现钞风险、伪变造现钞犯罪、现钞新旧程度与销毁率、现钞价格、现钞预测展望等管理。总之，现钞监管是对业已发行及印制、保管和退出流通现钞的监管，在 2017 年春节前市场容纳现钞总量已达 8.66 万亿元的前提下，对其管理内容之丰富、数量之巨大、范围之广泛、任务之艰巨不言而喻。这其中包含按国际惯例明确现钞结算收费政策，从经济利益上抑制现钞结算，在市场经济条件下注重以信用机制确定信用制度以弱化现钞的使用量，引导企业、居民积极启动银行卡转账结算方式，校正过多的银行卡用于现钞存取现象，从而通过市场调节手段，减少大量使用现金的落后行为，包括强化内控机制、制定大额现钞支付管理政策等。实体现钞货币的管理与监管已经引起多方重视，将其列入议事日程，矛盾与问题虽然多，但监管目标逐渐明确，防范可能因现钞运行引发风险的信心更加坚定了。

未来的法定数字货币与现钞并驾齐驱，与各类支付工具并列，是经济、金融、商品、市场、经贸、交易、支付清算的结点，应从货币管理诸方面探索，以提升从业素质，适应支付交易需求。支付交易是货币文化，金融市场是所有支付交易业务的总称，谈古论今，支付交易从来都是处于较高层面上的极其重要的课题。针对货币的运行、运作、运营、侦察、分析、统计、判断、大胆切割、果敢买卖、会计与积累，既是支付交易的过程，又是构成支付交易各个环节的分步操作排序。

传统支付交易归属实体物质与货币面面相关的直面交割；现代支付交易属于网络投资、理财、借贷等的虚拟平台，支付交易是人类数千年以来从事经济生活的法宝。支付交易收益率有高必有低，"盘整—下跌—反弹""下跌—反弹—盘整"，支付交易实现商贾、经贸梦，无论是坐市商，还是需要长途跋涉的丝绸之路，支付交易都是必然的抓手和途径。每一场支付交易都是一场战斗，它们要遵循的基本逻辑是市场规律，商品、货币、价值规律，它们要遵循的是数字科技。机遇挑战危机，支付交易有风险，而要防范风险，既要遵守业务操作规则，又要对自己和他人负责，严格遵纪守法。在改革开放且具备抵御风险能力的金融体系下，进一步推动普惠金融发展，提高全球金融可获得性，必然会构建全国甚至全世界统一的票据交易所，商品、货币、债券、股票、黄金市场必然都是在公开、有序的条件下开立营运，这将促使成交量放大，业务创新获得突破。

第六节　原生型实体货币的常态管理与风险防范

　　"一跑道、一通道、一管道""一库、一匙、一密钥"联通起来，形成综合理念集成思维，那是"一道三密""纺轮圜钱技术"。从原生型实体货币兴旺发达的年代，从经济、金融、货币生活，从军事等角度理解法定数字货币，从加密机、密码器、条形码、二维码、计算机网络系统、黑客、木马病毒、代码与破译等方面构想未来法定数字货币的风险防范。

　　本节从防控金融风险、确保货币安全角度，列举一些案例和严格的原生型实体货币管理举措。

　　从 2016 年初至第三季度，执法部门侦破短信诈骗案件 5.7 万起，涉案金额达数亿元。案犯说："我不关心血汗钱，只关心你的钱。"这在实质上揭示了如果贫富差距拉大，货币就会出现问题，经济案件、恶性案件、大案要案可能就会增加。因此，作为直接从事货币工作的人，风险防范首当其冲。在总体案件中，经济案件趋向 60% 以上，在极大程度上取代了刑事案件。

一、案例分析

案例 1：某商业银行涉及被伪造 50 张境外某银行卡，刷卡 40 次，最多一次 600 万元，总计被洗刷 1.7 亿元。账户主人及时发现报案，三天侦破，基本于大陆范围及时追回全部资金，抓获案犯 4 人，未酿成大的损失。

案例 2：某商业银行被盗现金 500 万元。仓促下班前，某分理处业务女主管为男友提现 500 万元，条件有五：一是事先开立了虚假户头。二是男友作为银行职员于另外一家银行虚拟手续向女友事先为他开立的账户汇划了款项。三是分理处超出限额提前备好了 500 万元现款。四是浮躁。下班前有机可乘，女主管亲自办理了提款手续，要求出纳用配款，经办人员提出质疑：按规定，分理处主管只有批准支付 20 万元现款的权限，二级行行长为 50 万元，一级行行长为 100 万元，总行才有审批 500 万元的提现权力。结果女业务主管对经办同志解释，说快下班了，找不到人，关系户急用，明天再补手续，有责任她来负。既然领导这样说，柜里有钱必付。实际上，这是一起事先预某的内内、内外勾结作案。内内是说男女情侣都是银行职员，他们之前就在一家银行长期共事过，且具备一定职务和管理权力；内外是说女主管为发案行当事人，男方为行外人员。五是预某、共某。案件发生后，即行侦破，其中 100 万元被案犯还了债务，余额全部购买了珠宝饰品，携赃物潜逃泰国。男性案犯针对外逃路线事先已经踩过点，但法网恢恢，疏而不漏，在国际刑警的配合下很快将其抓获。

案件 3：2016 年 10 月，第三方支付洗钱 2000 多万元，警方抓获案犯 38 名，其中包括 7 名第三方支付公司职员，连带破获相关案件

3119 起，查获非法接口 32 个。犯罪就在身边，不可小视，发生案件的本质原因一是违章，管理疏漏；二是违法，道德遗失。货币运行属于宏观理念，多在货币政策、理论、方略范畴讨论；货币运作属于微观理念，多在货币管理、方法、实用规则讨论；货币运营属于市场理念，多在货币营销、成本、效益范畴讨论。尤其是商业银行，防范风险、获得利润、注重搞好货币运营迫在眉睫。

银行业金融机构与第三方支付在实质上经营的唯一标的物是货币，其承载的网络大数据平台，体现价值，包括自身与社会价值；体现文化，包括公司与公众文化，使得社会信息科学不断向纵深发展，构成现实，也展望未来，它提供了人们事业与生活的绿色生态圈，属于人们勤劳与智慧的结晶体。但是，不乏事与愿违，适得其反。一些投机者以为可以不劳而获，特别是所谓的月光族、星光族、借贷族、赤字族，花光了自己的钱就去琢磨别人的钱。近年来国家居民收入差距不断缩小，2016 年，全国居民人均可支配收入基尼系数为 0.465，比 2012 年的 0.474 下降 0.009，数据表明居民收入增速快于经济增长速度。2016 年全国居民人均可支配收入为 23821 元，比 2012 年增长 44.3%，扣除价格因素，实际增长 33.3%，年均实际增长 7.4%，快于同期 GDP 年均增长 0.2 个百分点，共快于同期人均 GDP 年均增长 0.8 个百分点，在此条件下经济犯罪率预期会有所下降。

二、化解风险的思路与定位

如何看待风险、化解风险、作为银行业金融机构，包括第三方支付公司、经济实体，战略＋经营占 60%，运营占 20%，财务占 15%，合规占 5%。包括反假币在内的风控工作属于银行业金融机构运行、运作、运营的实质性业务职能，应列入风险防范，强化日常性监管着力关注的范畴。货币运行管理与监管的具体实施则主要包括目标管理、程序化管理、规范化管理、定位管理、数字性管理、跨界性管理、特殊性管理、风险性管理、保密性管理等，涉及发行库管理制度、全国银行基本出纳制度、不宜流通人民币等宽泛的管理内涵等。

2015 年中国对外直接投资量首次位列全球第二，交易商协会务实推动信用衍生品创新，《中国落实 2030 年可持续发展议程国别方案》发布，投资银行和资管机构积极应对全球市场重构价值链，未来数字科技运营到法定数字货币为国家大事。

2017 年 8 月 18 日，《2017 中国反侵权假冒年度报告》发布。中国是全世界第一货物贸易大国，中英商标高峰论坛有人认为：产品价值总构成中商标价值居 90%，知识产权是产品价值的核心和灵魂，必须注重商业秘密的保护。国家经济司法实践档案记载，行政移交司法案件由 2013 年占行政案件的 11%，增至 2014 年占 16%，2015 年占 18%，有人认为经济犯罪率超过 GDP 增长速度。因此，一次打击有结束之日，保护货币交易、市场经济权益的斗争绝无收兵之时。在互联网为标志的新经济情势下，中国是世界最大的网上交易国，在大众创业、万众创新过程中呈现许多新名词、新概念，如网络交易、权力人、权力组织、治理官。交易必须融入跨部门、跨地区、跨国界、多方参与的共治格局，法定数字货币依照九型形态终究走向世界。

应加大执法力度、行业自律、边际执法、权威性、综合性、实用性、广泛性、完善性、常态化、机制化。未来法定数字货币也属于知识产权市场，法定数字货币在产生价值的基础上需要保护。法定数字货币成功的基石在于诚信。线上，大数据宽网信息线；线下，车间生产流水线。法定数字货币运行方式在转变，同样需要追溯货币的去向，梳理货币的来源，解析因果关系；法定数字货币交割行为应经得起历史的考验，每句话、每个数据、每个观点都应有科学依据，符合市场逻辑。

中国货币归属世界最先进货币之一，可与欧元、美元媲美。法定数字货币市场运行应牢牢把握坚持依法、从严、全面运营与监管理念；坚持守住不发生系统风险的基本底线；坚持服务实体经济发展的根本宗旨。交易市场规模不断扩大，以票据市场为例：自 20 世纪 80 年代初期我国恢复办理商业汇票业务以来，票据市场不断发展并成为金融市场的重要组成部分。2016 年初，全国票据承兑余额和承兑发生量分别为 10.4 万亿元和 22.4 万亿元，较 2001 年分别增长了 20.4 倍和 17.5 倍；票据贴现余额和累计贴现量分别达到 4.6 万亿元和 102.1 万亿元，分别比 2001 年增长了 13.5 倍和 55.8 倍，相当于 2015 年货币市场总体交易规模（同业拆借＋债券回购＋票据贴现）的 19%，成为货币市场重要的交易产品。同时，呈现承兑业务缓慢增长，贴现余额加速扩张，交易量迅速放大；电子汇票业务（电票）高速增长，占比显著提升。2016 年第一季度末，中国银行业总资产达 208.6 万亿元，同比长增 16.7%，其中大型商业银行为 80.5 万亿元，占 38.6%；股份制商业银行为 38.6 万亿元，占 18.5%。未来的法定数字货币不但在一定量上替代现金，替代部分票据和银行卡也将成为现实，手机移动支付形态也会被法定数字货币的运行所借用，呈现虚与实替代的状况，也呈现虚与虚相互替代的局面。

第七节 原生型实体货币守、押、清分技术与 管理通用条件

2017 年 5 月 26 日，中国人民银行有关部门表示：成立金融科技（FinTech）委员会旨在侧重加强研究规划和统筹协调，实现驱动创新和安全统一。在全球金融科技蓬勃发展的环境下，金融科技的发展将对金融市场、金融机构和金融服务的提供方式产生重大影响，积极引导新技术在金融领域的应用实践中，提升金融服务能力和效率，统筹协调相关资源加强金融科技监管，增强对跨行业、跨市场交叉性金融风险的甄别、防范和化解能力。对此，法定数字货币的科学研究必居其中，科学与安全是法定数字货币的灵魂。

在货币革命与货币制度改革的环境中，应构建"现钞货币守、押、清分技术与管理通用条件"国家标准，在传统发行库制度与全国银行基本出纳制度基础之上实施开放型市场化管理与监督。在法定数字货币抽象的形成空间结构下，现钞货币的实体并未减弱，还应强化。

1. 业务经营。"现钞货币守、押、清分技术与管理通用条件"的唯一标的物定位货币，履行货币守卫、押运、清分处理业务，归属金融性质，经营范畴包括代理中央银行发行库业务，实行发行基金定额存储与调拨；保障供给，肩负银行业金融机构和社会法人对现钞的需求运送职能；承担市场流通中货币（M_0）清分与净化任务，根据中央银行指令组织原封新券与回笼完整券投放与再投放，履行注销损伤

货币操作。

2. 建制条件。现钞货币守押与清分公司为社会经济实体，履行货币守卫、押运、清分处理业务应遵循中央银行与银行业金融机构的有关规则建制。董事长承担库主任职责，总经理承担副库主任职责，并根据业务规模设立相应操作岗位职员，包括不少于三人管库，账务会计、押运警卫与库款交接人员数人。

3. 金库条件。现钞货币守押与清分公司金库应根据"银行金库标准"设计建筑，符合中央银行代理发行库要求。依据现代货币守押与清分业务的需要，在"银行金库标准"基础上可独到设计建筑更适宜库款出入库、押运、清分处理的环境与条件。

4. 守卫条件。实施人防与物防相结合的现代综合体防卫技术与管理措施。依照金融重地与存储、保管、营运货币和贵重物品状况，设置可确保安全的、经过专业培训的适宜数量的保卫人员。针对库款清分、交接、存储、入出库关键环节和周边环境，全方位、全过程设计构建监控设施。作业时间由保卫人员与监控设施联合监控防卫，非作业时间依靠科学条件实施无人值守的单一技术防范。

5. 押运条件。依据业务营运需要改装配备移动金库型专用运钞车，车体坚固与实用程度应符合安全与作业双重要求，防弹、防切割、防爆破、防水，门与锁匙开启方便，自重与装款量化适宜，符合远近距离运送库款。

6. 清分条件。设计建筑符合货币安全清分处理的工作间，装备符合货币安全清分处理的大型、中型、小型设备，确保纸币、硬币清分质量，包括分离货币种类、版别、新旧、真假，数字清晰。

7. 交接条件。设计建筑符合与中央银行、银行业金融机构和社会法人发生业务往来，办理出入库款交接手续的环境，包括车辆与备案人员进出、库款搬倒装卸适宜操作，无安全隐患。

8. 社会保障。依照劳动合同雇用守押与货币清分业务人员，应符合国家相关人事权益保障，从而使公司职业稳固、职员稳定。

9. 监管措施。接受中央银行法定货币发行与流通的各项监管要求。

10. 规章制度、法规法律检查与行政、经济、法律措施监管。恪守涉及现钞货币运营的银行业金融机构和社会法人的公平交易往来与建立在市场经济关系基础上的合法规则、经济合同。建立严格有效的自查与内审制度，制定与实施精细化管理方案。

多年来中央银行货币金银职员短缺，制约业务开展，呈现诸多困难、矛盾和问题，病症的根源在于掌控货币（纸币、硬币）发行与流通应遵循商品、货币、市场流通规律。中国是世界第一大现钞生产国、世界第一大现钞存储国、世界第一大现钞发行国、世界第一大现钞流通国、世界第一大现钞注销国，针对现钞货币市场运行、运作、运营，对此领域投入的人力、财力、物力应对等操作。例如，德国中央银行总行多年呈现1000人建制规模，货币发行部门则有250人，占总人数的1/4；日本银行全国多年呈现6000人建制规模，货币发行部门则有1500人，同样占总人数的1/4；中国中央银行多年呈现12万人左右的建制规模（分离教育、印制企业等），货币发行部门则有1万余人，占总人数的1/10。这就首先酿成人员与业务不匹配，严重失衡。所以，货币金银职员短缺制约业务开展，并非简单的形式上的转型问题，根本在于改革，源头的体制、机制应革命。

改革开放近40年来，中国渐进从计划经济步入市场经济，从而拉近了与世界的距离，在许多方面甚至同步或者领先于世界。

2016 年全国第三方支付总交易额为 57.9 万亿元，比 2015 年增长了 85.6%，其中移动支付（微信、支付宝）交易额为 38.6 万亿元，是美国的 50 倍。对于中国的微信、支付宝支付，西方国家倍感惊奇和欣赏，包括法定数字货币的研究与未来应用中国均处于领先位置。针对现钞实体货币运行、运作、运营，中国中央银行提出"坚持问题导向、市场导向和民生导向""探索市场化、社会化"，面对未来法定数字货币的生成和运用，同样存在意识转变、科技提升、体制跟随课题、转型不等不靠、遵循规律、因情而异、因地制宜、循序发展等方案符合实际。

针对现钞货币，各项改革的核心是效益、效率、费用、成本利润。之前，货币发行与流通之所以出现诸多困难、矛盾和问题，关键涉及财政经费与人员编制奇缺。时下，要转型，本质上还是要根治上述问题。货币清分处理、押运与发行库代理，解决在中央银行体制内的问题不在话下，业务可以转型、转嫁，但是，一旦走向了市场，就是市场说了算。涵盖中央银行、银行业金融机构或涉及现金的社会公司企业，大凡波及货币清分处理、押运与发行库代理的费用，即会由承担此职能的法人公司 1 分不差地收取，因为没有人去干赔本的买卖。当中央银行提出实施货币发行与流通实业企业化，统筹代理发行库和实体货币清分处理业务"管""操"分离转型的时候，承担此职能的公司企业除符合承担条件外，第一要务是谈钱，签订协约与合同，也就是涵盖中央银行、银行业金融机构或涉及现金的社会公司企业，给多少钱才能办这件事，这正是市场价值规律。

针对现钞货币，各项改革在具体方案中区域性中心发行库功能逐渐显现，实施过程中涉及打破货币发行二元体制，建立起货币发行与流通三段链式结构，即货币发行与流通的短暂的初始阶段在中央银行；漫长的流通过程在市场；货币宿命的最终阶段回流到中央银行，以构建货币印制、发行、流通、反复流转至宿命过程中发行基金与现金供应与净化的完整产业链，从而提升社会资源配置效益，使得发行基金、现金供应、净化业务在相对程度上社会化、市场化。中央银行在维持调控货币宏观总量、把控微观结构、关注市场流向等，依托原本的货金系统会计、统计模块，ACS 账务系统参与大数据信息网络平台；监护货币整洁度，以七成新标准坚持货币净化、回收、注销，积极开展反假货币斗争，持之以恒地承担好行业与联席会议协同部门各自的操行任务与使命；强化风险意识、合规意识、自我与整体保护意识的同时，应在实体现钞货币印制、调拨、仓储、流通、清分、守押多个环节思考与实施转型，践行多元仓储、管操分离，包括纸硬币、票据、银行卡清分处理、近远途押运等固守的、传统的货币发行业务，均可以顺沿流通中货币（M_0）物联网推进社会物流管理主线，成全第三方公司业务，重新构建货币发行运作体系。对此，国际上从 20 世纪七八十年代起，已经存在可行的先例与典范，与目前惯性的、唯一的、计划性货币发行所呈现的本质区别在于市场化。对此，应防止产生认识误区，管控分离泛指微观领域的货币运行操作，不是指法定货币统一发行的国家货币制度大法，切勿在根本之处混淆。诚然，在法定货币发行业务日趋市场化的情况下，通过面对第三方公司业务的授权，如雷同发行库铺底库存核定代理发行库发行基金存储限额等，还必须强化管理与监管职能，包括备案性管理；针对人员素质、装备、操作质量、运营效率、成本、合规、风险与安全性监管，均需要制定关联法律法规，实施行政、经济、法律多管齐下的法制市场经济管控。以往银行业金融机构经办现金业务涉及的备付金率（准备金率）趋高，影响流动性，并因备付金超额被加收或处罚利息收入的法规依存，尤其第三方现金公司代理发行库不得将库存发行基金作为资本投资交易、理财，以防控库存发行基金透支与流失风险。因此，货币发行每日报制度365天风雨无阻的常态操作必须操守，发行库主任、管库员、会计与相关部门的联动查库、对账，要分毫不差地做到账实相符、账款相符、账账相符，这些以血汗甚至生命换来的制度必须操守。只有常备不懈、居安思危，才能万无一失。货币发行制度与现金出纳制度是在货币发行业务转型过程中，以宏观改制为根本的微观操作抓手，传统与创新均存在最好的东西，认真是成功之基。

解析法定数字货币归属现金性质，即不会覆盖占货币总量95%左右的以资本、资金形式运转，以支票、本票、汇票、银行卡、手机移动支付为工具，依托互联网大数据平台为载体的转账支付清算货币，所以，在法定数字货币国际性条件下对其论证更为复杂化，更具实用性和研究性。

法定数字货币安全运行程序换位思考理论，其一，应把持中央银行统一货币发行的货币制度宗旨，坚守国家法定货币发行与流通的性质不变。其二，应在完全市场经济理念下，实施货币发行与流通实业企业化，统筹代理发行库和实体货币清分处理业务"管""操"分离转型，可高度概括为"虚""实"两大范畴。所谓"虚"在实质上归属虚而实，中央银行继续充当大会计、大出纳角色，一本总账在手，掌控天下货币，履行货币运行、运作、运营管理与监管职能。其三，确保发行基金（实体现钞货币＋法定数字货币）安全，强化数字管理、程序化管理、标准化管理、定位管理（铺底库存）、目标管理，将传统与现实相结合，将现代与预期相结合，将宏观与微观相结合。比如，借助信息维度、资产维度、市场维度、监管维度、货币维度、债务维度等管理与监管经验与教训，从点、线、面到立体空间，实施信息通畅制度、互联网大数据窗口共享制度、载体备忘录制度、黑名单备案制度等。由于法定货币发行与流通"虚"的一块留守中央银行，因此建立社会与行业信用体系工程至关重要。具体定夺：一是中央银行应保留总库、分库、中心支库实施发行基金绝对数量、集中数量、稳定数量存储，以确保发行基金供给，防范大的巨大的根本意义上的金融风险；二是总库、分库、中心支库、代理库，应传统保留与科学创新设置货币发行账务，涵盖未来法定数字货币统计核算运行事项，设置适宜学历、高学历、对口学科职员承担宏观与微观业务，利用相关数据、典型情况科研包括现金计划、货币发行计划、货币印制计划、货币调拨计划、损伤券注销计划等，为国家宏观经济、金融服务；三是分库应设置处、科、股级别的职专稽查员，在中央银行代表国家面对货币印制、清分处理、存储、押运公司企业实行契约合同制的条件下，负责核查原封新券质量、数量，回笼完整券与待注销损伤券数量、质量，实施行政手段、经济手段、法律手段管理与监管；四是总库、分库、中心支库应设置库款出入清算、操作岗位，并合理配置文武兼优的经办业务职员，在总库、分库、中心支库、代理库外用武装押运的条件下，负责出入库款的内部交接，外部衔接职责任务；五是总库、分库、中心支库均应设置管库员岗位，由四名甩手管库员履行职责和一名代表库主任（行长）履职，一名代表货币金银处长履职，一名履行进、出库记录职责，一名履行公证责任。甩手管库员泛指四名管库员在履行进出库业务时，不直接经办库款与账务处理业务，他（她）们的职责明确、专一、轻松，只包括登记开启库门、关闭库门与出入时间，进出库人员姓名、数量、行业、职位、原因，在库内的最终一个环节是碰库等诸类关联，这显然区别于目前的发行库、业务库管库员名不副实的误区现象，即他（她）们的职责不是管库，而是办理业务，称谓与实际大相径庭，论实质他（她）们根本应该起监督作用，看着进出金库的人，保障账款相符，无顺手牵羊。至于进出库款则归属其他业务岗位职责。

关于"虚"，其根本带有相对性。第一，就整体而言，总库、分库、中心支库、代理库统揽着货币发行账务与情况统计、分析研究；第二，就总库、分库、中心支库而言；中央银行自身保管着绝对数量、集中数量、稳定数量的发行基金，存在实体、立体的货币管理，"管操"分离转型也是相对而言；第三，彻底撤销市（县级市）县支库，由代理发行库执行它们原有的职能尚有一个过程。

关于"实"，国家改革开放 39 年，根本的业绩在于从计划经济迈步市场经济。在法制规则下，市场经济本质上需要"实"。"实"的背后是成本、核算、利润利益。货币发行业务转型前国家财政预算百分之百面对着中央银行的货币发行队伍，货币发行业务转型后国家财政预算针对货币发行与流通实业企业化，代理发行库和实体货币清分处理业务"管""操"分离转型，需要在这样一个范畴百分之百面对着社会第三方营运公司企业，涉及此块的财政预算要同步转型，原来的对象是中央银行的货币发行队伍，今后的对象是社会第三方营运公司企业，原来的预算开支是以人头费形式捆绑在一起，是发行专业与其他专业混合机制。杠杆率是衡量企业的标志，抢占先机，没有哪个企业做赔本生意。往后,社会第三方营运公司企业必然来真的。

第八节　原生型实体货币安全运行规则系列图示

1948 年 12 月 1 日,中国人民银行宣布成立并于同一天发行了人民币,近 70 年以来,承担人民币发行与经营业务管理的老一辈革命家和行业专家,针对货币经营业务运行、运作、运营的实际状况,将实践升华,曾经科学勾勒出许多货币金银业务操作运行图(绝大部分属于本书作者宝山于 20 世纪 80 年代绘制),现代科学家针对货币金银业务又创新制作现代货币运行示意图,老一辈革命家、行业专家与现代科学家先后制作的货币金银运行、运作、运营图示整体上呈现数十张,这是他们辛勤工作的成果,也是探讨科学技术的结晶,先后制作的图示的唯一标的物是实体现钞货币(金银),在目前货币呈现一场脱胎换骨的、翻天覆地的革命的环境下,未来法定数字货币面世,崭新的科学技术在萌生,崭新的货币要诞生,货币的存在相对时期代表着生产力发展的水平,如果推出的东西与劳动生产力没有关系,也可能是形而上学照本宣科,也可能是生拉硬扯张冠李戴,只有反复实践探索才能提供可行方案,样本偏激无代表性会导致运行错误。在法制很弱的市场经济条件下,科研法定数字货币更要尊崇科学与法治观念。法定数字货币等于"科技 + 法律",对此不能一分为二。具体图示如下。

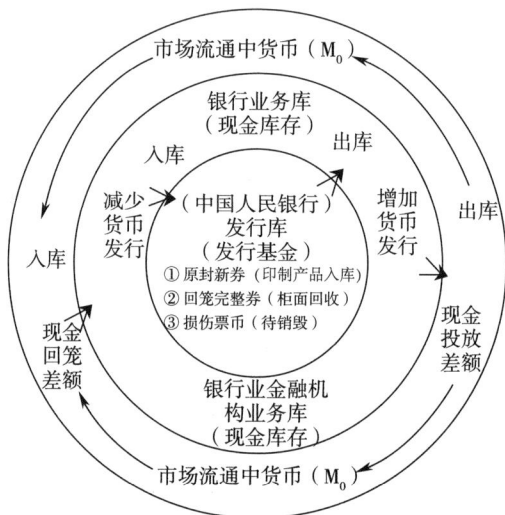

图 7-1　现钞实体货币投放、回笼、注销程序

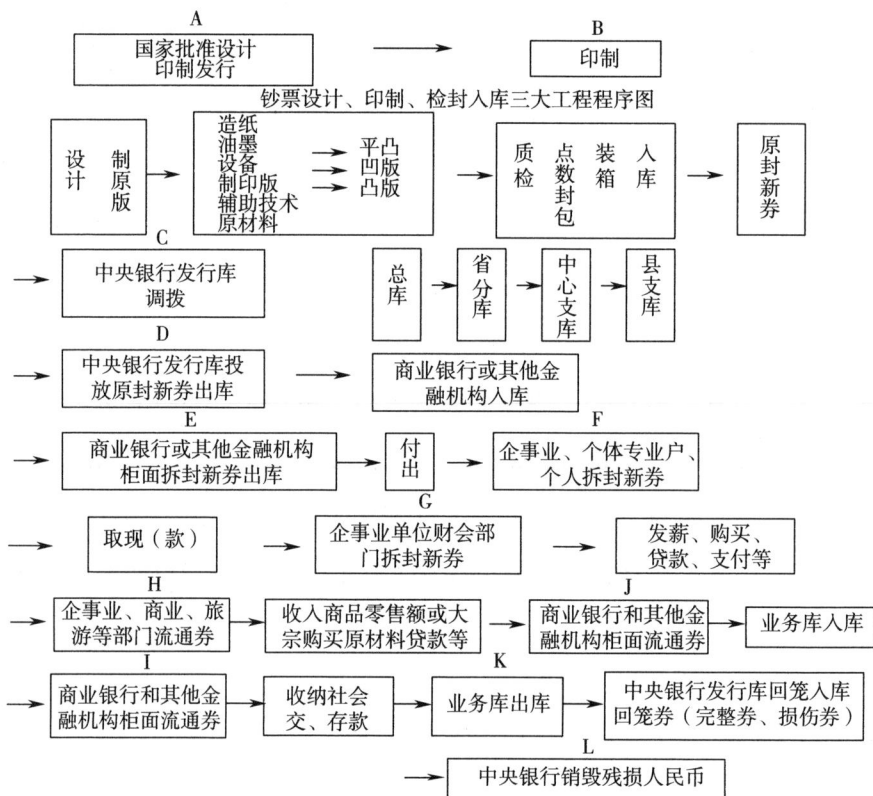

图 7-2　现钞实体货币运行

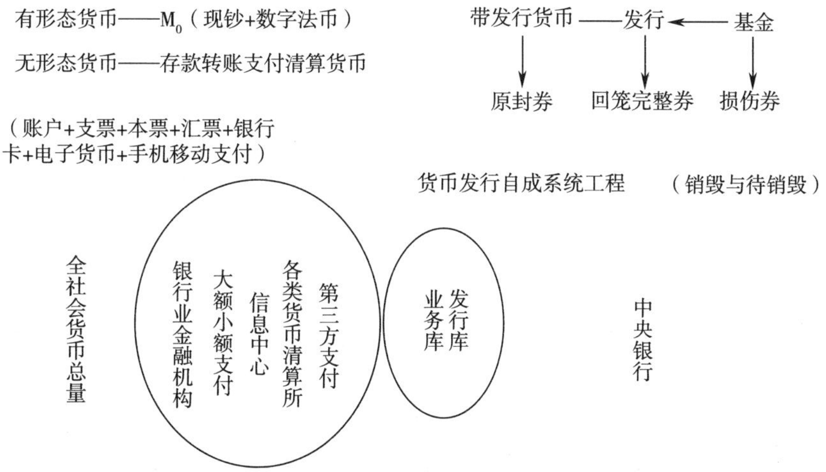

有形态货币——M_0（现钞+数字法币）

无形态货币——存款转账支付清算货币

（账户+支票+本票+汇票+银行卡+电子货币+手机移动支付）

带发行货币 —— 发行 ← 基金

原封券　　回笼完整券　　损伤券

货币发行自成系统工程　　　（销毁与待销毁）

全社会货币总量　银行业金融机构　大额小额支付　信息中心　各类货币清算所　第三方支付

发行业务库

中央银行

图7-3　现钞实体货币投放、回笼、净化自称系统"小联行"运行

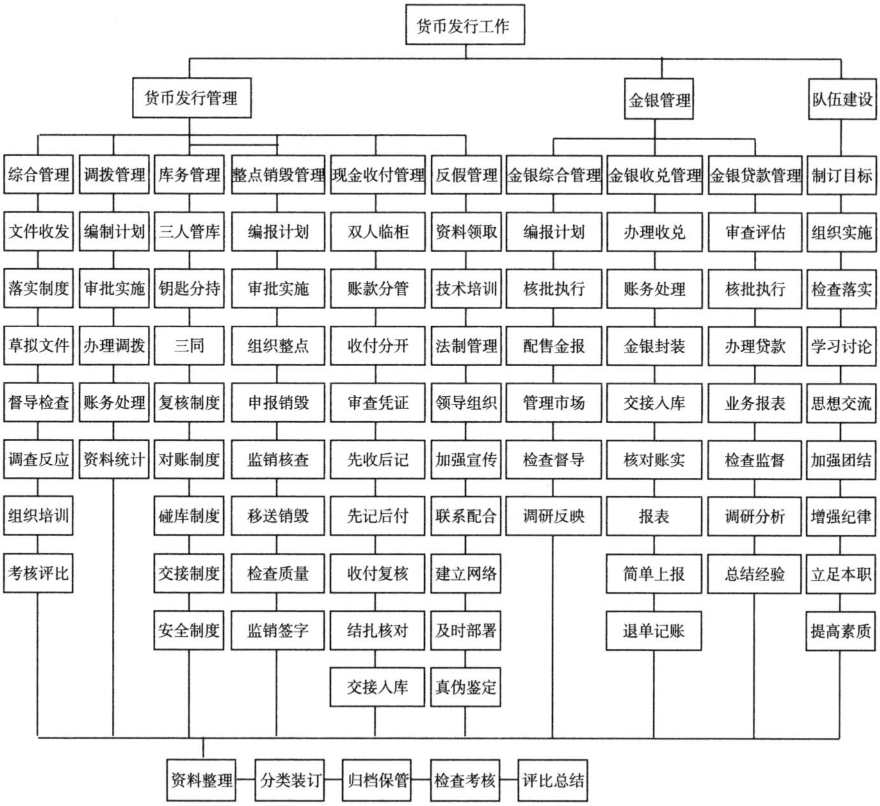

货币发行工作									
货币发行管理						金银管理			队伍建设
综合管理	调拨管理	库务管理	整点销毁管理	现金收付管理	反假管理	金银综合管理	金银收兑管理	金银贷款管理	制订目标
文件收发	编制计划	三人管库	编报计划	双人临柜	资料领取	编报计划	办理收兑	审查评估	组织实施
落实制度	审批实施	钥匙分持	审批实施	技术培训	核批执行	核批执行	账务处理	核批执行	检查落实
草拟文件	办理调拨	三同	组织整点	收付开分	法制管理	配售金报	金银封装	办理贷款	学习讨论
督导检查	账务处理	复核制度	申报销毁	审查凭证	领导组织	管理市场	交接入库	业务报表	思想交流
调查反应	资料统计	对账制度	监销核查	先收后记	加强宣传	检查督导	核对账实	检查监督	加强团结
组织培训		碰库制度	移送销毁	先记后付	联系配合	调研反映	报表	调研分析	增强纪律
考核评比		交接制度	检查质量	收付复核	建立网络		简单上报	总结经验	立足本职
		安全制度	监销签字	结扎核对	及时部署		退单记账		提高素质
				交接入库	真伪鉴定				

资料整理 → 分类装订 → 归档保管 → 检查考核 → 评比总结

图7-4　现钞实体货币、金银业务整体管理

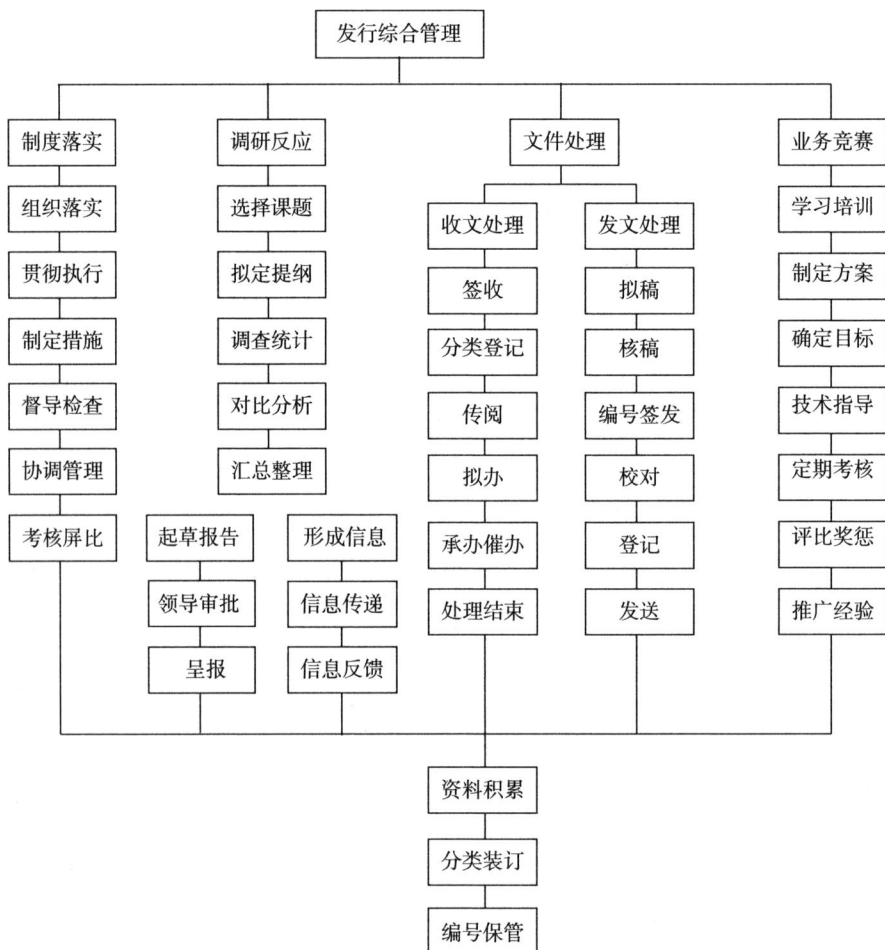

图 7-5　综合处职能业务

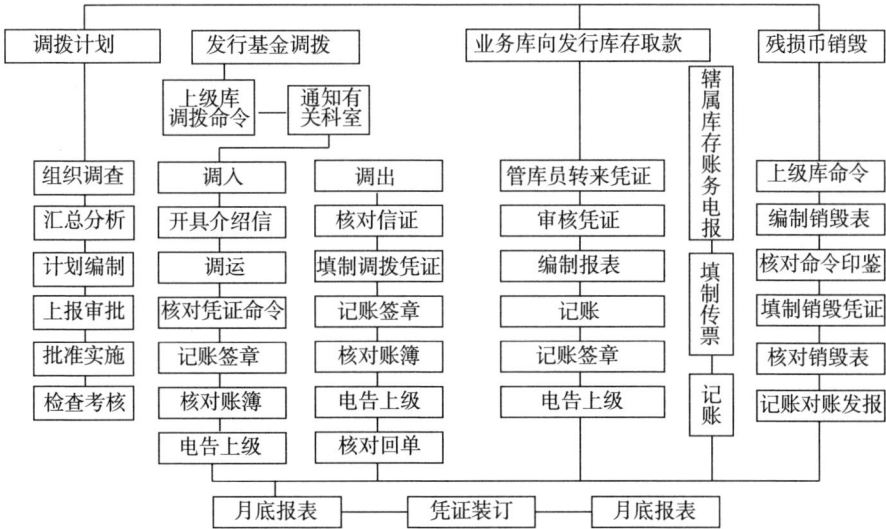

图 7-6 计划处职能业务

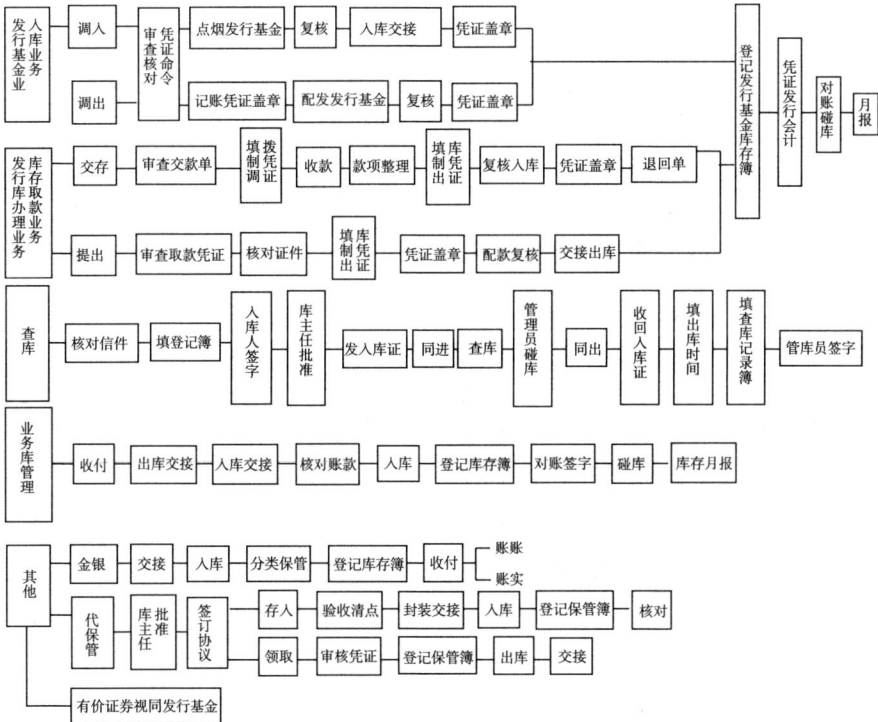

图 7-7 发行库处业务

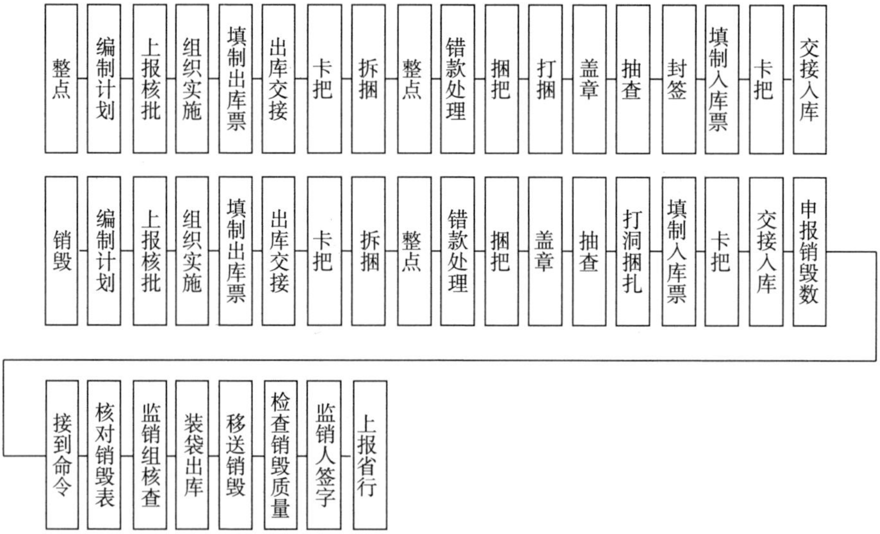

图 7-8　整点销毁管理岗位业务操作程序模型

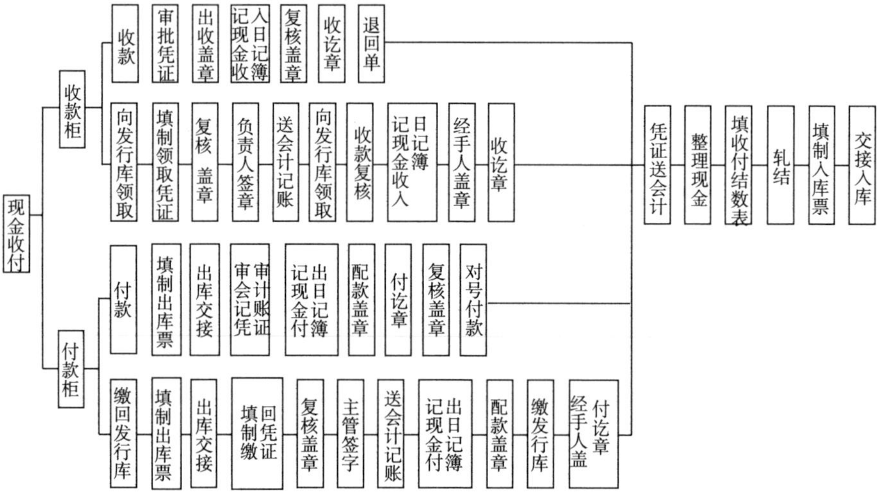

图 7-9　现金收付业务岗位工作程序模型

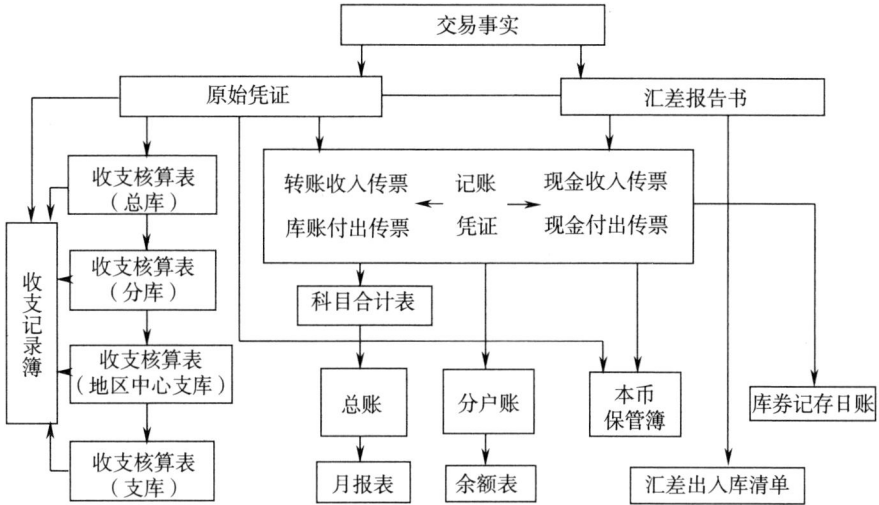

图 7-10 中国人民银行发行库账表组织图解

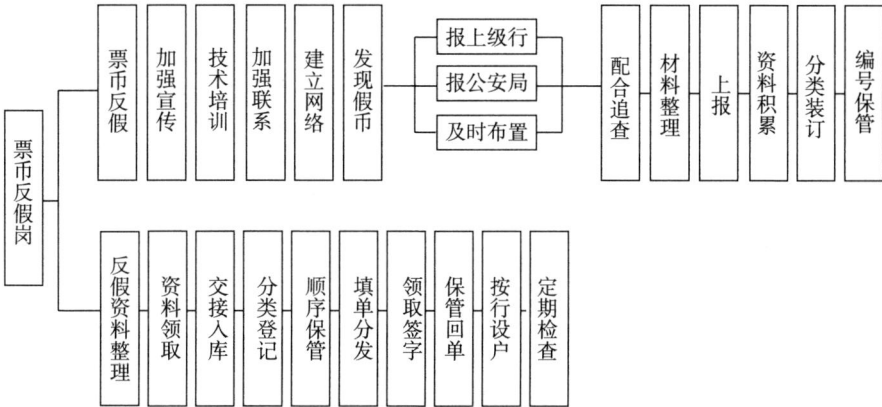

图 7-11 票币反假岗位工作程序模型

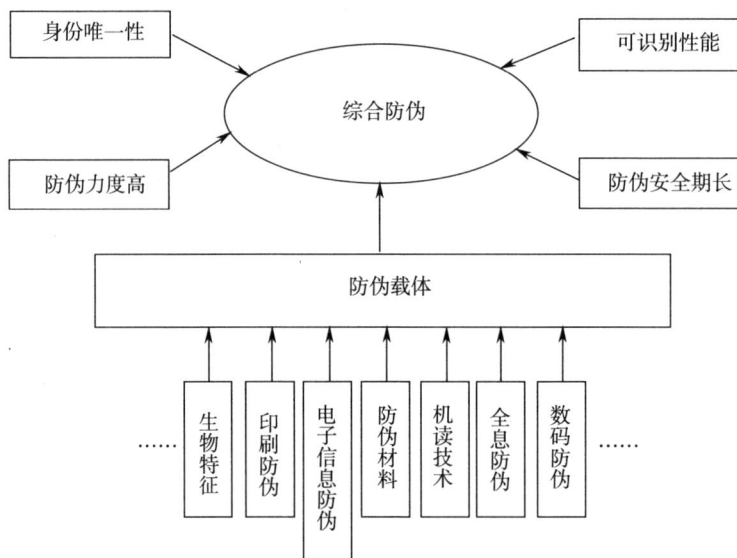

图 7-12　综合防伪示意

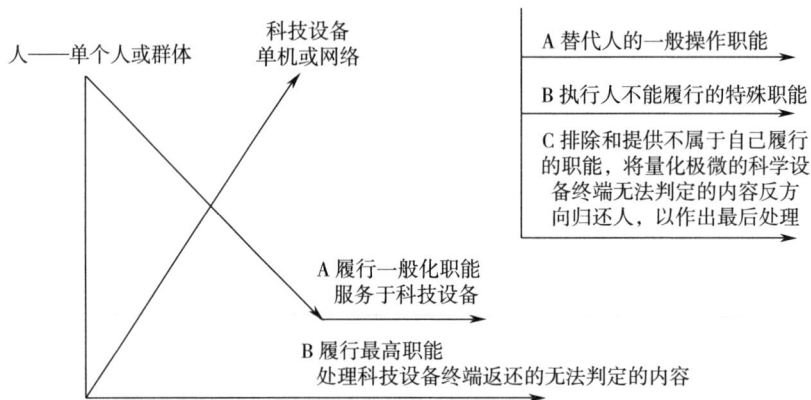

图 7-13　人与机具对话

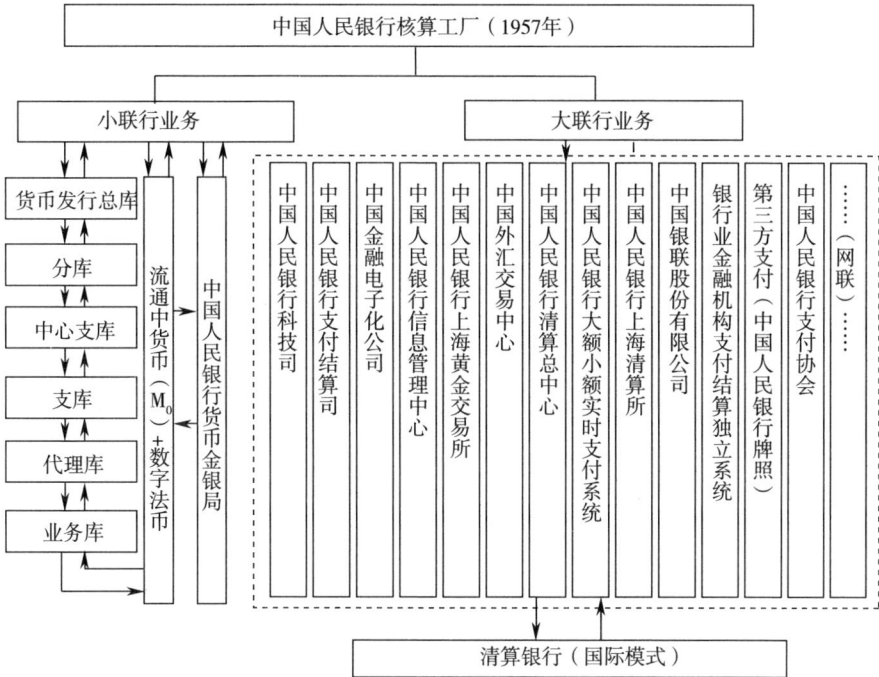

图 7-14 银行业金融机构货币支付结算系统示意

以上诸图可见，1957 年中国人民银行成立核算工厂，整整 60 年以来，金融体制不断地进行深化改革，针对核算工厂的职能业务不但分离出若干职能业务司局和公司企业事业单位，而且核算工厂本身同步发生了大容量的变化，1988 年经国务院批准，作为中国人民银行的直属单位，组建了大型高科学技术企业中国金融电子化公司（China Financial Computerization Corp）承担中央银行的信息化建设任务，涵盖中央银行信息系统开发、检测及认证、灾难备份、金融标准、信息化研究、宣传及培训等职能。先后完成了中央银行会计核算、国库信息处理、企业和个人征信、货币发行管理、移动金融安全可信公共服务平台、中央银行同城灾难备份、中央银行等级保护测评、银行卡行业系列标准、中国国际金融展、中央银行信息化宣传交流会议等诸多金融行业大型项目或活动，获得了多项金融及银行科技发展奖，与当年的算盘、穿孔打眼相比绝非同日而语。

第九节　原生型实体货币社会化处理中心改革方案

"纸硬币安全运营股份有限公司"或者叫"社会化钞票处理中心"，"货币守、押、清分股份有限公司"由"现金综合服务商"作为独立法人负责经营，承担流通中货币（M_0）清分、保管、运送等特殊职能业务，属于国家法定货币（人民币现钞）发行链条的重要组成部分，与中央银行、银行业金融机构等，构成有机整体，形成现金物流体系。国有企业或民营企业均可创立此类公司，或采纳用份制承担此类业务。依国体和货币发行性质，目前可以印制企业为主体，银行业金融机构参股经营，在印制企业所在城市先行试点，逐渐推开。20世纪80年代，"纸硬币安全运营股份有限公司"在法国等现代发达国家已经大量呈现并顺畅运行，日本从90年代末期开始大量兴起此类公司，之后普及全国，简称CSD业务。我国从21世纪初逐渐以"外包""托管"等理念触及此项工作，尚处于萌芽、摸索状态之中，以杭州公交公司、深圳威豹公司、青岛华鼎押运有限公司较为典型。

法定货币（人民币现钞）发行的量化大数据，表明了研究构想"纸硬币安全运营股份有限公司"改革方案的现实作用与深远意义。

法定货币（人民币现钞）印制、发行与流通，整体上体现集中统一，三段链式格局在其运行的不同阶段性质不同、称谓不同。

人民币现钞运行自然区分为 1 段、2 段、3 段,处于第 1、第 3 段存在三种称谓:第 1 段涵盖两个:一是印制产品;二是发行基金;第 3 段称谓残损券(不宜流通),以上一种、二种、三种称谓均不属于流通中货币(M_0),在职能业务管理上归属中央银行。

第 1 段中央银行负责原封新券(发行基金)印制生产、库存与投放,形成净投放,原封新券投放属于流通中货币(M_0)物理生命初始;第 3 段中央银行负责残损券注销,终结实体货币物理生命周期,同时担负完整券(发行基金)回笼、库存、保管待投放,其实物量多寡遵循市场货币流通规律而定,实际操作过程中还主要包括质检印制产品;货币分套、分版;假币收缴、销毁等。历史上形成内部运作小联行业务,与流通中货币(M_0)波及银行业金融机构等大联行业务竞相对应。第 2 段货币称谓流通中货币(M_0),属于完全市场运行范畴。

计划经济惯性操作与市场商品、货币流通客观规律决定了政务圈与商务圈、供应链与交易链。银行业金融机构、现金综合服务商从事市场化营运,与中央银行的性质有别,中央银行监管中段(市场),承担国家货币发行的基本职能,涉及货币制度的健全与完善。

中央银行、银行业金融机构、"纸硬币安全运营股份有限公司"三者间构成混成体,"计划 + 市场"兼而有之,共享带有行政色彩、经济措施、法律性质的管理与监管条款。

第一方为中央银行,属于政府部门,应行使管理与监管货币发行与流通的双重职能,与第二方和第三方之间存在行政与经济双重关系,既可通过行政方法管理,也可通过经济,甚至于法律手段监管。中央银行对银行业金融机构、"纸硬币安全运营股份有限公司"等涉及大量现金的部门应纲目性提出管理、监管政策,明确现金运行方向,进行业务操作指导，如提出假币"零容忍"、回笼券"全额清分"等。

第二方为银行业金融机构，本质在于市场营运，基于中国特色社会主义市场经济特点，尚应履行国家法定货币发行职能，发挥政府与市场之间的桥梁、纽带作用，尤其是国有大型商业与政策性银行具有政府职能作用，必然要承担一定的为国家和公众服务的社会义务。银行业金融机构按照中央银行指令，根据市场流通中货币（M_0）质量状况，力求数量与结构合理性，向中央银行领取原封新券，以保障现金支付和替换不宜再行流通的残损券，可委托、租用"纸硬币安全运营股份有限公司"专用车辆运送；商业银行依据业务营运需求，依据具备法律效用的商业合作协约，一则可以向"纸硬币安全运营股份有限公司"适时成交超业务库存限额现金，再则可以向"纸硬币安全运营股份有限公司"及时获取柜面业务营运所需要的现金。

第三方为"纸硬币安全运营股份有限公司"（可简称 CPC 业务，即 CHAO PAO CHU LI 钞票处理业务的缩写），即"现金综合服务商"所运营的实体公司，可经中国人民银行牵头，并由国家工商行政管理局、中华人民共和国公安部、国家质量检验检疫总局等联合批准，注册若干"纸硬币安全运营股份有限公司"，其属于经济实体，独立经济法人，是一种具有特殊职能，集实体货币运输、保管、清分处理的五脏俱全的综合部门，其与商业银行及社会单位之间并非外包、托管关系，而是处于同一平台、平等地位的经济、货币、法人关系，享有公平的运营权力，任何一方无权凌驾于另外一方之上。

"纸硬币安全运营股份有限公司"完全具备银行业金融机构业务性质，可"代理中国人民银行发行库"与"代理银行业金融机构业务库"，与中国人民银行和银行业金融机构签订具备法律效用协约，由中国人民银行核定库存现金定额，额度内免收利息，无偿使用，超出定额部分交息，其现钞（纸币、硬币）库存不计算货币流通量，与中央银行发生业务往来，包括运送上缴残损券，领取或上缴回笼完整券等均属于无偿作业；其"代理银行业金融机构业务库"业务的量化统计按中央银行统一口径执行，与商业银行等现金运营部门之间从属市场经营关系，发生的一切业务往来均为市场经济行为，归属有偿服务，根据市场同期合理价格收取营业费，讲求成本利润核算，按规定纳税。

"纸硬币安全运营股份有限公司"所经营的各类项下的纸币与硬币业务，均需经过银行业金融机构在中央银行的开户行办理借贷记账手续后才能履行调运任务。"借"为增加银行业金融机构现金存量，依中央银行口径计算市场货币流通量；"贷"为减少银行业金融机构现金存量，转为"纸硬币安全运营股份有限公司"库存，不计算货币流通量。"纸硬币安全运营股份有限公司"应以大数据信息网络平台保持与中央银行和银行业金融机构的账务清算往来，做到账实相符、账款相符、账账相符、严格禁止利用库存流通中货币（M_0）进行股票市场、债券市场、外汇市场、黄金市场等买卖融资行为，遵循和执行中国人民银行发行库管理制度的基本规定。其具体业务职能定位如下：

一是武装"取回"流通中货币（M_0），涵盖回笼完整券与残损券；二是武装"送出"流通中货币（M_0）（回笼完整券）；三是适量库存保管流通中货币（M_0）（回笼完整券与残损券）；四是清分回笼完整券保持一定库存备用，保障即时再度投放市场，包括流向银行业金融机构与社会现金需求上规模的商业、公司、企业、事业、军队等部门的调运款项，均应在银行业金融机构开户行办妥借贷账务手续；五是挑剔残损券并武装运输上缴中央银行；六是清分处理硬币，包括分辨真假、挑剔残损、清洗整洁、包装备用、专送服务；七是按照中央银行核定的库存量与市场需求情况，向中央银行上缴或取回回笼完整券；八是必须配备高科技含量的金融仪器、机具、设备、装备，以保障清分处理货币质量；九是建有一支经过培训、安保技术一流、忠诚可靠的武装守库与押运队伍；十是具备符合银行业金融机构金库标准的金库条件和出入库、处理货币的环境。

第十节　青岛国鼎押运公司运营模式

以完整业务链为代表的综合服务商——深圳威豹押运公司与青岛金融押运公司，二十几年前，均由人民银行联合各商业银行成立，主要为商业银行提供保安押运等现金服务，这类押运公司涉及现金清分、ATM 配钞、金库保管等综合现金服务业务。图 7-15 是青岛国鼎押运公司的主要业务和完整的经营程序示意图。

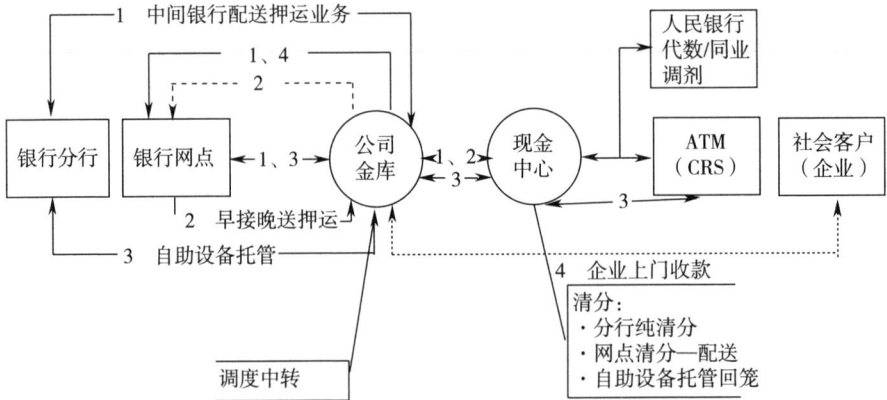

图 7-15　青岛国鼎押运公司的主要业务环节

青岛国鼎押运公司的主要客户是商业银行，服务对象包括商业银行的网点、分行和 ATM 自助设备。主要工作是从网点、分行或 ATM 自助设备中取出现金，运送到公司金库，进行分类保管和中转，需要清分处理的现金从金库拨送到清分中心，进行集中清分处理，处理后按照银行的指令运往网点、分行、ATM 自助设备或上缴人民银行发行库。在现金押运途中，还拓展出商户收款、票据递送等业务。业务的核心包括：一是公司金库取代了商业银行分行以下的现金金库；二是公司集中清分中心取代了商业银行小规模清分中心；三是押运团队将分散在全市的银行网点、分行、ATM 自助设备、人民银行发行库、公司金库、集中清分中心等物理位置串联在一起。有了这几个核心条件，才能形成完整意义上的现金综合服务。

这种模式涵盖现金押运、现金保管、现金清分和 ATM 配钞业务等范围较广的现金综合服务，且押运环节作为现金押运的载体，将清分中心、金库及银行网点等串联在一起，有利于集中处理现金，综合安排现金押运路线，发挥资源规模效应，有利于实现第三方现金综合处理效率与效益的优势，是未来拓展现金综合服务业务的目标和方向。关于现钞货币管理的先进性，可以结合国际上的先进做法和中国的先进管理典型进行讨论。紧紧围绕现钞数量不断增加的银行经营管理议题，许多国家和地区已经如雨后春笋般滋生了和不断成长、完善着若干以金库为基地，包括票币运输、清分、销毁等多位一体的现钞货币处理中心。这类钞票处理中心的建立就像当年中央银行的诞生一样，是一种跨越时代的进步，它一改本来对票币零星小宗分散处理的落后状况，将现钞的经营管理逐步引向了现代化。例如，美国非常重视资金的周转速度与使用利益，为了做到这一点，建立了五大支付系统（现金、支票、电子转账、自动清算所、银行间清算所），首当其冲的是现钞支付系统，对处理纸币、硬币的投入相当多。在国外曾经多次看到设在中央银行、由总行货币局直接管理的现钞处理车间。设在法兰克福的德国联邦银行和设在巴黎的法兰西中央银行都有这样的部门，它们采用现代化的设备，经办检查原封新券、回笼完整券和损伤券业务，真正执行中央银行发行现钞货币的职能。在荷兰、瑞典、瑞士、美国、英国、日本、马来西亚、新加坡、印度尼西亚、澳大利亚、印度等国以及中国香港都是这样做的。另外，在社会上还专门设有许多钞票运输公司、钞票处理中心等经营性机构。比如，在巴黎一个城市就设有若干个钞票运输中心，每个中心的设施、设备均很完善，包括库房、专用运钞车、钞票清分车间、各类安全防范设备等。我国河南早在 1991 年即开始酝酿组织相对单一的钞票运输队伍，经过几年的努力已粗具规模，得出了较其他运输现钞方式更行之有效的结论。与此同时，在深圳开始缔造中国的第一个现钞货币处理中心，既然是现钞处理中心，纸币与硬币会同在，本币与外币也会同在。它无疑是集运输、清分、销毁现钞等多位一体的架构，有着涉足辖区，顾及全国与世界同步的高起点。

第十一节　原生型实体货币运行国际范例

CSDDATA 业务（以下简称 CSD 业务）是发达国家的货币运行中介公司，在银行和银行客户之间开展的一项涉及纸币、硬币的中介性职能业务，包含面对商店和银行业务服务及对部分现钞的运送、清分处理等。

出于安全、方便、成本等诸方面的考虑，CSD 业务在现钞流通市场快速发展。以往的做法是，商店将销售商品获得的现钞，不论纸币还是金属币，除留足再次销售支付找钱的部分外，多余的甚至大量的一般会自动交往银行。白天可能由银行柜台存入，深夜则由夜间银行形式办理。对此，作为单独的客户，多项原因酿成现钞运作的不方便问题、成本价格问题，可能出现被劫、被抢、差错、丢失等问题。CSD 业务，正是出于解决这类矛盾而孕育产生了。它是由有组织的专业公司，将必要相关客户的钱转送到银行。替代客户将钱直接送往银行，是启动、衔接银行与客户的一条链索，是商店和银行采用的一种新型租用业务，体现了现钞在银行与客户之间运作的一个过程。它不是在形式上，而是在实质上，充当了商业财务会计、出纳及银行职员的部分业务操作。一些国家很早就开始了类同的业务，但内容却相对单一。例如，"运钞公司""保安公司"只是负责现钞的运送，侧重点在运送，其他则是微不足道，与商业部门的业务联系缺乏直接和必然性。而 CSD 业务，为商业客户和银行，直截了当的、带有金融业务性的服务是主要的，解决了商店和银行各自经营业务时，不容易办理的疑难问题。CSD 业务也承担着一定量的现钞运送工作，在无线基地遥控管理专用运钞车辆，从事银行总行与分行间、地域间、同城间现钞取送。

CSD 业务关键是由 SD 机完成的。SD 机是一种高科学技术产品，体积如小号冰箱大，其置身之地在商店、广场、市场等现钞用量较多的地方，现钞用量较多的场所，可安装两台以上。价格与使用寿命大体如 ATM，性能从以下几方面体现：一是启动的便捷与安全性。由 IC 卡启动，主管负责人掌握 IC 卡，一台 SD 机可设若干卡，不同的店均可区分。持卡一旦丢失，可挂失，不可再用。设有警报装置，一旦发生异常，总控中心会立即知道，并作出相应反应进行处理，安全系数极高。二是量化与记载性。可以协助商店全面管理销售额。SD 机具备清分数据功能，可将数据累积，也可将数据分离。可将一天发生若干次的销售行为，进行会计记账。也可将商店头一天与当天的销售额进行扎差，分清当天与次日销售额的关系，并将以上各类数据打印出清单，存档备考。三是准确无误性。SD 机内设有纸币、硬币两个金库。纸币与硬币无须清点，即可混杂券种投递，机器可同时对其操作，并记载数据，纸币与硬币数据可分别记载，两种金额也可相加。记录万一有误，可退回从新操作，确认无误时再存入。打印单据，或账簿，包括金额、操作时间、IC 卡号码、分出各类券别和汇集总量等。若客户不是为了存钱，而是为了数钱，SD 机可即刻将钱退出，同时打印。若 SD 机内还有一枚或一张票币未退出，门会自动处于开启状态，而不关闭。SD 机尚有十分准确的票币兑换性能。另外，两个金库，轻便随携，警运时将账单与票币，送到专门设定的地点再次清分处理，即再次确认数据的完整与可靠性。四是网络性。SD 机在同城与异地间构成网络，同时与银行互网。客户存入的钱，不是存入 CSD 业务公司，而是没有时间差别的，通过计算机联网存入了银行，即时计息。五是特殊服务性。CSD 公司有专门的公司警运车辆，汽车设有明显标志，配有警备职员，防范实力很强。可完成银行总行与分行之间的警运，地域内与地域间警运。有相当数量的钱放在 CSD 公司，根据银行的通知，纸币会交由银行处理，硬币则全部由 CSD 公司处理。

清点好的硬币，暂且替银行保管，银行通知再交出去。损伤硬币则由
CSD 公司交往发行硬币的部门，银行或财政部注销。

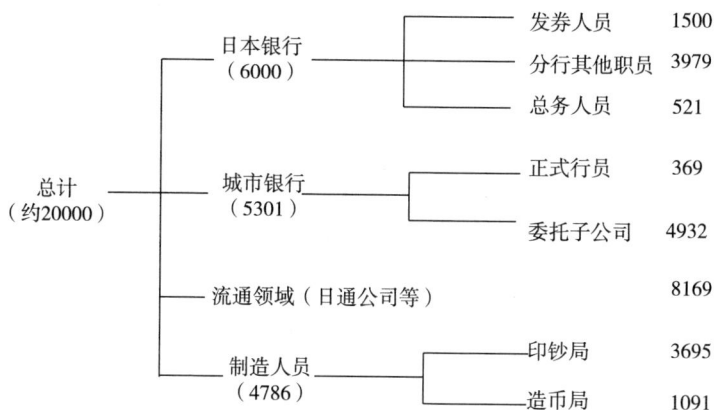

图 7-16 日本银行现钞实体货币管理体制与业务操作

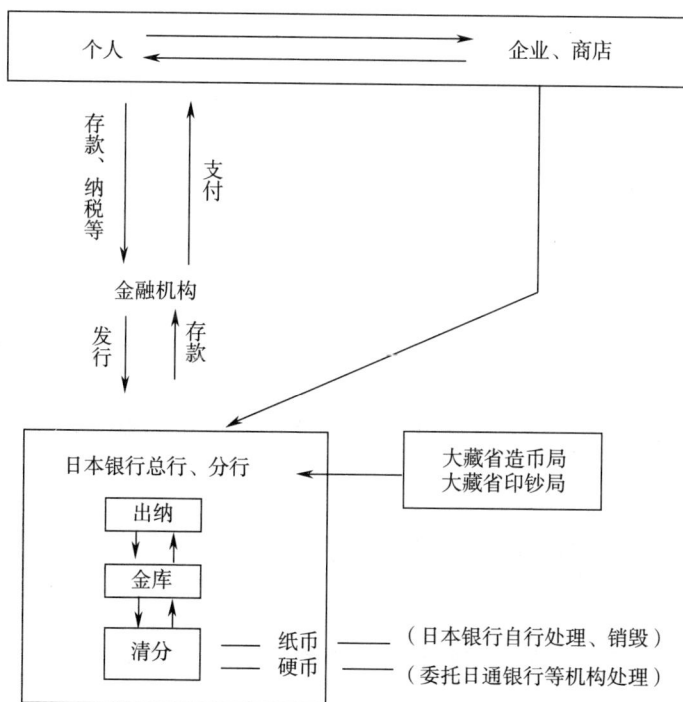

图 7-17 现钞 M_0 运作流程

CSD 业务和 SD 机设备的诞生与启用，作为一种新生事物，其节省时间，降低成本费用，保障安全、增效减员的先进性能，会很快被认识。例如，日本一年前此项业务还是空白，而只一年的时间，即有客户 574 家，设置 SD 机 660 台，势如破竹，客户需求量猛增。在市场经济形势下，其生命力会之强，潜力会之大，不言而喻。我们相信，扩展这项业务，一定会给经济、金融的发展带来不少益处。

法国、日本、英国、美国、德国、中国的 CSD 业务，在中央银行与银行业金融机构货币发行业务转型新兴市场化的过程中非常值得估算，针对原生型实体货币抽象转账支付清算货币、未来法定数字货币的科研、发行、流通管理与监管，多国 CSD 业务可借鉴。

本章思考题：

1. 论述应如何监管大额使用现金及大额支付交易业务，防止洗钱等金融乱象，确保国家、经济、金融安全。

2. 论述什么是洗钱、反洗钱国际组织及法规，如何做好反洗钱、反恐怖融资和反逃税工作。

3. 论述原生型实体货币的法定性质和在防范金融风险与危机中的作用。

4. 结合实体货币差错、事故、案件、假币等风险点，换位思考法定数字货币风险防范。

5. 结合货币支付交易、实体货币静态与动态操作风险，论述如何强化风险监管。

6. 结合实体货币管理举措与典型案例，论述法定数字货币与实体货币风险防范的复杂性、长期性、科技性。

7.结合实体货币守、押、清分与管理通用技术条件的论证，支付交易与市场货币流通（M_0）的典型情况和数据，论证法定数字货币安全。

8.论述"纸硬币安全运营股份有限公司"的银行业金融机构业务性质。

9.从青岛国鼎押运公司的运营方式以及市场流通中货币（M_0）运行状况中得到哪些启示？

10.论述日本等多国 CSD 业务。

Legal Digital Currency

第八章

法定数字货币

金融机具生成、演变、特征及监管

◎ **本章提要：** 本章以论证金融机具为切入点，考察法定数字货币安全运行与监管模式换位思考理论，包括金融机具概念，国家标准、行业标准解析，智能化机具与未来法定数字货币等智能化货币的科技关系解析，以及货币形态与金融机具的演变历程分析。

第一节　金融机具概念、国家标准与行业标准

一、金融机具概念

金融机具是指银行等金融机构日常用到的机具产品，比如点验钞机、纸币清分机、硬币清分机、自动存取款机、静态鉴别仪、纸币捆扎机、现钞多功能智能处理系统、现金物联网等产品。

金融机具各概念具有独特性、瞻前性和智能化的特征。具体金融工具概念如下。

1. 点验钞机。点验钞机是机电一体化实体货币防伪设备，具备快速点数与精准判定真伪双重性能，耐用性强、体积较小是前台镶入式现钞处理设备；配置外接口，链接打印机（printer）、显示器（screen）等输出（output）设备，可完成终端性作业，与计算机中央处理器（computer）系统搭建，从而构成现金物联网系统工程。点验钞机与各类金融机具一致兼容的标准物质定夺于货币，具备各类金融机具的基本性能。

2. 纸币清分机。纸币清分机是机电一体化镶入式货币防伪系统设备，具备四个出钞口以上功能，依从"以真鉴真、以真鉴假、以假鉴假"科学原理支撑，采用声、光、机、电、磁等多项技术组合方案，精准识读纸币种类、版别、券别（券种）、新旧、真假等多功能；是可区分大型、中型、小型的后台运行设备；配置外接口，链接打印机、显示器等输出设备，可完成终端性作业，与计算机中央处理器系统搭

建，从而构成现金物联网系统工程。依据有关政务管理政策，假定排除货币分类业务，微型清分机也应具备三个出钞口功能。

3. 硬币清分机。硬币清分机是机电一体化镶入式货币防伪设备，具备分拣（分离各类币种、完好与残损度）、点数、判别真伪的硬币处理设备，耐用性能强；配置外接口，链接打印机、显示器等输出设备，可完成终端性作业，与计算机中央处理器系统搭建，从而构成现金物联网系统工程。

4. 硬币多功能处理系统。硬币多功能处理系统是机电一体化镶入式货币防伪系统设备，具备清洗，分拣（分离各类币种、完好与残损）、点数、判别真伪，券装（打券、打捆）、封装（塑封小袋或签封布袋、秤重）、复核装箱（大袋）的硬币专用处理设备，耐用性能强；配置外接口，链接打印机、显示器等输出设备，可完成终端性作业，与计算机中央处理器系统搭建，从而构成现金物联网系统工程。

5. 自动存取款机。自动存取款机是机电一体化镶入式金融自助性货币防伪系统设备，具有收、付现钞联动功能；可精确提供金额、张数、判定真假；可储存一定量纸币，是具备防撬、钻、爆、切割等安全条件的微型金库；配置外接口，链接打印机、显示器等输出设备，可完成终端性作业，与计算机中央处理器系统搭建，从而构成现金物联网系统工程。

6. 静态鉴别仪。静态鉴别仪是用于鉴定单张纸币与票据的镶入式货币防伪设备，采用高分辨率视频、声频比对等方式认证真伪；可手工或智能输入输出标的物；常用于柜面票据业务经办过程，或营运技术审定中心、专家办公室，最终鉴定纸币与票据真伪，协同产生法律效用。

7.纸币捆扎机。纸币捆扎机是机电一体化货币处理设备；依把（100小张）、捆（10把）捆扎钞票；应做到塑质带烫合度、热塑收缩度适当，票面上下左右平整，人名与单位签注清晰，杜绝抽张等事故隐患，确保安全。纸币捆扎机处于现钞多功能处理系统末端，与点验钞机、货币清分机、自动存取款机作业无以苟同，但其捆扎的钞票，应体现前期各类机具分类、辨伪、挑残之等功能。

现代纸币捆扎机处理的钞票应符合新型五好钱捆标准：点准、挑净、平整、签注清晰、安全扎封。第一，数字一定要确保准确；第二，新旧、真假、分版诸问题一定要点验钞机等解决在先；第三，现代货币安全线、OVI光变墨迹、OVMI光彩墨迹等票面覆着物体的厚重度，小张钞票的平衡体态，百张为把腰条的捆扎位置，千张为捆、十把分离的摆放方向，均应依实际设定扎封方式；第四，签注清晰指经办人、时间、联行代号等备查要求，应明细、一丝不苟；第五，采纳热塑签封或传统捆扎形式，均应防止抽张等作案现象滋生，以堵塞管理漏洞。

8.现钞多功能智能处理系统。现钞多功能智能处理系统是机电一体化镶入式货币防伪系统设备，系指多机联动，将清分机、捆扎机、注销机等设备衔接一处作业的流水线式综合体；统一配置外接口，链接打印机、显示器等输出设备，可完成终端性作业，与计算机中央处理器系统搭建，从而构成现金物联网系统工程。现钞多功能智能处理系统，属于现金物联网系统工程的一段，适于大量现钞作业任务需求，归于方向性发展产业。

基于现金物联网体系的需求，开发、运用现钞多功能智能化处理系统迫在眉睫，一个完整的处理现钞货币过程，可以在综合理念下，通过采集、分析、上报有关数据和典型案例，以强化中央银行发行基金管理和提高商业银行、社会化公司的现钞营运水平。

9.纸币、硬币自动兑换机。纸币、硬币自动兑换机是机电一体化自助性货币防伪设备，在等值条件下，具备将纸币与硬币（本币与外币），于纸币不同面额、硬币不同面值之间，实现相互转换的功能；机体内可以储存一定量和兑换所需结构的货币；机体外壳坚固，应预防暴力抢劫，质同金库；归属现金物联网系统工程。

10.自动售票与自动售货机。动售票与自动售货机是机电一体化社会性自助性防伪设备，借助货币载体，开启市场售货、售票等营销业务，在无专业职员操作的条件下，履行服务性产业职能，展开商品与货币流通；归属现金物联网系统工程。

11.现金物联网。现金物联网是属于计算机网络系统分支，为履行国家货币金银事业管理使命，涵盖国家法定货币生产、调拨、储备数据采集，货币发行与回笼数据采集，损伤货币注销数据、假币收缴数据、金银实物数据采集，以及数据库典型情况解析；是覆盖总、分、支、点机构，行业内外线性关联，上通下达，高度集中统一的行业职能性系统工程；配置外接口，链接打印机、显示器等输出设备，可完成终端性作业。

二、国家标准与行业标准

2018 年 1 月 1 日，《人民币现金机具鉴别能力技术规范》正式实施，这是国家首个覆盖所有类型人民币鉴别设备的技术标准，主要内容包括人民币现金机具分类、人民币防伪特征分类、人民币现金机具鉴别能力要求、纸币鉴别机具及硬币鉴别机具的鉴别能力测试方法及检测规范等。中国人民银行牵头制定这样的规范充分体现了职能部门为国家分忧、为人民解难的积极作为，是贯彻落实党中央、国务院关于做好反假货币工作指示精神的重大举措，也是全面有效实施人民币现金机具公里的里程碑，标志着人民银行反假货币工作进入了系统化、科学化、精细化管理阶段。下一阶段将立足本标准，与相关部门一起启动人民币现金机具国家标准的制定工作，进一步强化对现金机具管理的强制性与约束力。

1997 年，中国人民银行牵头制定了人民币伪钞鉴别仪国家标准；2009—2010 年，为整治互联网炒作发酵"高仿真度""仿真度更高"假币及金融机具生产、入市、使用的乱象，中央和国务院领导多次作出重要批示，经报国务院批准，中国人民银行牵头国家质检总局、国家工商局、科技部和公安部制定了强制性《人民币鉴别仪通用技术条件》国家标准并荣获国家科技创新奖，新华社及中央电视台等新闻媒体，多次对此进行了广泛宣传，受到国内外行业与同行的赞誉，认为国家标准引领和促进了现金机具行业发展，包括大中型清分机、ATM、CRS 机等均参照冠字号码技术、数字图像、光学特征、磁性磁图像技术研发生产，取得了长足性进步；2018 年 1 月 1 日，仍由中国人民银行牵头制定的《人民币现金机具鉴别能力技术规范》正式实施，这反映了中国人民银行作为国家的中央银行履行国家赋予的法定货币发行职责。

点验钞机、静态鉴别仪、自动银行机是社会经济生活中常见的假币识别机具。自动售票机、自动缴费机、自动售货机等各类自助型商用现金接受设备在商场、地铁、医院等场所配备的数量也在迅速增长，现金机具在社会经济生活中得到广泛应用，相应的管理与监管工作应同步发展。必须克服管理缺位和真空导致的管理范围之外不合规范的各类机具的运用，使得各类现金机具的鉴伪功能和质量得到有效保证。为全面有效实施人民币现金机具管理，开展系统化、科学化、精细化的反假货币工作，提升人民币流通环节整体假币鉴别能力，中国人民银行将建立以《人民币现金机具鉴别能力技术规范》为准绳，以现金机具鉴别能力检测为依托，强化事中、事后监管为保障的现金机具管理机制。人民币现金机具鉴别能力检测中心将全面开展现金机具鉴别能力检测工作。人民银行将通过官方网站向社会公布检测合格现金机具名录，引导社会公众、单位、银行业金融机构选择合格的现金机具，提升流通领域假币阻截能力。在国际上不乏先例，欧洲中央银行、俄罗斯中央银行、南非中央银行等均制定有现金机具国家标准。现金机具是我国当前保证人民币现金正常流通、进行货币反假的重要工具。行业标准的出台原因，一是流通领域现金总量的增加对人民币现金机具的需求日益强烈；二是维护国家金融安全对加强人民币现金机具提出迫切需求；三是快速发展的人民币现金机具亟待进一步加强管理；四是机具市场非良性竞争激烈，市场亟待规范。

自 1948 年 12 月 1 日第一套人民币发行至 1978 年 30 年间，全国市场流通中货币总量（M_0）为 212 亿元；1978 年至 2016 年底该项指数已达 6.83 万亿元，年均递增比率约为 18%，实体量化金额净增加超过 300 倍。回顾改革开放近 40 年的历程，随着经济发展的周期性变化，人民币发行也经历了 1980 年、1984 年、1988 年、1992—1994 年、1999 年、2011 年等高货币投放期，同时可见相隔其间的谷底。此轮货币投放（M_0）自 2011 全年净投放逾越 6000 亿元峰顶回落至 2014 年的 1688 亿元谷底，2015 年全国净投放货币量（M_0）2957 亿元，

2016 年全国净投放货币量（M_0）5087 亿元，预期 2020—2022 年将爬坡下一个峰顶，年度货币净投放量（M_0）趋向 1 万亿元以上，市场货币流通量（M_0）趋向 10 万亿元。

观察世界主流货币，欧美发达国家以及印度、巴西等金砖国家和诸多发展中国家货币净投放量（M_0）逐年增加。由于全球主流货币总量增长，现金供应量不断增加，对现金机具的需要和要求也相应增多，这对实施现金机具管理更提出了极为迫切的需求。

近年来，由于流通领域人民币总量持续增加，社会对现金机具的需求也日益增多的另外一个根本原因在于，国内犯罪分子造假手段不断翻新，假币案件规模不断增长，社会公众对现金机具管理，尤其是对货币真假方面的鉴别功能提出了更高要求。国家对人民币鉴别仪（点验钞机与静态验钞仪）实行生产许可证制度，但针对存取款一体机（CRS）、自助售票机等社会现金处理设备的管理制度制定和标准建设尚存在诸多空白，这对防范市场流通中的假币滋生与滋扰带来了难度，因此，面对多类机具的技术指标亟待规范。新标准的发布，对于机具企业而言，是挑战更是机遇。现金机具市场由于缺乏指导，非良性竞争较为激烈，正规机具企业生产不合格产品、企业间低价竞争、产品以次充好、企业无证生产的现象大量存在，这种情况极大地损害了用户利益和行业利益，不利于机具行业的健康可持续发展，对国家金融安全造成了极大的危害。机具行业作为保障货币流通秩序的重要支撑，中国人民银行有责任和义务引导其健康发展。发布《人民币现金机具鉴别能力技术规范》的根本目的在于优胜劣汰，提高现金机具的质量和反假货币水平，更好地维护国家金融安全和人民币流通秩序。

金融机具大有可为，不仅反映在产销数量上，还反映在科技研发水准上。好的公司企业，均配有一支高素质的研发队伍，少则数十人，多则数百人，机构健全，机制体现充分，科技人员在极大程度上发挥着革新、创造、发明的积极性。对此，急需要开展技术与理论建设，思路即是出路，思路即是方向，思路产生决策，正确的思路决定命运。技术与理论概念澄清了，才能定位目标、树立产品、明确客户、梳理市场。目前，金融机具生产厂家和使用金融机具的部门生产范畴存在盲目性，市场范畴存在紊乱性。因此，确认金融机具运行的大好形势，取决于在大量实践基础上的技术理论创新和升华，实践推动认识，认识指导和反作用于实践。

关于点验钞机、货币清分机、ATM 等金融机具首先要获得以强制性《人民币鉴别仪通用技术条件》国家标准等国标审查检测后颁发的生产许可证；然后陆续获得 CQC 认证产品性能委托检测报告（委托检验）、公司质量管理体系认证（ISO）等。除此之外，尚有销售业绩记录、性能质量评述等一些其他的认证工作。经过上述程序之后，银行业金融机构才能进行招标采购和使用。金融机具准入市场与在市场中的应用力求规范。

第二节　货币形态与金融机具的演变

一、货币演变

马克思主义政治经济学认为，货币是在商品生产和商品交换的发展中自发地从商品中分离出来的，固定地充当一般等价物的特殊商品。伴随社会进步与经济技术发展，货币形态逐渐从物质性向符号性演变。

（一）货币本质论

在货币形态从自然物演变到人造物／货币制度由自然制度转变为政府强制性发行制度的过程中，先后出现了多种关于货币本质的观点。其中，有以下三种最具有代表性的观点。

1. 货币金属论。货币金属论认为货币的价值是由货币材料的价值所决定的，因而重视货币的价值尺度和储藏手段职能，反对铸币减重和不兑现货币的流通。英国古典经济学家亚当，斯密提出的货币金属论认为，货币是商品，主要作用是媒介交换，其次是衡量所交换的物品，即货币职能是交换工具或流通手段。货币要发生价值尺度、储藏手段和世界货币职能，其本身必须具有实质的价值，所以只有金属货币才是真正的货币。纸币是金属货币的一种表征符号，它发行的金额不能超过其所代替的金银的价值。

2. 货币双重性论。德国哲学家西美尔认为货币是一切价值的公分母，它具有双重本性，即质料价值和功能价值。质料价值和功能价值之间是既互斥又互补的关系。但是，货币之所以具有价值功能，主要不是由于它的物质实体性，而是由于它的交换功能以及交换关系的存在。货币的量即为货币的质。对于货币来说，所要问的不是"什么"和"怎么"，而是多少。货币作为市场中的商品和劳务交换的媒介，其主要的社会经济功用就是标示交换的量。西美尔还认为，从货币经济发展史来看，货币兼具实物与功能的双重本性仅是一个历史现象，总体上质料价值逐渐淡化，功能价值变得越来越重要，货币的符号功能才是其本质特征。货币作为高级符号体系，具有浓缩、精简、高效地表达价值的功能。西美尔揭示了货币的工具特征及其符号意义，是货币符号论的萌芽。

3. 货币名目论。随着货币金本位制度逐渐退出而进入信用货币时代，货币名目论的理论得到巨大发展。英国金融货币学家凯恩斯在《货币论》中提出，货币是用于支付和商品交换的一种符号，这种符号是由观念上"计算货币"的关系而派生。经济生活中的债务和一般购买力就是通过这种计算货币的符号来表示的。有形货币本体（如纸币、硬币等）的作用主要是交换的便利。货币本体依赖于计算货币才成为货币，没有计算货币，货币的本体也就不复存在。计算货币本身是一种符号，由它派生出的货币本体也只能是相应的符号之物，也就没有实质价值，只具有名目的性质。凯恩斯的货币名目论指出货币之所以能够成为履行债务和作为一般购买力的表现形式，是因为货币是国家创造的。国家不仅可以创造它，强行规定货币的名称和支付能力，而且还有权随时变更它。

从货币形态与货币本质的相互关系看，货币形态的演变为货币本质论研究提供了物质基础，货币本质论揭示了货币形态演变趋势与基本规律。

（二）货币形态演变轨迹

在数千年的中国货币发展历程中，货币形态发生了多次变化。一是原始社会后期至夏、商、周时代，主要货币形态是天然贝币，金属货币尚处于萌芽期。二是春秋战国时期开始出现青铜铸币，并逐步形成了"铢两体系与年号宝文体系"两种金属货币体系。其中，秦汉至隋唐期间以铜铸币为主，形成以秦"半两钱"和汉"五铢钱"为主干的铢两体系。自唐朝起，铜铸币由铢两体系转变为以"文"为单位的年号宝文体系。晚清时期逐步出现了机制币，机制币具有重量与成色统一、易于携带与分合等特点，逐步取代了金属铸币。在金属货币体系期间，从南北宋到明清除铜铸币外，还产生了纸币与银本位体系。三是近现代时期，由于经济贸易发展与生产交换时空变化，金属货币的局限性日渐明显，自清末开始纸币逐步成为货币的主要形态。清代发行纸币分为官钞和私钞两类，官钞即由政府金融机构发行，私钞由民间商铺等发行。民国时期，地方军阀割据，各类纸币琳琅满目。中华人民共和国成立后，先后发行了五套人民币纸币。四是随着信息技术进步与交易便捷性的需要，电子支付方式获得快速蓬勃发展，信用卡、移动支付等日渐成为公众普遍使用的支付工具。

欧美等国外货币形态演变的主要阶段为：一是商品货币时代。由于物物交换需要双方需求匹配，交换效率较低，如贝币、黄金、白银等物品便成为货币形态。其中，黄金和白银在欧美数百年历史中一直发挥着交易媒介和价值存储功能。二是纸币时代。虽然贵金属货币在欧美国家长时间发展，但由于其在交易支付中的局限性，逐步产生以政府为主导、以法律为保障的纸币形态，金本位制被逐步取消。三是支票时代。随着现代银行业的发展，支票逐渐成为欧美国家新型支付工具，它提升了大额交易的便捷性，降低了交易成本与安全风险。由于欧美国家契约精神、法治体系、支付设施等社会环境，支票与信用卡得到了有效发展。四是电子支付与电子货币时代。计算机的普及和互联网技术的快速发展，特别是欧美国家相对完善的金融基础设施，为电子货币形态发展提供了物质基础。

（三）货币形态演变规律

纵观世界范围的货币形态，由天然贝币、贵金属货币、金属铸币、金属机制币到纸币、电子货币的演变历程，从物质形态货币到信用货币的发展轨迹，可以看出货币形态演变具有以下特点：一是货币形态演变要适应社会经济发展的需要。货币购买力与经常性商业交往需求相一致则会促进经济发展，不一致则会阻碍经济发展，货币严重贬值则会破坏经济发展。二是货币形态演变是商品交换与支付需求之间矛盾作用的产物。满足交易支付需求是货币的基本属性，货币数量要满足商品交换的需要，货币质量要满足防伪造要求，货币形态要利于携带、便于计价、坚固耐久等特点。三是货币形态演变是国家政治、法律与社会信用的产物。货币形态演变与社会政治经济环境息息相关，完备健全的法律体系是信用货币发行的制度性前提和土壤，也是其履行交换媒介职能的重要保障。中国是世界上最早发行与流通纸币的国家。四是货币形态演变与技术发展保持同步，技术进步为货币形态演变提供了可能；反之，如果货币安全技术不高，可能导致假币泛滥、劣币驱逐良币，乃至社会混乱、政权危机。货币形态演变要保证货币安全性、系统兼容性。

货币形态演化从实物货币逐渐发展为信用货币，是政治、经济、技术等综合作用的结果，是国家体制与社会信用发展的必然结果。从货币介质与载体看，无论货币形态是物质货币，还是符号货币，公众追求商品交换的便利和效率的动机，推动了货币产生及其形态演变。安全性、流动性与便捷性是货币形态演变的内在规律和客观要求。

二、金融机具演变

金融机具泛指金融机构在业务处理过程中所使用的各类硬件设备、信息系统等专业设备。其中，专用设备包括现金处理设备、银行卡自助设备、票据处理设备、零售终端自助设备与系统等；通用设备包括办公网络系统、业务信息系统、数据中心与数据传输系统、安防系统等。狭义金融机具通常指围绕现金、票据、银行卡全寿命周期所需的发行、出纳、点验、存储、销毁等机具与技术手段，该类机具是保障现金和"三票一卡"流转的重要技术基础，也是金融基础设施的重要组成。

伴随金融科技的快速发展，各家银行纷纷推出"智慧银行"经营模式，组建了自助化、综合化的银行网点，拓展了业务范围和服务场景体验。各类现金自助设备、票据处理设备、非现金自助设备、远程自助设备等成为智慧银行网点的标准配置，成为银行业务转型的重要保障。

（一）我国金融机具发展特点

金融机具是随着货币形态的变化而变化的。我国货币从贝币、铸币、机制币发展到纸币、电子货币，金融机具也随之变化。在贝币、金属货币时期，枚数或重量代表其购买能力，几乎不需要专用机具。近现代，纸币等信用货币的诞生与流通，以及反假货币的鉴伪需要，产生了种类繁多的金融机具。

自20世纪50年代起，为配合纸币硬币发行与流通，我国开始研制生产金融机具。从初期的点数为主，其后出现简易识别鉴别机具，逐步发展到现在种类繁多、功能齐备、技术综合的系列化金融机具。例如，起初是放大镜、荧光笔，然后是带有光学、磁学、电学等传感器的小型机具。现代金融机具日趋呈现技术集成化、功能综合化趋势，集聚了荧光、紫外、红外、磁性、电性能等十多种鉴伪技术以及图像识别、传感识别等功能。

现金机具发展取决于现金发行流通的需求。一是根据现金在中央银行、商业银行、商业机构与社会公众之间所处流通环节的不同，现金机具可以分为点验类机具、清分类机具、存取类机具、结算类机具、销毁类机具、运输类机具、保管类机具、保安类机具等。这些机具保障着现金的物流、信息流、资金流的顺畅。二是现金发行流通数量，决定金融机具市场发展与需求量的多少；流通中现金品种与结构，决定金融机具功能配置，以适应各类币种检测需要。三是现金印制技术水平高低，直接影响现金机具研制的科技含量与研发水平的高低，特别是假币频现加快了金融机具技术创新与升级换代的步伐。因此，金融机具的变迁与兴衰是法定货币印制、发行与流通的客观需要。

随着金融机构业务转型发展和计算机技术、信息网络技术进步，金融机具从无到有、从简单到综合、从传统到现代，促进了金融业务的自动化、信息化，保障了金融机构经营效率提升和经营成本降低，也为客户提供了安全、快捷的金融服务。金融机具的诞生是银行业务发展的客观需求，同时金融机具发展也促进了银行业务操作方式的变革。

（二）金融机具发展趋势

法定货币与金融机具之间存在相互作用、相互影响的关系。以现金机具为例，未来金融机具发展与供给趋势如下：

一是系列化。着眼于现金印制与发行的全寿命周期，现金机具发展应逐渐形成系列化产品，为现金生成、流转与销毁提供全面保障。在现金印制环节，检测设备与质量控制系统应涵盖安全线、印版、造纸、印钞等主要生产环节，保障生产工艺稳定与质量控制一致性。在现金发行环节，现金机具要为发行、流通与回笼提供有效、可靠的设备与管理系统。通过产品系列化，不仅保障现金全寿命周期的生产与流转，而且能够实现现金全寿命周期的实物流与数据流的贯通。

二是多样化。现金使用与流通需要面对不同场景环境与社会群体，现金机具必须适应现金使用场景与社会群体的差异化需求。现金发行流通环节涉及多类社会主体，由于各自在现金流通与管理中职能角色不同，不同社会阶层、群体所期望的机具功能、性能的内涵、外延存在差异化需求。此外，由于中国地域辽阔，地区之间、城乡之间的社会、经济、环境等存在明显的差异，金融机具要适应不同流通环境的使用特性。金融机具供给要坚持以人为本，必须全面满足各类用户的多种类、多层次的明示和潜在需求，特别是特殊群体的特殊需要。

三是智能化。伴随科技进步与反假货币需求，现金印制技术不断发展。相应地，现金机具技术不断综合声学、光学、电学、磁学等技术，实现技术综合化、信息数据化、网络互联化。金融机构诞生和发展起源于支付，支付业务是汇聚流量和积累数据的重要手段，其流量和数据是开展其他金融业务的底层基础。特别是随着大数据、人工智能等金融科技进步，商业银行将从金融服务提供者转向数据价值的挖掘者、利用者，将在未来经营中逐步实现客户群体的精准营销、交易业务的精确运营。金融机具发展应适应银行业务智能化转型升级的需要。

四是兼容性。科学技术进步催生了现金印制技术与防伪措施的向前发展，现金机具要兼容不同版别鉴伪识别需求。现金机具兼容性主要体现在三个方面：（1）新型安全防伪技术的不断涌现，现金机具要适应现金印制技术与防伪措施的技术提升需要；（2）根据防伪反假需要，改版将会带来现金印制基材、防伪技术应用、防伪特征布局的巨大变化，机具要兼容现金版别变化需求；（3）随着我国对外经济贸易发展，流通中不同国别现金品种与券别增多，机具检测功能性能要兼容多币种流通需求。为保障现金机具的兼容性，在现金技术提升与研发改版的同时，组织现金机具的同步研制、同步投放；或者在新券别发行前对现有金融设备进行功能升级和参数调整，使之兼容新旧不同版别品种。

五是扩展性。随着货币形态与支付工具日渐多样化，金融机具功能配置要适应支付工具形态变化，要兼具现金识别与非现支付信息读取等多种功能。例如，自助设备要兼容现金（纸币与硬币）、银行卡、移动支付（微信、二维码）等需求。

金融机具的有效供给，不仅着眼于货币印制与发行的全寿命周期，提供质量满足需要、数量供应及时、品种结构合理的系列化机具；而且，随着货币印制技术进步与服务对象演变，金融机具随之不断更新换代，并向智能化发展。同时，金融机具从适应货币形态变化的被动演变，逐步兼顾转向主动服务、全面保障，为货币印制与流转提供更多的增值服务。

智能化、信息化、便捷性将是金融机具发展的重要方向。过去，货币形态从贝币、金属铸币、金属机制币的演变，货币识别以人的感官、触觉为主。现在，货币印制技术由单一走向综合、由静态走向动态，相应地金融机具呈现了功能综合化、技术集成化。未来，随着货币形态由有形物质形态向电子化形态转变，金融机具也要随之演变与进步。可以预见，数字货币等新型支付工具的出现，智能手机、移动终端、可穿戴设备等将成为智能银行的有效组成，也将是数字货币发行流通的有效保障。

第三节　法定数字货币属性与金融机具特征

随着社会发展与技术进步，货币形态与支付工具不断演变进化。目前，数字货币成为各国中央银行与金融机构普遍关注的热题。数字货币的诞生与发行，与金融机具息息相关，必将对金融机具提出更高的要求与新的挑战。在这种形势下，辨析数字货币属性与金融机具发展趋势，显得更为现实、更加迫切。

一、法定数字货币

（一）法定数字货币属性

数字经济时代，货币数字化形态是必然趋势。尽管世界各国中央银行都在研究数字货币，但对数字货币尚缺乏规范统一的概念与技术规范，法定数字货币诞生与发行尚处于探索、萌芽状态。2017 年10 月 22 日至 23 日，2017 国际电联第一次法定数字货币焦点组工作会议在北京召开，会议确定了国际电联法定数字货币焦点组的行动大纲，其工作目标是定义法定数字货币功能及生态系统，开展法定数字货币标准化的进程。

目前对于数字货币的研究与探索，有基于银行账户的，也有不是基于银行账户的。其中，由于非洲等发展中国家的银行普惠金融服务不足，数量众多的群体不能享受基本的银行服务，而手机与电信运营商等为移动支付提供了技术基础，由此诞生了不是基于银行账户的数字金融服务。

从法定数字货币诞生和流通看，其具有以下特征：

一是法定性。法定数字货币是由中央银行发行并以国家信用支撑的法定货币，具有主权垄断性。从公众角度看，法定数字货币流通不需要支付结算手续费等使用成本。从发行角度看，法定数字货币是中央银行监测经济运行、实施金融调控的重要工具之一，有助于中央银行调控货币供应量与金融安全，有助于保证金融政策的连贯性和货币政策的完整性。

二是信用货币。数字货币实际上是存储于网络银行账户上的一组数字，其本身只是流通中的价值符号，交易媒介是数字货币的最主要功能。法定数字货币作为一种便利交换的计算单位，不需要专门的发行准备金。围绕法定数字货币的生成、流通与运行，需要国家法律法规、社会信用环境和各类金融机具的有效保障。

三是属于现金范畴。法定数字货币是用于日常消费的电子支付，既可以取代流通中的实物现金，也会取代银行卡、移动支付等非现金支付工具的部分功能。法定数字货币和实物现金在相当长时间处于共存并行、逐步替代的关系。与纸币硬币相比，数字货币能节省发行、流通成本，提升交易活动的便利性和透明度。

随着互联网金融创新与发展，微信、支付宝等各类电子支付工具在我国得到快速发展。一方面，丰富了支付工具种类，提供了多样化普惠金融服务，方便了生产发展与商品交换；另一方面，过多私营机构发行的支付工具给国家金融监管、金融安全带来了风险与隐患。从历史看，任何主权国家内，各种私营机构发行货币必将最终被法定货币所取代。与任民私铸相比，国家垄断铸币权和纸币发行权更便于实现货币的统一，有利于商品经济的发展。目前各种电子支付相当于私营机构变相发行电子货币，必将统一为法定数字货币。

中国人民银行是我国的中央银行，其职能是发行的银行、政府的银行和银行的银行。众多第三方支付公司变相发行的支付工具，其支付业务与银行机构直连清算，绕开了中央银行的清算系统，导致中央银行无法掌握准确的资金流向。针对这些挑战，中国人民银行一方面牵头组建网联清算有限公司，规定从 2018 年 6 月 30 日起所有第三方支付机构受理的涉及银行账户的网络支付业务全部通过网联平台处理，即第三方支付机构原先的"用户、支付机构、银行"三方模式转变为"用户、支付机构、网联、银行"四方模式，有利于金融监管；另一方面组建中国人民银行数字货币研究所，组织开展前瞻性研究，以适时推出法定数字货币，统一电子支付形式。这是中央银行维护金融数据安全、稳定货币发行权的重要举措。

（二）法定数字货币特征

米尔顿·弗里德曼在《自由选择》中指出货币是"一个共同的普遍接受的交换媒介"。数字货币成为现代市场经济正常运转的"润滑剂"需要两个条件，一是货币发行的立法保障，二是公众对此货币的普遍信任和认同感，两者缺一不可。而信任和认同的培育是建立法定数字货币质量安全的基础之上。因此，法定数字货币的质量直接影响支付体系安全。

数字货币起源与发展，在于满足公众享受普惠金融服务，并有助于政府制定和实现货币政策。在信息网络世界中，法定数字货币质量特征的核心是安全性、便捷性、兼容性、标准化与服务支持。

法定数字货币是公共产品，是价值理性与工具理性的统一。法定数字货币设计要从突出意识形态、政权象征等抽象概念，转向注重提高其工具性功能。质量安全是保障其工具理性实现的重要基础。研究法定数字货币质量特征，需要从国家法律体系、金融系统安全以及货币自身安全性、兼容性、可监管性等多种角度提出需求，进行顶层设计、系统筹划，重点关注以下维度：

一是从普惠金融服务需求出发进行合理界定。衡量法定数字货币的质量标准，要从用户（从国家、金融机构、商业机构、公众等）角度出发来设定数字货币到底需要什么样的质量特性，其具体的指标内涵到底如何定性或定量。随着流通环境和技术进步的不断演变，数字货币质量内涵的深度、广度必须全面满足各类用户的多种类、多层次的明示和潜在需求。提高质量特性，归根结底，需要站在用户的角度进行冷静地思考、追问和求索。

二是关注更高等级安全措施的可靠性、稳定性。数字货币防伪技术应用从简单堆积到系统综合，质量度量要由单一某项指标转向总体质量水平评价，质量目标由注重单项防伪措施功能转向综合多项防伪技术的集聚效果。法定数字货币质量特性的高低关键在于其能否便利地被公众识别，达到识真辨假的作用；在于其寿命周期内能否保持稳定持久，不因为流通条件、流通环境的变化而衰变。可靠性、稳定性不足的安全措施，即使应用数量再多，也难以实现预期目标。

三是考虑关键核心技术的自主创新。数字货币质量水平直接关系公众财产安全、关系国家金融安全、关系国家信誉。因此，必须首先坚持技术主导型的核心能力建设，重视发展核心技术能力。从根源上分析，假币出现或网络攻击问题实际上是质量问题的另一个层面。如果没有自主掌握法定数字货币的核心技术，不仅货币质量不稳定而易引发金融风险，而且可能引发国内外的专利或知识产权纠纷。

四是关注货币国际化流通的变化。货币代表着一个国家对价值的承诺。由于货币的不具名性，货币造假一直是犯罪活动的主要目标之一。货币质量如何，不仅面临国内制贩假币的犯罪团伙的冲击，甚至面临国外货币造假组织的直接威胁。随着我国"一带一路"倡议持续推进和经济全球化进程的深入，人民币走出国门将成为必然趋势。法定数字货币质量安全将是其走出国门的重要前提，既要保证能够识别真伪，也要能够减少伪造或攻击。在经济全球化时代，法定数字货币质量更成为人民币走向世界的通行证。

市场经济是基于货币媒介的交换经济。在商品交换和流通市场中，法定数字货币质量良好可以降低交易费用，减少风险，提高效率，保障经济运行顺畅；法定数字货币质量安全度偏低，经济运行成本就会增加，甚至导致货币流通危机，危及国家金融安全。因此，数字货币时代，总量问题对支付安全的影响已经显著减弱，质量安全问题对支付安全的影响已经显著增强。数字货币质量管理应是贯穿于法定数字货币的生成、流通与注销的全寿命周期的预防性质量保证活动。

二、法定数字货币金融机具特征

类比现钞机具，法定数字货币所需金融机具可分为三大类：一是数字货币结算与清算的后台运行系统，类似现钞发行库与业务库的设备设施系统；二是保障数字货币生成的加密设备与系统；三是数字货币流通中使用的终端设备。

对于法定数字货币发行而言，既要提供质量满足需要、数量供应及时的货币产品，也要保障和监督其支付功能的安全履行。这对金融机具提出了新的目标和要求。

（一）法定数字货币加密机具

现代纸钞印制融合了水印、特种纤维、安全线、雕刻制版、特殊油墨以及特殊印刷技术等，这些安全技术保证了纸钞难以伪造、难以复制。类似纸钞防伪造、易识别的印制需求，数字货币的诞生也需要特种安全技术来保证其难以伪造、难以复制。

数字货币实质是一组包含用户身份、密码、金额等内容的数字构成的特殊信息。从数字货币的信息化特性看，难以复制的数字内容是法定数字货币的技术创新关键。法定数字货币生成需要加密硬件的技术支持，硬件加密技术通过硬件加密产品去保证密钥和数字货币加密过程、加密内容难以复制，这是法定数字货币的基础核心技术。这些加密技术被广泛应用于国家安全、金融和通信领域，也是保障数字货币生成与流通的重要基础。

可靠性、自主性是加密硬件的重要特征。加密硬件设备既包括中央银行和商业银行之间加密硬件、标准接口以及银行金库管理的加密设备等，也包括手机、移动终端等加密硬件。目前，手机 GSM 芯片都是符合 ISO 安全硬件标准的芯片，法定数字货币可以改进和利用这些现有加密硬件平台。

（二）法定数字货币终端机具

数字货币是国家法定的记账货币，其发行流通需要相应的货币终端机具来保障，该类终端机具是在现有金融机具基础上的继承、拓展与创新。从数字货币发行流通看，未来终端机具发展应符合可靠、集成、自主、便捷、经济等特征。其含义分别为：

1.可靠。法定数字货币是不记名的价值手段，数字货币交易实际是交换相关信息。安全可靠是数字货币对金融机具的核心要求。密码技术既是数字货币发行与流通的核心，也是数字货币与机具的识别匹配与流通保障的条件。数字货币安全性来源于三个方面：一是数字货币本身的加密技术，二是金融机具在交易过程中的安全识别技术，三是数字货币支付运行模式的系统性安全防范技术。这三者共同保障数字货币交易媒介职能的实现。

2. 集成。终端机具要适应数字货币的信息化、互联化需求。支付与账户紧密相连，支付是货币在不同账号之间的转移，账户是支付的起点与归属。随着身份认证技术的成熟，个人综合账户将集成个人所有业务和所有资产负债，将成为个人金融活动的出发点和归属点。未来，数字货币终端机具将可能集成数字货币的身份认证、账户管理、密钥识别与支付受理等功能，融合数字货币介质、安全验证识别、交易支付与账务管理等为一体。数字货币与金融机具通过内置客户识别芯片（实物芯片或模拟芯片），实现数字身份系统与手机技术、法定数字货币系统的连接与兼容。例如，SIM 卡与客户身份连接，使得手机成为数字账户的载体。

3. 自主。一是数字货币的信息化特征，预示其发行流通可能面临着潜在的专业化、智能化的攻击，数字货币发行流通系统的数据信息与密钥的失泄密是数字货币发行流通的最大威胁，金融机具是保障密钥识别匹配的重要环节，既要保证使用者能够安全支付，也要保证密钥识别技术上让攻击者望而却步。二是坚持金融机具识别技术与识别模块的自主创新。缺乏自主创新的识别技术，缺乏独特的识别模块，就可能给数字货币的发行流通留下隐患。三是数字货币运行数据涉及国家金融信息安全、个人隐私安全。为保障国家金融数据安全和个人财产安全，数字货币流通数据必须运行在自主、可控的设备与系统上。

4.便捷。金融机具保障数字货币交易支付的便捷性，就是要在安全性前提下提高支付结算效率。金融机具必须满足携带方便性、支付场景适应性、识别与交易便捷性。同时，随着互联网技术发展与移动终端的普及，更多品种类型的移动终端将成为数字货币发行与流通的物质条件，这些金融机具能够满足不同群体的差异化需求，同时要具备客户体验好、使用便捷、故障率低等特性。

5.经济。货币形态的转变应尽可能减少社会成本的支出。为降低社会成本，数字货币金融机具需要与现有纸币硬币机具、支付终端等实现兼容性发展，充分利用现有支付体系与金融设施，以惠及更多机构与公众。

金融机具的基本功能就是保障数字货币完成其媒介功能。"可靠、集成、自主、便捷、经济"是数字货币所需金融机具的基本规范。规划数字货币金融机具保障方案，必须结合货币流通环境与支付场景，从满足用户多样化需求角度出发，围绕数字货币安全地履行支付功能，去设定金融机具的质量特性；同时，必须针对潜在攻击者所可能具备的技术、手段和能力，选择有效的技术路径，才能保障法定数字货币发行与流通的需要。

（三）移动支付终端设备

我国以第三方支付为主导的移动支付发展居于世界领先行列。移动支付能够快速地实现货币支付、资金结算等功能，大幅降低交易成本。移动支付由于其便利性、快捷性，已在很大程度上替代现金和银行卡，被人们在商品劳务交易和债权债务清偿中普遍接受，成为电子货币形态的主要表现形式。

移动支付发展有赖于移动终端的普及和移动互联网的发展。中国已有数量为 10 亿级的智能连接设备，移动支付在中国发展潜能巨大。随着数字货币发行流通，仅仅依靠某种特定品牌的智能手机远远不够，还需要更多品牌与款式的手机；仅仅依靠手机也难以满足，还需要其他移动终端加入支付体系。

数字货币是信息化支付形态，移动支付与数字货币的融合将可能导致支付领域的革命性变革。随着手机、智能腕表、可穿戴设备等移动终端普及率的提高，移动支付终端将呈现多样化。目前，移动终端是电子支付重要工具；未来，移动支付终端将是数字货币运行的基础设施。因此，随着以移动支付为基础的移动金融逐渐进入金融服务民生领域，需要同步构建移动金融安全风险防控体系。

数字货币是一种符号货币，其发行与流通将成为一种全新的支付生态系统。其中，金融机具的保障需求和保障能力建设尤为重要。从公众来看，在权衡选择数字货币时，首先考虑数字货币支付的安全性与便捷性，其中关键因素是配套金融机具与数字货币的匹配能力。只有提高金融机具服务供给能力，数字货币发行流通才会顺畅。因此，金融机具形态、功能与质量发展如何，将是数字货币发行与流通的首要挑战。

法定数字货币与金融机具是相辅相成的孪生体，两者存在相互促进、相互制约的关系。法定数字货币发行需求决定金融机具演变与特性，金融机具特性影响数字货币发行流通的安全性。分析数字货币属性与金融机具特性的匹配性，不断调整金融机具质量特性，是稳定数字货币流通秩序的治本之策，是提高数字货币发行流通安全的可靠基石。

第四节　法定数字货币金融机具发展与监管

金融基础设施是金融市场安全高效运行和整体稳定的重要条件。金融机具是金融基础设施的重要组成，是金融市场运行的基础支撑。法定数字货币的诞生、发行、流通有赖于金融机具产业的健康发展。数字货币金融机具发展应坚持以下原则。

一、法定数字货币金融机具评价原则

基于法定数字货币的特殊形态，金融机具是保障其发行流通的重要条件。评价数字货币所需金融机具的保障能力，需要构筑以保障数字货币生成与流通安全为核心的质量评价体系，从战略层面思考金融机具保障能力建设与发展。规划与发展金融机具质量标准与质量目标，需要把握以下原则：

一是以保障法定数字货币全寿命周期安全为前提。金融机具发展必须以法定数字货币生成、流通与注销的全寿命安全需求为目标。分析判断法定数字货币安全所面临威胁的性质和程度，是决定金融机具质量建设的前提和基础。离开了法定数字货币全寿命周期安全保障的金融机具质量发展是没有现实意义的。同时，金融机具质量水平如何，又反过来影响数字货币生成、发行与流通的安全水平。

二是以用户对支付安全需求为牵引。有效保障法定数字货币的支付安全是用户对金融机具的基本要求。人们期待法定数字货币，是为

了获取其使用价值和交换功能，因此金融机具必须保障法定数字货币在不同流通条件下支付安全。确定金融机具质量标准，首先要以能否有效保障公众支付信息安全、保障个人财产安全性为根本。如果丢了根本性要求与宗旨，就难以满足法定数字货币流通的本质要求。其次，确定金融机具质量需要从用户（中央银行、商业银行、商家、公众等）需求角度出发，科学、合理地设定金融机具产品功能需求和质量特性，明确金融机具质量内涵，树立用户是评价货币与金融机具质量主体的理念。

三是以世界数字货币技术发展为参照系。随着人民币国际化进程的加快，必须把金融机具保障能力建设置于世界货币技术发展水平的参照系内，置于现实的和潜在的伪造攻击可能的参照系内。因此，我国法定数字货币所需金融机具发展必须跟踪世界数字货币技术的发展前沿，需要有针对性地设计金融机具技术措施，这是现有金融机具功能与质量提升的重要目标。

四是坚持关键核心技术的自主创新为基础。法定数字货币是公共产品，需要从国家金融安全、公众财产安全等角度，关注金融机具安全措施的可靠性、稳定性。衡量金融机具技术先进与否、性能可靠与否，关键在于其能否安全、便利地保障法定数字货币的识别与支付，在于其能否适应不同流通条件变化的需求。如果没有掌握核心安全技术，不仅会导致金融机具产品质量不稳定、应用水平较低，而且会给金融体系带来安全风险。

五是坚持质量内涵与外延的动态调整。法定数字货币机具技术会随着社会环境与经济科技的发展而变化，需要动态地把握金融机具质量建设目标与数字货币安全需求的协调性。根据不同历史时期数字货币的安全程度的不同需求，不断调整金融机具质量建设目标，保障金融机具质量得到长足的发展，有效保证数字货币发行流通安全。

评价金融机具保障能力与质量特性的内涵和外延，需要根据法定数字货币流通条件与技术发展水平的变化而变化，不断赋予其时代内涵。建立动态的、综合的质量评价模型，将有利于评价金融机具的实际发展水平，有利于促进金融机具企业建立以用户为中心的发展理念，指导金融机具企业健康持续发展。因此，分析信息化社会环境下的金融机具质量特性，是确保数字货币发行与流通安全的重要条件。

二、法定数字货币金融机具产业发展原则

支付是交易完成的重要环节和数据收集的重要节点。金融机具是金融数据采集、分析的载体，金融机具运营过程中承载了海量的金融数据与信息。尽管金融机具产业属于竞争性产业，但是从金融安全角度，应该规划必要的产业政策去指导规范其发展的举措。

一是坚持核心技术自主创新。金融机具能否保证法定数字货币发行与流通的安全，直接关系国家金融安全、影响正常生产与消费交易、关系公众财产安全与百姓生活。只有坚持培育金融机具产业核心技术的自主创新能力，发展技术主导型的核心能力，真正将核心技术掌握在自己手里，才能保障数字货币发行安全，保障国家金融安全。如果缺乏核心技术，终究受制于人。紧紧围绕核心技术自主创新，围绕信息化产业发展的前沿技术，构建安全可控的金融机具核心技术体系，是提升我国金融机具产业核心竞争力、加快推进我国金融机具产业升级的重要策略。

二是实施产品结构调整与产业升级。近年来，我国互联网金融与

移动支付获得了快速发展，为法定数字货币发展奠定了重要基础。在法定数字货币发展所带来的潜在市场增长的过程中，国产金融机具厂商需要找准市场定位，与相关上下游企业共同整合技术、产品、市场等资源布局，积极调整产品结构，合理配置研发与生产能力，淘汰落后产品与过剩产能，提高智能机具比例。利用法定数字货币的发展机遇，通过顶层设计与合理规划，实现产品结构调整与产业升级，实现终端机具的多功能、智能化。

三是推进产业链整合与产业联盟建设。随着法定数字货币的诞生，围绕其交易与流通所需的金融机具必然有巨大市场需求。围绕数字货币所需金融机具的安全识别模块、核心软件及基础部件，加强产业链厂商间的合作，形成金融机具产业联盟，建立生态圈，覆盖从系统设备到终端机具的完整产业链，以产业链整体实力应对产业发展与市场竞争，可以有效地提高金融机具产业链的综合能力与核心能力，保障金融机具产业的自主可控与持续发展。

四是加强知识产权战略。知识产权是金融机具产业自主发展的关键。目前，除部分厂家外，国产移动设备厂商普遍面临芯片知识产权与核心技术专利威胁。实施金融机具知识产权战略，既要培育核心技术研发能力，也要积极应对技术专利威胁。增强核心技术与研发能力，既可以采取自主研发、自主积累的方式，逐步形成自身的产品核心技术与研发能力；也可以采取战略合作方式联合产业链相关厂商，增强产业链核心环节的技术把控与研发能力。

金融机具虽然是市场竞争性产品，但是从保障法定数字货币发行与流通安全、国家金融信息安全角度，政府相关部门需要从产业发展的角度统筹规划、整合力量，组织实施重大科研专项，加快对金融机具产业的核心技术、核心部件的技术攻关；完善有关采购政策措施和管理制度，从产业政策、市场准入、专项资金支持等角度，给予必要的扶持。

三、法定数字货币金融机具产业监管原则

金融信息安全是国家信息安全的重要组成部分，金融数据信息跑在自主可控的设备平台上是保障金融信息安全的物质基础。从传统金融机具市场格局看，尽管国产品牌金融机具市场占用率增长很快，但是中国 ATM 设备的核心模块依然是由外资公司主导，国内大部分自助存取款机的存取循环模块都来自于进口。目前，我国金融机具进口依赖度偏高，金融数据易被国外厂商窃取，已对我国货币政策与金融安全构成直接威胁。

现代市场经济是以货币为媒介的交换经济，从某种意义上说，就是货币经济。如何保障数字货币发行与流通安全，是我国金融安全的重要组成部分。从法定数字货币发行流通看，数字货币与金融机具发展面临的挑战：一是数字货币生态体系的系统性风险。数字货币发行与流通是个全新的生态系统，需要对包括金融机具在内的数字货币生态系统的全局性、基础性、长远性问题进行系统性研究与规划。二是金融机具保障能力风险。金融机具保障能力相对滞后将会制约数字货币发行流通安全。总体来看，我国金融科技与信息化产业的核心技术发展相对滞后，研究建设数字货币发行流通的安全保障体系尚处于探索之中。只有做好顶层设计与统筹协调，才能保障数字货币与金融机具的协调发展。

当前，科学技术的快速发展给金融基础设施、金融监管与金融稳

定等带来严峻挑战。加强金融科技创新、增强自主核心技术、加快金融设备国产化进程将是大势所趋。自"棱镜门"事件以来，着眼于金融信息安全，我国加快了金融设备的自主可控进程。法定数字货币的安全性风险，不仅仅体现在对支付体系与国家金融安全的冲击，更重要的危害在于其对人们心理造成的恐慌。因此，加强金融机具产业监管是保障数字货币安全的重要举措。

一是加强金融机具体系的网络与信息安全基础。研究制定数字货币与金融机具信息安全战略和规划，强化顶层设计，关注国家安全、金融稳定和公众财产安全。落实金融机具体系的信息安全等级保护制度，开展相应等级的安全建设和管理，做好信息系统定级备案、整改和监督检查。强化金融机具体系的网络与信息安全应急处置工作，完善应急预案，加强对网络与信息安全灾备设施建设的指导和协调，完善金融设备的信息安全认证认可体系，加强信息安全产品认证工作。

二是金融机具研制必须坚持自主创新原则。法定数字货币所需金融机具涉及国家金融信息安全，不能借口其涉及技术领域宽、技术门类多、研究难度大等，就怀疑自主研发的必要性，假若如此，国家在和平年代就不需要保持、发展强大的军工研制和生产系统。而事实上，几乎每个主权国家特别是世界大国，都维持着巨大的军工研制和生产能力。加大国家科技重大专项对金融机具产业核心产品、共性关键技术开发的支持力度，是培育我国金融机具产业核心竞争力，指导与监管金融机具产业发展的重要举措。简单地把金融机具的研制、试验和生产完全对外委托，必将带来国家金融信息的泄露、失控风险。因此，坚持自主创新是金融机具发展的关键路径。

三是继续加强金融机具产品审查认证制度。目前，为保障金融机具产业的健康发展，质检总局负责金融机具产品机电性能等检测认证，中国人民银行负责金融机具鉴伪能力等检测认证。法定数字货币所需金融机具在继续沿袭相关产业监管与产品认证的基础上，应逐步采纳工信部、网信办等相关部门对国家金融信息安全类产品的管控政策，加强支付受理终端安全管理，建立健全金融设备安全保障体系，提高金融设备体系安全保护能力，维护国家金融信息安全。

四是严格执行国家对网络产品和服务安全审查制度。根据有关规定，关系国家金融安全和公共利益的信息系统所使用的重要网络产品和服务，需要从保障国家安全角度进行网络安全审查。重点审查网络产品和服务的安全性、可控性，主要包括产品和服务被非法控制、干扰和中断运行的风险；产品及关键部件研发、交付、技术支持过程中的风险；产品和服务提供者利用提供产品和服务的便利条件非法收集、存储、处理、利用用户相关信息的风险；产品和服务提供者利用用户对产品和服务的依赖，实施不正当竞争或损害用户利益的风险；其他可能危害国家安全和公共利益的风险。

本章思考题：

1. 讨论金融机具的概念、特征、演变与发展。

2. 论述法定数字货币属性。

第九章

Legal Digital Currency
法定数字货币

法定数字货币相关法律法规问题及对策

◎ **本章概要：** 本章通过相关行政法律法规、刑事法律、"异币"交易风险及对策、其他国家相关法律问题研究，阐述法定数字货币法制问题。"异币"概念依之前篇章所述，泛指法定货币之外滋生的各种所谓货币。

第一节　相关行政法律法规问题

假币，作为货币的伴生之物、寄生之物由来已久。古今中外，伪造与反伪造的斗争从未休止，可谓魔高一尺，道高一丈。

信息化时代，货币数字化乃大势所趋，形式虽然变了，但其本质没有改变，道与魔的较量将永不停息地进行下去。

本节通过举例我国现行法律法规中，有关货币反假的相关刑事法律及行政法规，与货币数字化背景下可能出现的不符或不适用条款，提出建立完善与法定数字货币相配套的法律、法规的思路和建议。同时，从比较学的角度就与法定数字货币具有一定关联性的区块链技术及以各类"异币"（初步统计世界范围存在 656 种之多）为代表的网络虚拟货币涉及的法律问题进行研究讨论。

一、法定数字货币相关法律法规体系的建立

法定数字货币的产生是科技发展、社会进步的必然结果。法定数字货币是指由国家主权发行的具有法律地位的数字化的货币，是由中央银行发行的、加密的、有国家信用支撑的法定货币。法定数字货币虽然在形态上电子化、数字化、虚拟化，存在的形态与纸币现钞不同，但其作为法定货币的根本属性并未改变，其设计、发行、生产、管理、流通及使用均需依法进行，并得到法律的保护。

通常情况，针对某一新的事物，建立完善与之相适应的法律、法

规体系，可通过出台新的法律、修改既有法律、对现有法律进行司法解释或者全国人大出台特别决定等方式进行。

就法定数字货币而言，最根本的方法是考虑推动制定专门的"法定数字货币法"，从根本上解决法定数字货币发行、使用的所有相关法律问题，包括法定数字货币的法律地位、名称（货币符号）及单位、制作标准、发行机关、发行管理、反假斗争、网络系统运行安全等涉及发行、生产、管理、流通、使用的各个方面、不同环节以及相关主体的法律责任。

二、现行法律法规面临的问题

法定数字货币由加密数字编码构成，与现钞货币相比，其存在的形态是虚拟的。就法定数字货币而言，原有的纸质（或金属）载体不复存在，一些与之配套的原有法律法规将不再适用。

在我国庞大的法律规范体系中，关于假币违法犯罪的法律渊源，除了《刑法》及有关司法解释外，还有多部行政法律法规以及部门规章，如《中国人民银行法》《反洗钱法》《人民币管理条例》《中国人民银行假币收缴、鉴定管理办法》等。现行《中国人民银行法》第八条规定：人民币由中国人民银行统一印制、发行；《人民币管理条例》第二条规定：本条例所称人民币，是指中国人民银行依法发行的货币，包括纸币和硬币。但对于"无形"的数字货币而言，既无印制的可能，无纸币和硬币的材质载体，故上述规定显然不能将法定数字货币包含在人民币的范畴，因而无法用于对法定数字货币发行、使用中的法律规制和保障。《中国人民银行法》第十九条规定：禁止伪造、变造人民币；禁止出售、购买伪造、变造的人民币；禁止运输、持有、使用伪造、变造的人民币；禁止故意毁损人民币；禁止在宣传品、出版物或者其他商品上非法使用人民币图样。根据现行有关规定，伪造是指仿照真币的图案、形状、颜色等制造假币、冒充真币的行为；变造是指针对真币采用剪贴、挖补、揭层、涂改、移位、重印等方法加工处理，改变真币的形态、价值的行为。《人民币管理条例》第二条规定：从事人民币的设计、印制、发行、流通和回收等活动，应当遵守本条例。第三十四条规定：办理人民币存取款业务的金融机构发现伪造、变造的人民币，数量较少的，由该金融机构两名以上工作人员当面予以收缴，加盖"假币"字样戳记。对法定数字货币而言，上述内容，有的属概念不适用，有的属工作程序不适用。针对法定数字货币的违法行为，与传统货币的表现方式将会完全不同，很可能是通过采取类似于"电脑黑客"的手段，攻击中央银行法定数字货币系统，破解法定数字货币加密算法，盗取法定数字货币或者冒充中央银行发行法定数字货币的行为。因而，可考虑从主体角度对制作假法定数字货币的行为进行界定，明确规定除中国人民银行外，其他任何组织和个人制作法定数字货币电子数据的行为均构成伪造货币行为；对由中国人民银行制作、发行的法定数字货币的电子数据进行篡改均构成变造货币的行为。

除此之外，《银行业金融机构存取现金业务管理办法》《中国人民银行假币收缴、鉴定管理办法》《中国人民银行残缺污损人民币兑换办法》等，其中一些规定都难以适应于法定数字货币发行与流通，均需进行修改完善，或在此基础上填补空白性地制定。

三、法定数字货币与网络信息安全

法定数字货币是在信息技术，尤其是网络技术的基础上产生的，与现代电子信息技术有着密切的联系。近年来，随着网络虚拟货币和区块链技术不断发展和普及，Bitfinex 黑客攻击、软件勒索攻击以及其他安全漏洞事件频繁发生，同时大量的 DDoS 扰乱互联网事件，使得针对这一领域的网络和信息安全问题尤为重要。

货币安全关系国家经济命脉，信息、网络承载着法定数字货币的运行，除去技术方面的考量，必须从法律制度层面加以保障，以建立完善的法定数字货币安全体系。目前，我国《刑法》有关条款，对违反国家规定非法侵入计算机信息系统，以及非法对计算机系统进行修改、删除、非法控制和制造、传播计算机病毒、明知上述行为仍为其提供帮助等行为情节严重的予以定罪量刑，相关内容虽可以涵盖针对法定数字货币实施的违法犯罪行为，但是，考虑到货币的安全运行是事关国家经济安全的重大问题，一旦遭受恶意攻击，其后果不是针对一般网络安全事件所能比拟的，因此，有必要针对法定数字货币制定专门的刑法条款，并加重处罚的力度。

此外，法定数字货币面临的主要威胁在于如何安全地保管，曾经发生的 Mt.Gox 丢失价值 4 亿美元的某种"异币"事件，大大地动摇了各界对"异币"的信心，历史上某种"异币"价格大幅波动，多与其受到黑客攻击关系密不可分。

法定数字货币是存储于各网络银行账户上的数字编码，以法定数字化形式存储的法定数字货币，其所有权归属依托身份信息代码和私人密钥来确定，并主要以信息传输方式实现所有权的转移，因而，相对于传统实物货币，法定数字货币面临更为严峻的个人信息保护问题——一旦个人信息泄露，不仅可能侵犯个人隐私，而且还可能导致个人丧失对法定数字货币本身的控制，进而使公民的财产权益受到侵犯。实践中，黑客攻击、相关参与主体泄密、系统缺陷等原因都可能导致信息泄露，如电子认证服务部门保存的用户身份信息及法定数字货币绑定的身份代码泄露、法定数字货币客户端中数量和面额信息被窃取，以及受理法定数字货币的商户非法获取和泄露交易信息等。

针对上述风险，除应采取技术保护措施以外，还应建立相应的法律制度加以保护。首先，应当通过立法明确电子认证服务部门的法律地位和信息保护责任，规定除法律另有规定以外，任何单位或个人不得查询法定数字货币持有人的身份信息以及拥有的法定数字货币金额、密钥、交易数据等信息。其次，针对存储、使用法定数字货币的客户端信息泄露风险，应当在立法中对信息的非法采集、获取等作出禁止性规定。最后，为法定数字货币的保存、交易提供软硬件服务的机构和受理法定数字货币的商户应当根据中国人民银行的规定，具备完善的技术设施和保密手段，符合国家标准和行业标准。

第二节　相关刑事法律问题

一、针对法定数字货币的违法犯罪趋势

与传统反假货币工作相对应，法定数字货币反假工作应当包括哪些内容？法定数字货币时代，还存在传统意义上的伪造货币犯罪的行为吗？已经明确的是法定数字货币是电子化的货币，从其产生和运行的技术条件来看，主流的观点一致认为，法定数字货币的使用将更加安全，再也无须担心会收到假币了。针对即将到来的法定数字货币，

各界人士从不同侧面发表了看法。例如，人民银行行长周小川在谈到法定数字货币研究工作时谈到，人民银行将运用包括密码算法在内的多种信息技术手段，来保障法定数字货币的不可伪造性。有人预测，届时人们身上带的现金会越来越少，旅行会越来越安全，扶贫会越来越精准，腐败越来越难以遁形，而小偷也越来越难当。有法律界人士认为，针对法定数字货币的犯罪，通过盗窃密钥、侵入中央银行系统，或者是采取其他非法手段获取法定数字货币生成的编码规则或加密算法，将成为主要的犯罪手段。对用户端来说，存在着非法获取用户钥匙和密码继而盗取用户资金的风险。近期，有媒体报道了广西柳州市某菜市场收款二维码被"调包"案件，菜市场摊主们为了方便客户购物，在摊点醒目位置贴出的手机支付二维码，却被不法分子在夜间潜入市场，将许多摊位的二维码偷梁换柱，客户微信扫码付的钱款，瞬间转到了嫌疑人的账户。因此，针对法定数字货币的犯罪似乎应主要体现为盗窃、非法获取（电子信息诈骗）及洗钱等相关的犯罪形式。

二、区块链技术下经济犯罪走势

2015年9月，国外多家银行达成某种"异币"技术，在此过程中，区块链作为一项新兴技术，被业界评为最有潜力触发第五轮颠覆性革命浪潮的核心技术。法定数字货币作为这一种新兴的事物，由各国中央银行主导发行的法定数字货币或可能不同于区块链的源代码、加密算法和分布式账单等技术，设计思想可能不同，但其技术原理应有其共性。从以某种"异币"为代表的区块链技术应用情况来看，区块链具有的分布式、去中心化、去信任化、不可篡改、加密安全性等特征，除了可以为打击犯罪等提供帮助外，部分依附经济活动的经济犯罪行为可能伴随着区块链技术的应用而彻底消失，部分经济犯罪的罪名将会不复存在。在技术进步的推动下，区块链技术对经济犯罪走势将产生十分重大的影响。

一是，信用卡诈骗犯罪可能不复存在。区块链技术可完全实现无信用卡支付，届时使用实体信用卡、信用证等传统交易模式将被一步步边缘化甚至消失，取而代之的是在相关技术下进行的信用交易。如此，类似使用伪造、作废的作用卡、冒用他人的信用卡进行的信用卡诈骗，使用伪造、变造、作废的信用证进行的信用证诈骗，以及使用伪造的汇票、本票、支票等票据诈骗犯罪等行为将会随着犯罪对象的消失而不复存在。

二是贷款诈骗、票据诈骗等犯罪的发案将大大减少，对金融领域传统及新兴业务在提升打击犯罪作用上将产生积极影响。银行在同意为贷款方放出贷款之前，需要对贷款主体所提交的相关资料进行审核，往往贷款诈骗犯罪的发生就出于此处。银行业务人员本应尽到对贷款方所提交的资料进行核实的职责，但在很多情况下，银行人员对于贷方提交的虚假资料无法辨识其真伪，有些甚至故意内外勾结，联合起来骗取银行贷款。从根源上建立一套完整的对企业、个人贷款信息进行监管的数据库，保证贷款主体所提交的资料、信息、资金用途等相关信息的真实性，这些想法区块链技术可以很容易实现，这将从根本上消灭不法分子骗取银行资金的可能性。

三是对控制减少诸如洗钱等有上游经济犯罪的影响。区块链的数据对所有人公开（当然，国家主权发行的法定数字货币在技术上可能不一定完全等同于区块链技术，特别是在用户加入及身份审核方面必然有所不同，但是区链技术所具有的高透明度、分布式、去中心化、去信任化、不可篡改、加密安全性等特征将会保留并可能更为强化），任何人都可以通过公开的接口查询区块链数据和开发相关应用，因此系统信息高度透明。一旦信息经过验证并添加至区块链，就会永久地存储起来，除非能够同时控制住系统中超过 51% 的节点。正是区块链的高度透明性和高度公开性，大大提高了犯罪成本，从而可以大大降低洗钱等上游犯罪。

四是对打击侵犯知识产权犯罪中涉及真实性认定的影响。区块链技术在验证所有权真实性方面呈现链条式认证模式，设计者设计的产品和高端电子产品在生产和销售等环节从文件公证到证明文件区块链上都已经产生记录，人们利用网络进行验证就能发现是不是假冒产品，造假活动没有了空间。

第三节 "异币"交易风险及对策

全世界拥有 220 多个国家，同步发行了等量法定货币，本书将目前世界上滋生与滋扰的大约 656 种非法定货币，统称"异币"。

根据欧洲中央银行的定义，虚拟货币是非中央银行、信用机构、电子货币机构发行的，在某些情况下和一定范围内可以作为货币替代物的价值的数字表现。虽称为"货币"，但其只有货币所具有的部分价值尺度和流通手段等功能，从根本属性上讲仍是一种普通商品，不是法定意义上的货币。21 世纪初，以某种"异币"的诞生为代表，网络虚拟币发展迅速。目前排名前十位的有：比特币（BITCOIN）、ETHEREUM、瑞波币（RIPPLE）、莱特币（LITECOIN）、门罗币（MONERO）、Ethereum Classic（ETC）、DASH、AUGUR、STEEM、新经济运动等。其中，排名第一位的比特币是世界上传播最广、最成功的数字货币，其峰值时交易额可达每天近5亿美元，总市值逾越400亿美元，单位峰值（元）高达3000美元以上。

一、"异币"的产生及发展

2009年1月，一位自称中本聪的人利用密码学原理创立了比特币。"异币"横空出世，更新了人们对货币的概念，立刻吸引了世人的目光。"异币"是一种源代码可以为公众使用的、基于特定算法产生的虚拟货币，其拥有权由分布式账簿来记录，并由加密协议和挖矿社区来确认，具有分布式、去中心化、去信任化、不可篡改、加密安全性等特征，很好地解决了诸多难题，使得交易双方在无须相互信任的情况下顺利完成交易。短短几年，比特币迅速发展成长，成为网络虚拟货币界的龙头老大。

社会公众可以通过专门的交易平台用货币购买比特币，同时也可以在网络上通过挖矿机运算来"开采"比特币。2010年比特币首次公开交易，每个兑换美元的价格为0.003美元。此后，随着国际玩家的不断炒作，价格一路上涨，至2017年5月25日，一度创下了2800美元的历史新高，较前一个交易月的价格暴涨120%以上。据有关调查显示，中国是目前全球最大的比特币交易市场，交易量占全球的80%，先后建立了比特币中国、火币网等大型交易平台，形成了涵盖生产、存储、兑换、支付、消费的产业链。作为比特币生态链条的重要纽带，在二级交易市场通过人民币进行比特币买卖的交易行为十分活跃。2016 年我国比特币年交易额达到 4.5 万亿元，占全球比特币交易总量的 90% 以上。从投资目的看，80% 的用户是为了短期盈利，14% 左右的用产是作为避险产品长期持有，只有不到 2% 的用户是为了进行支付。2017 年 4 月，国家互联网金融安全技术专家委员会官网发布的《3 月份国内比特币交易情况监测报告》称，自 2009 年比特币诞生以来，目前市值达到 193 亿美元，且围绕其生成、存储、交易和应用形成了生态圈。

虽然如此，各国对比特币的态度不一。2013 年 12 月 5 日，中国人民银行等五部委联合印发了《关于防范比特币风险的通知》（以下简称《通知》）。《通知》明确比特币不具有法偿性和强制性，不是真正意义上的法定货币，并表明了比特币作为虚拟商品的性质：从性质上看，比特币是一种特定的虚拟商品。2017 年 3 月 15 日，全国人大第十二届五次会议上，《中华人民共和国民法总则》获表决通过，第一百二十七条规定，法律对数据、网络虚拟财产的保护有规定的依照其他规定。这意味着网络虚拟财产正式作为一项民事权利被写入我国法律中。国外知名商户 Dell、Newegg 等接受比特币时并非将其作为法定货币，而是将其作为一种中间货币，接受比特币后，Dell 等商户的商品仍旧以美元计价，同时在结算时也以美元体现。2017 年 4 月 1 日，日本内阁签署的《支付服务修正法案》正式生效，这也意味着比特币等虚拟货币支付手段合法性在该国得到承认，这将很可能使日本超越中国成为全球最大的比特币交易国。此外，俄罗斯、韩国等国家也相继推出助力比特币交易合法化的相关法案计划。

二、"异币"交易潜在的风险

"异币"是基于一种开源密码协议的区块链技术而产生的。

所谓区块链是指通过去中心化和去信任的方式集体维护一个可靠数据库的技术方案。该技术方案中，参与系统中的任意多个节点，通过一串使用密码学方面关联产生的数据块，每个数据块中包含了一定时间内的系统全部信息交流数据，并且生成数据指纹用于验证其信息的有效性和链接下一个数据库块。

通俗地说，区块链技术就像是一种全民参与记账的方式，所有的系统背后都有一个数据库，这些数据库就像是一个大账本，谁来记账很重要。目前的情况是，谁的系统谁来记账，微信的账本腾讯来记，淘宝的账本阿里巴巴来记。而在区块链系统中，每个参与者都可以有机会来记账，并且系统会把他们记录的内容都写到账本里，并将账本内容发给系统内所有人进行备份。这样系统中每个人都有了一本完整的账本，这种方式被称作区块链技术。

区块链技术主要解决交易的信任和安全问题，具有四个显著的特点：一是去中心化。由于使用分布式核算和存储，不存在中心化的硬件或者管理机构，任意节点的权利和义务都是均等的，系统中的数据块由整个系统中具有维护功能的节点来共同维护。二是无须信息系统。在区块链网络中，通过算法的自我约束，任何恶意欺骗系统的行为都会遭到其他节点的排斥和抑制，因此不依赖于中央权威机构的支撑和信用背书，并随着参与节点的增加，系统的安全性反而更强，同时数据内容可以做到完全公开。三是稳定性、可靠性和持续性。这是由它的分布式网络架构决定的，没有一个中心节点可以被打击或者攻击。四是交易的公开透明性和不可篡改性。区块链对所有人公开，任何人都可以通过公开的接口查询区块链数据和开发相关的应用，因此整个系统信息高度透明。一旦信息经过验证并添加至区块链，就会永久地存储起来，仅对单个节点的数据库进行修改是无效的，除非能够同时控制系统中超过 51% 的节点，因此区块链的数据稳定性和可靠性非常高。

"异币"作为一种支付商品和服务方式，自诞生以来，获得了广泛的使用，让人们可以在不受政府、监管机构或中央银行监管的情况下进行交易。但从现实情况来看，"异币"交易也存在着一定风险，主要体现在以下几个方面。

第一，交易价格波动剧烈。由于"异币"易平台 24 小时不间断开放，也没有涨跌幅的限制，不排除一些个人和机构为了炒作，利用各类事件或题材影响其价格，形成巨幅波动，投资风险巨大。例如，2017 年 5 月 25 日，比特币交易创下了 2800 美元的历史新高，较前一个交易月的价格暴涨 120%。但随后两个交易日急剧回调 900 美元，跌幅超过 30%。2017 年 9 月 4 日下午 15 点，中国人民银行等七部委联合发文叫停 ICO（首次代币发行）融资，受其影响，比特币等虚拟货币价格应声下跌，4 日当天，比特币价格跳跌，30 分钟内跌近 1700 元，跌幅近 5%，1 小时内暴跌 7%，一周内，人民币计价比特币价格最低点一度跌至 22592 元，相较于最高点 32350 元，最大跌幅达到 30%。但是，在经过此前连续大跌过后仅 4 天，9 月 6 日早间，比特币人民币报价重新站上 28000 元关口，日高点触及 28608 元，日间涨幅一度达 10% 左右。

第二，交易信息不对称。"异币"的去主权化特性，决定其交易是在没有第三方监管的情况下进行的，交易平台没有信息披露机制，普通投资者无法及时了解平台运营情况，承担较大的交易风险。

第三，容易被不法分子利用成为洗钱等犯罪活动的工具和通道。"异币"无国界限制、全网流通、匿名交易的特点，很容易成为洗钱或其他非法交易借助的手段。2017年，一场席卷全球的勒索病毒，将比特币曝光在大众认知领域。作为基于区块链技术衍生的最知名产品，比特币的争议一直存在，比特币的相对匿名性也使其容易被不法分子所利用，成为犯罪行为的替罪羊。在2017年9月4日中国人民银行等七部委联合发文叫停ICO（首次代币发行）融资过程中，明确将其定性为非法融资交易活动，称ICO融资涉嫌非法发售代币票券、非法发行证券以及非法集资、金融诈骗、传销等违法犯罪活动。

第四，受技术的制约，其交易网站易受到网络黑客的攻击。比特币基于一种开源密码协议的区块链技术而产生，为防止网络攻击，中本聪设计了对其区块链上的信息量设置上限。但近期暴出，比特币维持运转的背后的两派对立的电脑高手（"矿工"和维持比特币无漏洞软件的技术开发人员Core）已经无休止地争吵了两年，这两大阵营从各自的利益出发，准备启用两种相互竞争的软件更新版本，这将可能导致比特币分裂成两种版本的加密货币。若果真如此，将给规模为410亿美元的比特币市场带来巨大的冲击。

值得注意的是，自2017年始，鉴于比特币交易中存在的漏洞和风险，中国人民银行对比特币交易平台发出了暂停交易的指令，几乎所有主要的中国比特币交易平台都暂停了提现服务，也没有告知什么时候才会恢复提现。据中国交易平台Okcoin透露，它们的平台系统正在升级成为一个多签名提现系统，改造之后，公司的客户们将使用一个多重签名控制的钱包来持有比特币等相关币类。中国的其他两个顶级比特币交易所，火币网和BTCC也告知公众，中国所有的比特币交易平台都坚决维护并执行新的监管政策，而且待完成升级以后，应该就可以提现了。火币网在其公告中进行了解释说明："一旦获得监管机构认可以后，即可恢复提现业务，具体时间请关注火币网官方公告。" 至6月初，火币网、OkCoin等多家本土数字货币交易网恢复了提现业务。但是，这决不能认为监管变得放松了。因为在此前，《人民日报》已经为狂热的交易定下了基调：投资者应该以谨慎的方式对待比特币，切勿盲目投资。2017年9月4日，中国人民银行等七部委联合发文叫停ICO（首次代币发行）融资，进一步表明，政府对网络虚拟货币的监管力度更加强化和重视。

三、规范虚拟货币交易的对策建议

在法定数字货币研究开发方面我国已迈出了实质性的步伐，并有可能成为世界上首个推出主权法定数字货币的国家。随着货币数字化时代的即将到来，现行货币政策如何有效监管法定数字货币，需要有关部门认真研究解决，及时在法定数字货币的研究、设计、开发的起始阶段，同步组织相关金融、立法、司法等部门，对法定数字货币及相关技术可能面临的法律问题进行深入研究。一是推进技术规范化并实现有效监管，在现行法律规则的基础上制定相关技术准则，推进技术规范化。二是需要考虑如何将传统的法律规则与现行的技术规则相结合，既可以利用相关技术规则限制违法犯罪活动的发生，也可以利用法律规则对于系统性风险和市场失灵具有一定的处理弹性，通过两者的协同作用更好地发挥公共监管的影响力。三是政府部门需要系统研究讨论法定数字货币所依托的新技术对经济犯罪走势的影响，通过政府部门、法律、金融、技术等部门一同参与讨论，预防、完善法定数字货币生产运行链条的各个环节。

具体到"异币"等网络虚拟货币：强化行政监管措施，明确行政主管部门，明确有关"异币"交易的法律法规，实施交易主体实名制注册，明确交易平台的反洗钱报告职责义务，禁止"异币"交易中的杠杆交易行为，对"异币"提现加收一定的手续费，提高交易门槛，减少交易风险，严禁借助"异币"交易进行非法集资活动等。

第四节　其他国家数字货币研究发展的概况

尽管我国在法定数字货币这一议题上的初始性研讨已处于国际社会公认的第一梯队，但正因为法定数字货币这一概念是新的，就如同我国五千年历史中从贝币到金属铸币，到如今的纸币，每一次对于"货币"的重新定义、制造与成功发行运用都需要诸多佐证、探讨、钻研甚至借鉴。结合对于我国法定数字货币及相关法律法规的研究讨论，能够看到我国在发展法定数字货币这一课题上的方向与国际上诸多国家的步伐不谋而合。

在全球化大趋势背景下，在金融电子信息安全与相关议题方面，我国与国际上其他国家同样都处在类似的历史挑战中。2013 年 12 月 5 日，中国人民银行等五部委联合发布《关于防范比特币风险的通知》（银发〔2013〕289 号），首次明确了对网络虚拟货币的态度。相较于传统货币，法定数字货币发行、流通的成本都大幅降低，经济交易活动的便利性和透明度得以提高，形成洗钱、逃漏税等违法犯罪行为新的屏障，提升中央银行对货币的控制力，更好地支持经济和社会发展。有效解读、借鉴其他国家经验，是我国法定数字货币发展应该重视的一步。

国际方面，国际货币基金组织曾表示，法定数字货币的发展对金融行业效率的进步至关重要，不当管理也可能使其成为洗钱、为恐怖组织提供资金和逃税的工具；在防范风险的同时，创立新的、均衡的监管系统无疑对各国都是一个挑战；法定货币数字化需要大量的国际交流合作。

以下对各国关于法定数字货币发行现状、相关法律法规建设进行简单的列举。

一、美国

美国对法定数字货币实行的是多重监管。美国对法定数字货币的监管职能在联邦和州之间划分，诸如比特币的各类虚拟货币的交易规则由各州法律确定。从监管机构来看，银行监管机构、美国证券交易委员会、美国商品期货交易委员会、美国国家税务局对法定数字货币有不同的认识和监管。从监管主体看，联邦法律和各州的法律具有明显的差异。

2013 年，美国财政部金融犯罪执法系统（Financial Criminal Enforcement Network，FinCEN）发布了关于规范虚拟货币的指导文件，明确规定了金融犯罪执法网络法规在个人管理、交易及使用虚拟货币中的应用细则，以防止金融交易被用于洗钱或包括恐怖主义在内的其他金融犯罪行为。但与此同时，该份指导文件中，虚拟货币用户并不被认为是货币提供商（Money Services Business，MSB），因此不受MSB相关登记、记录、报告的法律约束。因此，虚拟货币依旧可以成为洗钱等金融犯罪的手段，近年也有类似的案例加以佐证。

由于美国各州拥有独立的立法权，各州对于虚拟货币的立法进程也不尽相同。截至2016年底，美国共有13个州对区块链与法定数字货币产业作出了清晰的解释或发布了相关的规定。如果我们将各个州对于"异币"的虚拟货币的政策态度分为三类的话，可以简单做如下列举：第一，包括德克萨斯州、堪萨斯州、田纳西州、蒙大拿州、南卡罗来纳州在内的五个州目前或者没有关于货币转移者（money transmitter）的身份与行为进行法律约束，或者制定了对于虚拟货币较为友好的法律法规。第二，威斯康星州、北卡罗来纳州、加利福尼亚州、宾夕法尼亚州、佛罗里达州等多个州，目前实行在适当监管与特定条件下的"通行"政策。一般政府不会主动向公司授予货币转移者牌照，但允许在符合特定条件时的商业行为。第三，夏威夷州、新墨西哥州、康涅狄格州、佐治亚州、华盛顿州、纽约州、新罕布什尔州在等多个州目前已明确"表态"拒绝未持相关货币转移者执照的公司在州内发生交易，然而这种执照在这些州内办理起来往往手续烦琐且代价高昂。通过这种方式，上述各州可以说将虚拟货币交易定位为一个有潜在有害风险的行为。

除上述提及各州外，未提及各州目前仍处于虚拟货币交易的"灰色地带"，即未颁布相关方面的法律法规政策。当然，受限于研究渠道与文献整理所不可避免的时滞性，有可能出现疏漏、错分的情况。

二、英国

2016 年 2 月，英国中央银行正式发布了 RSCoin——这项伦敦大学学院在中央银行授权下开发的加密货币，旨在强化英国本国经济与国际贸易。据称，RSCoin 结合了分布式账簿技术的优势以及传统中心化的货币管理模式。法定数字货币相较于传统货币，具有更高的交易效率以及透明度，英国政府特别强调，RSCoin 与其他加密货币的本质区别就是监管力度。设计者加入了密码学的应用，使 RSCoin 具有防篡改和防伪的特性，其数字账簿和进入系统的密钥也由英国中央银行直接控制。

面对现实分析，RSCoin 的"试水"意义可能远大于其实际作为新兴形态货币能为社会带来的福祉。目前，英国的中央银行——英格兰银行虽然对银行以及其他大型金融机构提供用于存储虚拟货币的电子账户，但公众目前还不能真正触及或使用这项虚拟货币，RSCoin 也不能被用于日常的交易和支付行为。当下学术界对于 RSCoin 的真正效用也产生了较为激烈的探讨，尤其是在就货币这一概念的计价功能、支付功能、存储功能上，都有"此消彼长"的舆论趋势。可见，法定数字货币话题于政府、于公众、于财政金融体系构建都是一个至关重要的命题。同时，也为我国带来借鉴，这一步需谨慎再谨慎，探讨再探讨。当然，在这些先决条件都满足、货币基础要素完备后，才有继续升格为法定数字货币的讨论可能。

三、日本

日本对于虚拟货币的态度，相较于其他国家，可以说是比较宽松的。2016 年 3 月，日本政府对《支付服务法》和《防犯罪收益转移法》作出了修改，新法案首次对比特币等虚拟货币作出了定义，明确将虚拟货币定义为一种新型的"支付方式"而并非"货币"。这一法案于 2017 年 4 月起正式生效。虽然在传统意义上，是否被定义为"货币"并不影响虚拟货币被使用，但其两者的法律定义可谓存在着天壤之别。由于其法律定义上的明确，日后各项涉及虚拟货币的交易活动都将依照符合其标的资产的法律法规开展，在税务征收方面也将产生一系列影响。

但无论如何，新法案的生效意味着以比特币为代表的虚拟货币支付手段的合法性得到日本官方的承认，目前日本已为交易所及互联网公司授予了十几张众卖（Initial Coin Offering，ICO）牌照，允许其进行众卖业务。同时，据报道，日本社会将有约 26 万家商店接受比特币支付。

四、厄瓜多尔

2014 年 12 月，厄瓜多尔政府发行了名为厄瓜多尔币的数字货币，相应的电子货币系统孕育而生，这使得厄瓜多尔成为全球首个发行数字货币的主权国家。在此之前，厄瓜多尔的流通货币为美元，在这项电子货币发行之际，曾有官员发表言论，保证厄瓜多尔金融体系将维持现状，电子货币的运用只会补充现存的货币系统，但依旧有舆论认为厄瓜多尔币这项电子货币的发行可能意在降低厄瓜多尔对美元的依赖性。

厄瓜多尔币自 2015 年初正式启用，同年 2 月启动第二阶段进程，处理包括电子现金支付、商业收据发行等交易。2015 年下半年开始支持各项公共事业费用、税款于各项订单的支付。

五、其他国家

瑞典中央银行副行长史金斯利在 2016 年 11 月中旬代表瑞典中央银行宣布，启动为期两年的研究计划，以决定是否发行名为 E-krona 的中央银行数字货币。如果这一计划得以实现，瑞典将成为欧洲第一个官方发行中央银行数字货币的国家。有趣的是，具有悠久历史的瑞典中央银行在 17 世纪中叶正式在国内发行纸币，成为当时世界上首个发行纸币的中央银行。逾 350 年后，瑞典中央银行可能再次在货币政策上推动变革。统计显示，瑞典全国的流通现金自 2009 年已经下降了 40%，主要原因包括线上消费和其他代替支付手段。

另外，据挪威中央银行统计，挪威的现金交易量自 2001 年以来逐年减少，2001 年这一数字为 11%，而到 2016 年只有 5.3%。2016 年 1 月，挪威最大银行 DNB 公开呼吁国内停止使用现钞，同时关闭了国内大部分支行的现金业务，只在三家分行保留了柜台现金业务。DNB 表示通过减少使用现钞可以有效制止黑市和包括洗钱在内的各类金融犯罪。挪威其他银行也在逐步停止现金交易。

上述简例，不完全在围绕法定数字货币这一概念进行展开，还包含了货币数字化这一概念，同时也涵盖了虚拟"货币"产业（这些虚拟货币实则并不足以被称为货币）相关的情况介绍。在现实中，这几个命题其实密不可分，与彼此具有本质差别但在实操中却是相辅相成。

本章思考题:

1. 如何建立完善法定数字货币相关的法律法规及制度建设?

2. 区块链技术及网络虚拟货币交易存在哪些问题和风险?

3. 国家应如何加强对各类"异币"等网络虚拟货币的监管?

第十章

相关违法犯罪的比较分析

◎ **本章概要：** 本章通过对当前假币犯罪以及在犯罪手段、方式上存在一定相似性的电信诈骗、洗钱犯罪进行分析，剖析犯罪本质，总结犯罪规律，以期法定数字货币发行后，对相关犯罪打击惩处提供帮助和参考。

第一节　法定数字货币与假币犯罪

货币犯罪严重侵害国家声誉、公众利益，是一种严重的经济犯罪，世界各国无不对货币犯罪予以严惩。假币作为货币的伴生物自古有之，相应地，人们对于它的认识比较成熟，关于假币犯罪的法律规定也较为完善。目前，中国人民银行已正式成立数字货币研究机构，法定数字货币研究已进入实质性阶段，从全球范围来看，货币数字化也是一种未来趋势。中华人民共和国成立以来，伴随着国内政治、经济的发展变化，假币犯罪经历了三个发展阶段。

第一阶段为中华人民共和国成立至 20 世纪 60 年代初。退守台湾的国民党政府不甘心政治和军事上的失败，妄图以假币作为工具，破坏当时的经济建设、扰乱当时的金融秩序，意欲从经济上扼杀新生的中华人民共和国政府。当时，国民党政府及其敌特组织通过空投、水漂、敌特潜伏带入等方式，持续向大陆广东、福建、浙江等沿海地区大量投放假人民币，具有浓重的政治色彩。由于是"台湾当局"主导下的政府行为，这些假币系采用专业印刷设备印制而成，仿真程度极高，非专业人士很难辨认。用当前流行的说法，可将其称为"高仿真"或"超级版"假币。与此同时，境内也有一些不法分子为牟取经济利益而从事造假活动，常见的伪造手段有拓印、手工描绘及油印机印刷，工艺、手段都较为落后，仿真度也较差，数量不大。

第二阶段为 20 世纪 60 年代中期至 70 年代末。当时，我国经济活动以计划经济占绝对主导地位，商品经济很不发达，与其他刑事案件一样，假币犯罪发案数量也处于较低水平，年均约数百起，此阶段假币案发量及收缴量均处于一个相对较低的时期。

第三阶段为 20 世纪 80 年代至 90 年代末。假币犯罪逐渐高发，走私假币犯罪活动尤为突出。自 20 世纪 80 年代以来，随着我国改革开放策略的逐步深入，经济发展迅猛，假币犯罪呈现喷发式上升态势。初期，市面上出现的假币多为台湾、香港个人或团伙伪造，采用印刷机印制而成，之后与大陆不法分子相互勾结，由船只通过海上走私运往大陆，多在海面上进行交易，此类假币约占市面假币总量的80%。其中，较为典型的是 1998 年广东陆丰公安机关边防部门查获的台湾渔船"天吉福"号特大走私假币案。1998 年 7 月 23 日，台湾人庄添活受台湾走私分子的雇用，将台湾走私分子送来的假人民币装上"天吉福"号渔船的暗舱中，驾驶该渔船从台湾省高雄港出发驶向大陆海域。25 日凌晨 4 时许，"天吉福"号渔船驶至广东汕尾海域，在与前来接货的大陆人进行交接假币时，被边防公安缉私艇截获。随后从"天吉福"号渔船的暗舱里查获 18 箱百元面额的机制版假人民币，共计 6200 余万元。至 20 世纪 90 年代后期，随着我国打击走私活动力度的加大，犯罪成本越来越高，同时国内经济发展进步迅速，印刷机、纸张及油墨容易取得，伪造货币犯罪活动逐渐向境内转移，广东、福建、浙江等地成为我国伪造货币的新的源头地区。境内伪造活跃起来，并呈现一定的区域特点，广东、福建多为 100 元、50 元大面额纸币伪造源头，浙江则以伪造 10 元、5 元、1 元小面额纸币见长。除伪造纸币犯罪行径之外，最初的伪造硬币犯罪行为多发于广西、黔东南、河北地区。改革开放之后，伪造硬币犯罪行为多滋生在湘西和温州地区。

进入 21 世纪以来，假币犯罪持续呈现高发态势，年均查获假币均在 10 亿元上下，其中有几个年份分别收缴 11 亿元、12 亿元、13 亿元，2009 年收缴假币数量为 18.49 亿元。贩运假币主要形成三条地下通道，一是以粤东为源头，以河南为支点或通道，辐射北方大部分地区，包括三北地区（华北、西北、东北）；二是从粤东到广西，再到黔东南，此条贩运假币地下通道衍射西南、西北地区；三是华东地区地下通道，初始粤东，至福建、浙江、上海、江苏、山东等。

一、假币犯罪的手段及特点

广义而论，假币犯罪并不是一个法定的罪名，而是一类与假币犯罪活动相关的犯罪行为的总称，是指侵害国家货币管理制度，违反货币发行、使用、管理等方面的法律法规，破坏国家货币稳定秩序，情节严重，依法应当受到刑法处罚的犯罪行为。具体包括伪造货币罪，出售、购买、运输假币罪，金融机构工作人员购买假币、以假币换取货币罪，持有、使用假币罪，变造货币罪以及走私币罪。

（一）假币犯罪的主要手段

伪造货币的方法有很多，目前常见的有复印机复印、电脑打印、印刷机印制，而拓印、手工描绘、油印以及石印、木印等较为传统的伪造手段，因其产量有限、仿真的水平较低，随着时代的发展越来越少见。对金属硬币来讲，主要有浇铸、铸造及液压机压制等方式。出售、购买假币的手段，是以较低的价格从伪造团伙或者"上线"人员手中购买，然后再加价卖出，或以其他财物换取，或者接受他人的假币以抵偿债务。运输假币的手段，主要是携带、运输、托运、快递等方式。持有、使用假币的手段包括将假币藏匿于家中或其他可以支配的场所，随身携带或在随身携带的物品中夹带、藏匿假币，将假币存放于亲友家中，以假币购物、支付服务、还债、存入银行等。

（二）假币犯罪活动的特点

我国假币犯罪滋生蔓延、久治不绝的原因是多方面的，既有历史、文化渊源，也有经济发展、法制环境等因素的影响，同时也受到社会和管理体制的制约。首先，假币犯罪严重地区大多经济落后，资源匮乏，工商业欠发达，落后的经济发展水平和独特的人文地缘环境，是假币滋生蔓延的根本原因。其次，假币犯罪具有成本低、利润高的特点，一些不法分子受高额利润的驱使，不惜铤而走险，即使受到打击处理，出来之后的重新作案率很高，是假币犯罪屡打不绝的重要因素。再次，在一些假币犯罪严重的地区，社会管控能力低下、政府职能部门懈怠不作为，给假币违法活动留下了生存的土壤和空间，是假币犯罪长期存在的客观基础。最后，基层基础工作相对薄弱、部门之间协作配合力度不够、工作措施落实不到位、反假币工作经费投入不足等，也是假币犯罪难以根治的因素。

1. 伪造货币犯罪活动始终高位徘徊，案件多发。从案发数量上看，公安机关每年破获假币犯罪案件数千起，查获大型机制伪造窝点近十个，个案收缴量多达上亿元。从假币收缴数量上看，全国每年收缴假币十亿元左右，可见在巨大的利益诱惑面前，总有不少人无视法律，铤而走险。从犯罪侵犯的对象看，以面值100元的假币居多，20元、10元、1元及1元硬币也较为常见，犯罪对象多元化。从犯罪手段上看，100元面额多为印刷机印制，20元以下小面额纸币多采用电脑打印而成，复印机复印的假币也时有所见。

2. 区域性特点显著。受历史和经济发展程度等因素影响，假币犯罪形成了一定地域特征：伪造活动早期多发于港台地区，进入 21 世纪以来大多集中于广东、福建、浙江等沿海省份（伪造硬币活动多见于广东、浙江和湖南），安徽、河南、湖南、广西等地成为假币二次加工地和销售的中转地，云南、内蒙古、四川、贵州、新疆等边远地区的农、牧、林、少、边区以及北京、上海及省会城市等人口流动性大、经济活跃、现金使用量大的城市周边集贸市场成为假币的最终流向地，侵犯的对象多为老年、孩童及农民、牧民等弱势群体。

3. 假币犯罪隐蔽性强，跨区域流窜作案突出。假币犯罪涉及伪造、运输、销售、持有、使用多个环节，点多、线长、面广，个人难以完成，多为团伙作案，形成产、供、销网络。为了逃避打击，不法分子频繁变换活动地点，流窜作案，呈现跨区域、流窜作案的特征。作案时多采取单线联系，人货分离，即使查获某一环节，也难以查清上线来源，侦查难度大。

4. 犯罪主体相对固定，职业化、团伙化倾向显著。从事假币违法犯罪活动的群体，多为经济收入不高的农民、个体劳动者和无业人员，这些人员文化程度较低、法制意识淡漠、流动性大且多为惯犯、累犯，经受多次打击之后，心理素质强、反侦查及逃避打击能力较强。在一些假币犯罪突出的地区，犯罪团伙多由同乡、亲友、家族成员等构成，成员之间往往相互包庇掩饰，往往造成打击的力度不够。在假币制售环节，团伙成员分工明确，组织生产、销售、印制各司其职。在假币销售、使用环节，一般由家族、团伙主犯掌控团伙活动，一些团伙专门组织妇女、儿童结伴到异地使用假币，因其每次只随身携带少量假币，打击的难度较大。从涉案人员来看，犯罪嫌疑人呈职业化倾向，多以家族、老乡为纽带，结成团伙作案，形成人员相对固定、分工负责的"产业链"。

5.犯罪形式复合化。近年来，假币犯罪与其他犯罪复合的趋势日益明显，涉案人员关系复杂，反侦查能力强。从多起案件可以看出，从事假币犯罪的团伙，同时还较多参与制贩毒品、走私枪支、伪造发票等严重刑事犯罪活动交织，这些人往往是哪个有"市场"就干哪个，哪个打击严厉就转而躲避风头干其他的。

二、假币犯罪案件侦查思路及要点

针对假币犯罪的特点，公安机关总结提出了"追源头、挖窝点、打团伙、摧网络"的工作思路和原则。该原则的提出，既是我国公安机关数十年打击假币犯罪工作实践经验的结晶，又是当代犯罪学理论与我国打击假币犯罪实践具体结合的产物。在假币犯罪案件侦查过程中，要牢固树立并始终坚持这一基本原则，把侦查破案摆在突出位置，以重要案件线索为突破口，以收集、固定证据为主要工作内容，以追查源头窝点、摧毁犯罪网络为基本工作目标，悉心精营、周密部署、严厉打击、除恶务尽。

第一，广辟渠道，及时发现。假币犯罪活动往往比较隐蔽。一般情况下，假币在流入市场以前不易被发觉，受害人或银行报案是发现假币案件的主要途径，此外还有侦查机关在办理其他案件中发现的犯罪事实或者犯罪嫌疑人，以及新闻媒体揭露的犯罪线索或上线主管部门部门交办的线索。在持有、使用阶段，假币大多是在进入流通时被群众识破而报案；在伪造、运输以及出售购买环节，多为因形迹可疑被举报被查获。因此，要广泛发动群众举报、提供案件线索，特别是在假币犯罪严重地区，应注重充分发动群众，通过设立举报电话、及时发放举报奖金等，扩大线索来源，调动群众举报的积极性。此外，加强公共复杂场所，印刷、铸造、打印等特种行业，出租房屋，重点人员的日常检查、监测，建立秘密力量收集线索，也是主动发现、及时打击的有效手段。

第二，顺藤摸瓜，追根求源。假币犯罪持续存在于假币制作、贩卖、运输及持有使用的各个环节，要高度重视对在侦案件中有关线索的挖掘利用。从发现的假币入手，加强对在押犯罪嫌疑人的侦审力度，认真梳理分析相关信息，不放过任何可疑之处，顺线挖掘其假币来源及其上线人员，从而打深打透；从并案侦查入手，假币犯罪具有连续作案、重复作案的特征，通过对多起作案手段、侵害对象等方面具有相同特点的线索进行并案侦查，有利于及时还原犯罪规律，刻画嫌疑人形象，采取针对性措施，加快案件侦破进程。

第三，部门联动，主动挖掘。在实践中，公安机关常常通过金融机构、商业部门临柜人员提供案件线索进行破案。根据 2003 年 7 月 1 日实施的《中国人民银行假币收缴鉴定管理办法》，对金融机构办理业务过程中发现假币的，应当通报公安机关，提供相关线索。同时，公安机关也积极主动与银行等金融部门保持经常性联系和沟通，力争获取更多案件线索。

第四，技术分析、情报导侦。假币是假币案件的重要载体，蕴含着丰富的侦查信息。多年来，公安机关、中国人民银行建立了假币票样报送制度，即对公安机关办案收缴及金融机构日常工作中发现的假币留取一定数量作为"样票"，运用技术手段，对其制作方式、印刷特征、油墨、水印、安全线及冠字号码等进行深入分析，找出共同特征，从中发现假币的制作方式、来源等，为准确研判、掌握当前假币犯罪动态规律，确定侦查破案方向和侦查思路，获取更多线索提供积极有效的帮助。目前，这一职责主要由公安部物证鉴定中心反假币实验室和中国人民银行印制科学技术研究所共同承担。

三、假币犯罪相关法律法规

假币是真币的伴生物，假币犯罪历史悠久、古老而传统。人们对于假币犯罪的认知已经非常成熟，相应地，我国关于假币犯罪的法律规定也较为完备。现行《刑法》规定了六个假币犯罪的罪名，基本覆盖了假币犯罪链条的各个环节。

（一）《刑法》基本规定

第一百五十一条，走私假币罪。走私假币罪是指违反海关法规和金融法规，逃避海关监管，携带、运输、邮寄伪造的货币进出国（边）境的行为。

第一百七十条，伪造货币罪。伪造货币罪是指仿照真币的图案、形状、颜色等特征非法制造假币，冒充真币的行为。

第一百七十一条第一款，出售、购买、运输假币罪。出售、购买、运输假币罪是指出售、购买伪造的货币或者明知是伪造的货币而运输，数额较大的行为。

第一百七十一条第二款，金融工作人员购买假币、以假币换取货币罪。金融工作人员购买假币、以假币换取真币罪是指银行或者其他金融机构的工作人员，购买伪造的货币或者利用职务上的便利，以伪造的货币换取货币的行业。

第一百七十二条，持有、使用假币罪。持有、使用假币罪是指明知是伪造的货币而持有、使用，数额较大的行为。

第一百七十三条,变造货币罪。变造货币罪是指采用剪贴、挖补、揭层、涂改、位移、重印等方法对真币进行加工处理,改变真币的形态、价值的行为。

(二)《全国人民代表大会常务委员会关于惩治破坏金融秩序犯罪的决定》。

具体见《全国人民代表大会常务委员会关于惩治破坏金融秩序犯罪的决定》第二、第四、第五、第二十一、第二十二条。

(三)司法解释及司法解释性文件

1.最高人民法院《关于审理走私刑事案件具体应用法律若干问题的解释》(2000年9月26日,法释〔2000〕30号)。

2.最高人民法院《关于审理走私刑事案件具体应用法律若干问题的解释(二)》(2006年11月14日,法释〔2006〕9号)。

3.最高人民法院《关于审理伪造货币等案件具体应用法律若干问题的解释》(2000年9月8日,法释〔2000〕26号)。

4.最高人民法院《关于审理伪造货币等案件具体应用法律若干问题的解释(二)》(2010年10月20日,法释〔2010〕14号)。

5.《全国法院审理金融犯罪案件工作座谈会纪要》(2001年1月21日,法〔2001〕8号)。

6.最高人民检察院、公安部《关于公安机关管辖的刑事案件立案追诉标准的规定(二)》(2010年5月18日,公通字〔2010〕23号)

7.最高人民法院、最高人民检察院、公安部《关于严厉打击假币犯罪活动的通知》(2009年9月15日,公通字〔2009〕45号)。

(四)公安部经济犯罪侦查局批复

1.《关于制造、销售用于伪造货币的版样的行为如何定性问题的批复》（2003 年 6 月 19 日，公经〔2007〕2548 号）。

2.《关于马 ×× 变造货币案中变造货币数额认定问题的批复》（2003 年 6 月 19 日，公经〔2003〕1329 号）。

3.《关于伪造缅甸货币行为定性问题的批复》（2004 年 3 月 31 日，公经〔2004〕493 号）。

4.《关于对制贩贵金属纪念币行为性质问题的批复》（2007 年 11 月 2 日，公经〔2007〕2548 号）。

第二节 法定数字货币与电信诈骗

随着网络和移动电子科技的快速发展，广泛运用于货币的电子支付业务同步发展迅速。据保守估测，现实生活中电子支付方式交易已超过资金交易总量的 50% 以上，比较常见的除银行卡、网银、电子现金外，近年来还有不断发展起来的第三方支付，如支付宝、财付通、京东白条、滴滴钱包、微信等。相对于原生型实体货币，可将此类统称为电子化货币支付，从根本上讲，无论其形态如何、通过哪些机构流通，其最初的源头都是中央银行发行的法定货币。数字货币的属性，决定其流通使用必须基于网络及电子介质进行，这与电子货币支付的途径和方式有很大相似之处，即通过网络或者电子介质进行流通和支付。近年来，发案率较高的电信诈骗，不法分子使用的手段可谓是这一领域犯罪的典型方式。

一、电信诈骗犯罪的手段及特点

电信诈骗是指犯罪嫌疑人通过电话、网络和短信方式，编造虚假信息，设置骗局，对受害人实施远程、非接触式诈骗，诱使受害人给犯罪分子打款或转账的犯罪行为。自 2009 年以来，国内一些地区电信诈骗案件持续高发，不法分子作案手段不断翻新，如冒充公安局、检察院、法院及电信部门等单位工作人员，使用任意显号软件、VOIP 电话等技术，以受害人电信欠费、被他人盗用身份涉嫌洗钱等经济犯罪为名，并以将没收受害人资金、存款进行恫吓威胁，骗取受害人向其汇转资金。此类犯罪严重危害人民群众财产安全，扰乱正常的生产生活秩序，社会危害性巨大。

（一）电信诈骗犯罪的主要手段

不法分子实施电信诈骗的手段五花八门，多通过冒充公、检、法机关和金融、税务、电信职能部门，以及受害人的领导、同事、同乡、朋友等，编造当事人涉及刑事案件追缴其赃款，或是涉嫌洗钱、中奖纳税，或者亲人突发疾病、遭遇车祸等理由，通过恐吓、利诱等手段，操纵受害人向其提供的账户进行转账。常见的手段有：冒充国家公职人员，谎称被害人涉嫌洗钱、藏毒等犯罪活动，冒充亲友师长，谎称受伤、犯罪或被绑架，以中奖、次品、补贴、拆迁款、社保金为诱饵，称考生获得奖学金，办假证、高额度信用卡、高回报理财，贷款、低价销售或拍卖，提供私家侦探、窃听电话服务，"猜猜我是谁"、"来我办公室"、虚假提示网银漏洞或网银升级、假冒富商重金求子等巧术异术，谎称交友、卖淫色诱等。

（二）电信诈骗犯罪的特点

1. 发案数量高，覆盖范围广。电信诈骗分子利用人们趋利避害的心理，通过发短信、打电话等方式，开展地毯式围攻，传播速度极快，危害范围极广，造成损失巨大。近几年来，每年立案数十万起，百万元以上案件时有发生，有的甚至上亿元，群众经济损失逾百亿元，社会影响大。

2. 犯罪类型多，手段变化快。犯罪分子编造各种骗局，有的假冒领导、朋友、同事、亲人，谎称"被绑架""出车祸""嫖娼被抓"，有的谎称"中奖""欠费""邮寄包裹"，有的冒充执法机关，谎称"涉嫌洗钱""银行卡透支"，有的冒充公检法、"猜猜我是谁"、机票改签等，从打电话、发短信，发展到盗取QQ、微信号等无所不及，采取欺骗、恐吓、威胁、引诱等各种手段威逼、利诱受害人上钩，名目繁多，群众防不胜防。

3. 团伙作案多，反侦察意识强。电信诈骗犯罪多为非接触式远程控制，团伙内部组织严密，分工细化，有人专门负责招揽人员，有人专门购买手机等设备，有人专门负责开设账户、转账洗钱，有人专门负责接打电话，团伙成员相互之间少有直接联系，加大了打击难度，致使一部分参与人员逃离打击，或处理偏轻。

4. 跨境犯罪突出，形成灰色产业。从近几年案件情况看，电信诈骗案件跨国、境犯罪突出，其中以台湾籍人员参与组织的居多，他们多将诈骗的话务窝点和伪基站设在境外，近的在泰国、印度尼西亚、越南、菲律宾等东南亚国家，有的诈骗电话从非洲乌干达打出，经过美国服务器上安装的改号软件平台将电话号码设置为国内号码，有的使用公检法等政府部门的号段，骗取受害人的信任。目前，初步形成了与之相应的灰色产业链，有的贩卖公民个人信息，有的提供通信信路服务、利用伪基站发送信息、提供网络改号、吸号等，有的开发网络分析软件，有的贩卖银行卡、专业转账取款、专业洗钱等。上述人员及其行为，与犯罪分子之间相对独立又相互利用，游走于合法与非法之间，从中谋取了大量利益。

二、电信诈骗案件侦查思路及要点

电信诈骗案件线索主要来源于受害人的报案。诈骗团伙为实施诈骗，往往由团伙高层管理人员即"金主"出钱投资、组织策划并主导电信诈骗整个过程。这一过程包括购买设备设立诈骗窝点，招募话务人员，通过电信、网络渠道联系受害人，虚构事实骗取受害人信任，诱导受害人按照犯罪团伙的要求，把钱转入犯罪团伙提供的账户，将骗取的钱转走取现。从诈骗团伙实施犯罪的过程看，通常离不开"信息流""资金流"和"人员流"。侦查机关办理电信诈骗案件，也是通过对上述"三流"的深入追踪，从中发现犯罪线索。

（一）通过诈骗团伙实施诈骗犯罪的"信息流"入手开展调查

向受害人发送诈骗信息、拨打电话是实施电信诈骗犯罪的关键步骤，也是受害人能提供的最直接线索，因此围绕"信息流"开展工作是侦查破案的切入点和立足点。"信息流"包括电话、短信、网络三种。

1. 电话诈骗。电话诈骗是指诈骗分子通过拨打受害人电话，直接与受害人取得联系，通过虚构各种事实，冒充熟人、领导以及公检法机关人员实施诈骗。早期不法分子多使用固定电话、手机实施犯罪，为了逃避打击，近些年多使用具有捆绑多个号码同时使用功能的一号通、商务总机、400电话等，并通过加装改码器、使用境外网络电话等手段，极力隐匿真实身份，使顺线追查非常困难。

2. 短信诈骗。短信诈骗是指诈骗分子通过伪基站或短信群发器发送诈骗短信或内置木马病毒的程序。前者多为利用受害人比较善良、单纯的心理特点，冒充朋友、孩子老师、领导等，通过张冠李戴、冒充专业人员、提供服务等为名实施诈骗；后者多利用群众对银行、政府部门的信任，使用中奖、退税、低价拍卖等极具诱惑性因素，引诱受害人点击其发送的短信，使其手机感染木马病毒，通过远程控制盗取受害人的通讯录以及手机绑定的银行账号，实施诈骗。

3. 网络诈骗。网络诈骗是指诈骗分子通过微信、QQ、电子邮件等方式联系受害人，诱惑受害人登录虚假的政府、金融机构、赌博网站实施诈骗。

（二）通过犯罪团伙实施诈骗犯罪的"资金流"入手开展调查

"资金流"是指使受害人将资金转入犯罪分子指定的账户，并转账取现的过程。骗取受害人资金是实施电信诈骗犯罪的最终目的，为达到非法占有并不被追缴，不法分子往往通过多次转账、对冲、虚假交易、地下钱庄等方式隐瞒资金来源。常见的作案方式有以下五种。

1. 银行转账、汇款。要求受害人通过银行柜台、ATM、网上银行、手机银行等，将钱款转入诈骗团伙指定的账户，然后使用众多账户通过层层转账的方式，将赃款进行拆分转账取现。

2. 通过第三方支付通道套现。通过虚假银行、移动公司的钓鱼网站，非法获取受害人的银行账户、密码、手机验证码等信息，直接操纵受害人账户，然后通过支付宝、财富通等第三方支付通道，将受害人资金层层拆分转账后取现。

3. 通过 POS 机套现。诈骗分子通过转账汇款，将赃款转到一些专业从事 POS 机套现活动的第三方商户或支付公司，以购物为名，通过其绑定的 POS 机进行刷卡套现。

4.通过赌博网站、地下钱庄等洗钱。诈骗团伙将赃款通过层层转账，通过地下钱庄，将钱转到其事先在境外赌博网站注册的多个账户，进行对赌洗钱。

（三）通过犯罪团伙"人员流"入手开展调查

实施诈骗是整个电信诈骗环节当中核心的环节，"人员流"主要包括三类人员。

1.实施诈骗的人员。电信诈骗多为团伙作案，其核心人员往往以同乡、亲戚为纽带，相互之间关系密切，并受到相同的"培训"，因而具有共同特点，因此，可以通过对打电话人员的口音、与受害人的谈话方式、诈骗模式等进行分析，从中发现犯罪团伙行为特点，确定犯罪团伙人员身份。

2."水房"转账洗钱窝点人员。"水房"人员通过网银等途径，对一级账户收到的赃款层层拆分，分解到若干个二级、三级、四级账户，随后通过网络购物、境外赌博、POS机进行套现洗钱。因此，可通过反洗钱侦查手段，对犯罪团伙相关账户资金流向进行溯源追踪，从中发现团伙资金来源去向，最大限度地追缴赃款。

3."车手"取款人员。诈骗团伙主犯为了逃避打击，往往雇用专门人员（俗称"车手"）负责提现。因此，可通过对银行柜台、ATM监控图像进行分析，发现他们的活动轨迹及行为特点，从中发现涉嫌犯罪人员线索。

三、相关法律法规

电信诈骗行为所涉及的犯罪对象、犯罪行为、犯罪方法非常复杂，因而可能涉及的罪名也不相同。同时，很多犯罪行为侵犯的是多种法律，需要根据不法分子具体行为，在适用法律时查阅法条。

（一）《刑法》基本规定

第二百六十六条，诈骗罪。诈骗公私财物，数额较大的，处三年以下有期徒刑、拘役或者管制，并处或单处罚金；数额巨大或其他严重情节的，处三年以上十年以下有期徒刑，并处罚金；数额特别巨大或有其他特别严重情节的，处十年以上有期徒刑或无期徒刑，并处罚金或没收财产。

第二百八十六条，破坏计算机信息系统罪。违反国家规定，对计算机信息系统功能进行删除、修改、增加、干扰，造成计算机信息系统不能正常运行，后果严重的，处五年以下有期徒刑或者拘役；后果特别严重的，处五年以上有期徒刑。

违反国家规定，对计算机信息系统中存储、处理或传输的数据和应用程序进行删除、修改、增加的操作，后果严重的，依照前款的规定处罚。

故意制作、传播计算机病毒等破坏程序，影响计算机系统正常运行，后果严重的，依照第一款的规定处罚。

第一百二十四条，破坏广播电视设施、公用电信设施罪。破坏广播电视设施、公用电信设施，危害公共安全的，处三年以上七年以下有期徒刑；造成严重后果的，处七年以上有期徒刑。

第二百六十五条，提供侵入、非法控制计算机信息系统程序、工具罪。第三款规定，提供专门用于侵入、非法控制计算机信息系统和程序、工具，或者明知他人实施侵入、非法控制计算机信息系统的违法犯罪行为而为其提供程序、工具，情节严重的，依照前款的规定处罚。

单位犯前三款的，对单位判处罚金，并对其直接负责的主管人员或其他直接责任人员，依照各该款的规定处罚。

第二百八十六条之一，拒不履行信息网络安全管理义务罪。网络服务提供者不履行法律、行政法规规定的信息网络安全管理义务，经监管部门责令采取改正措施而拒不改正，有下列情形之一的，处三年以下有期徒刑、拘役或管制，并处或者单处罚金：

（一）致使违法信息大量传播的；

（二）致使用户信息泄露，造成严重后果的；

（三）致使刑事案件证据灭失，情节严重的；

（四）有其他严重情节的。

单位犯前款罚的，对单位判处罚金，并对其直接负责的主管人员和其他直接负责人员，依照前款的规定处罚。

有前两款行为，同时构成其他犯罪的，依照处罚较重的规定处罚。

第二百八十七条之一，非法利用信息网络罪。利用信息网络实施下列行为之一，情节严重的，处三年以下有期徒刑或拘役，并处或者单处罚金：

（一）设立用于实施诈骗、传授犯罪方法、制作或销售违禁物品、管制物品等违法犯罪活动的网站、通讯群组的；

（二）发布有关制作或销售毒品、枪支、淫秽物品等违禁物品、管制物品或其他违法犯罪信息的；

（三）为实施诈骗等违法犯罪活动发布信息的。

单位犯前款罚的，对单位判处罚金，并对其直接负责的主管人员和其他直接责任人员，依照第一款的规定处罚。

有前款两行为，同时构成其他犯罪的，依照处罚较重的规定定罪处罚。

第二百八十七条之二，帮助信息网络犯罪活动罪。明知他人利用信息网络实施犯罪，为其犯罪提供互联网接入、服务器托管、网络存储、通信传输等技术支持，或者提供广告推广、支付结算等帮助，情节严重的，处三年以下有期徒刑或者拘役，并处或单处罚金。

（二）司法解释及司法解释性文件

1. 2016年12月19日，最高人民法院、最高人民检察院、公安部三部门发布《关于办理电信网络诈骗等刑事案件适用法律若干问题的意见》（法发〔2016〕32号）明确，利用电信网络技术手段实施诈骗，诈骗公私财物价值3000元以上的可判刑，诈骗公私财物价值50元以上的，最高可判无期徒刑。该意见还对全面惩处不法分子实施电信诈骗活动中其他关联犯罪作出了规定。

2. 最高人民法院、最高人民检察院《关于办理危害计算机信息系统安全刑事案件应用法律若干问题的解释》（法释〔2011〕19号）。

3. 最高人民法院、最高人民检察院、公安部、国家安全部《关于依法办理非法生产销售使用"伪基站"设备案件的意见》（公通字〔2014〕13号）。

4. 2001年1月21日，《全国法院审理金融犯罪案件工作座谈会纪要》的有关内容。

第三节　法定数字货币与反洗钱

法定数字货币可以降低传统纸币发行、流通的高昂成本（涵盖能源节省与环境保护），提升经济交易活动的便利性和透明度，减少洗钱、逃漏税等违法犯罪行为，更好地支持经济和社会发展。

一、洗钱犯罪的手段及特点

所谓洗钱，是指将毒品犯罪、黑社会性质的组织犯罪、恐怖活动犯罪、走私犯罪或者其他犯罪的违法犯罪所提及其产生的收益，通过各种手段掩饰、隐瞒其来源和性质，使其在形式上合法化的行为。洗钱是一种严重的经济犯罪，往往与走私、贩毒、赌博、恐怖活动、贪污腐败以及偷税漏税等严重刑事犯罪相关联，不仅破坏经济活动的公平公正原则，破坏市场经济有序竞争，损害社会经济的正常运行，威胁金融体系的安全稳定，并对国家的政治稳定、社会安定、经济安全以及国际政治经济体系安全构成严重威胁。世界各国对洗钱活动无不予以严厉打击和惩处，而不法分子为掩饰其违法所得，往往挖空心思，变换手法，使得洗钱行为变得越来越扑朔迷离。

（一）洗钱犯罪活动的主要手段

1.洗钱常见的手段。通过购买股票外汇、珠宝贵金属、土地房产等，实现资金和其他有价形态之间相互转换，多次转手，切断资金来源；以黑钱进行投资经商，通过从事合法交易获得盈利，从而实现非法收入合法化；利用个人或企业国际汇兑，虚构贸易背景，通过地下钱庄进行洗钱，成为跨境洗钱的主要通道和方式。

2.洗钱高发的行业。金融业、特定非金融机构以及批发零售、投资、工程建设，房地产等为传统高风险行业。近年来，非银行支付机构洗钱的风险持续增高，基于其资金交易便捷、隐蔽的特点，已成为非法集资、传销、网络赌博、电信诈骗等犯罪活动资金快速汇集和转移的重要通道。此外，利用数字虚拟货币交易以及利用虚假的进出口清单获取货物差价等方式，也成为洗钱活动威胁严重的行业。

3. 洗钱的主要类型。地下钱庄洗钱、集资洗钱、涉税洗钱、赌博洗钱、诈骗洗钱、毒品洗钱、传销洗钱及恐怖融资等。国际上，相关国际组织对洗钱活动类型的研究主要集中在利用非银行金融机构洗钱，在正常商业行为的掩护下洗钱，利用虚假证件、文件洗钱，利用博彩业洗钱，利用房地产业洗钱等。

4. 洗钱的三个阶段。洗钱包括处置阶段、培植阶段、整合阶段三个阶段。处置阶段，指将犯罪收益投入到清洗系统的过程，以免被追踪、监测和收缴。培植阶段，即通过复杂的多种、多层的投资活动和金融交易，将非法收益与其原始不法来源分离，减少被发现的危险，以掩饰线索和隐藏身份。整合阶段，被形象地描述为"甩干"，即使非法变为合法，为犯罪得来的财产提供表面的合法掩藏，使之披上合法的外衣，并使非法所得回归为看上去正常的资本。

（二）洗钱犯罪活动的主要特点

1. 数额巨大，资金流动迅速。据《中国反洗钱报告》显示，近几年来，金融机构向侦查机关报案以及配合侦查机关调查涉嫌洗钱案件的数量持续大幅增长，主要涉及地下钱庄、非法集资、传销、POS机套现、网络赌博、电信诈骗等违法犯罪活动，涉及的资金量规模巨大。为适应不断增多的反洗钱核查工作的需要，加大资金追查力度，2015年，公安部经济犯罪侦查局与中国反洗钱监测分析中心签订了《电子化交换平台合作备忘录》，以实现通过专线查询和在线快速反馈洗钱情报数据。

2. 隐蔽性强，洗钱手段智能化。大量使用现金是洗钱犯罪活动的突出特点，一般少有可供勘查的犯罪现场，隐蔽性非常强。洗钱犯罪团伙为了掩饰、隐藏黑钱来源，常常精心研究国家金融、税务制度，加以利用并采取相应的手段，从而极力规避监管机构的监管措施和视线。特别是随着当今世界计算机技术、网络通信技术、新型互联网金融的迅猛发展，洗钱手段越来越高科技化、智能化。例如，近年来，借助于比特币、莱特币等网络虚拟货币进行洗钱的活动越来越突出，在不少非法集资、传销案件中，发现有大量资金流向了比特币等虚拟货币交易市场，但由于我国在对网络虚拟货币资金监测方面还缺乏必要的手段，使得借助这一渠道进行洗钱的非法资金，大多都消于无声遁于无形。

3.跨国跨境现象突出，犯罪组织网络化。随着经济全球化进程，金融市场趋于国际化，而各国司法及金融制度上存在各种各样的差异，也给犯罪分子进行跨国洗钱提供了便利。为使洗钱活动更加便利和快捷，相关洗钱组织在成员分布和资金流转途径、流转环节等方面呈现网络化特点，并且不同洗钱团伙间常常相互合作，取长补短、互利互惠、提供帮助。近些年来，随着银联卡跨境业务不断扩大以及居民个人购汇、境外投保等跨境金融业务、产品不断创新，在为社会公众提供便利的同时，也给不法分子以可乘之机。为适应打击跨境洗钱犯罪活动需要，逐步加强与境外对口机构的合作关系，中国反洗钱监测分析中心不断加强与有关国际组织的合作力度，截至2015年底，已与35个境外对口机构建立了合作机制，反洗钱国际情报线索交流也逐年增多。

4.利用非法开立、买卖的账户进行洗钱活动突出。在市场竞争、经济利益等因素的影响下，一些银行部门、金融机构、支付机构对客户身份识别履职不到位，未能对客户及账户资金实施必要的控制措施，对所有客户提供无差别的金融服务，致使利用非法开立或购买的银行账户、支付账户实施的电信诈骗、非法集资、逃税漏税等违法犯罪活动频发，在割裂银行卡名义持有人与实际交易人之间关系的同时，运用电子银行、ATM、网络支付等非柜面渠道转移资金量巨大，突破时空、地域限制，使得不法分子从事洗钱活动有了许多可乘之机。值得关注的是，2017 年 8 月 4 日，中国人民银行支付结算司发布《关于将非银行支付机构网络支付业务由直连模式迁移至网联平台处理的通知》，要求自 2018 年 6 月 30 日起，支付机构受理的涉及银行账户的网络支付业务全部通过网联平台处理。此举无疑将大大强化中央银行对相关资金进行有效监管的职能，减少各界对存在于支付宝、财付通等第三方支付机构中巨大交易量和金额背后的各种洗钱、诈骗等问题的质疑。

5.跨市场、跨行业交叉性洗钱风险不增高。当前，互联网金融发展迅猛，一些结构复杂的创新产品与互联网金融渠道叠加，形成了跨市场、跨行业的业务运作模式，并衍生出更多的资金通道和过桥环节，使资金的来源、去向难以追踪。不法分子在利用监管薄弱领域拓宽洗钱渠道的同时，借助不同行业间的信息壁垒，跨市场、跨行业、跨机构清洗犯罪资金，复杂化资金流转链条，并将风险逐级传递。在此类交叉运作模式下，交易各方及参与机构信息不对称，权责不明晰，风险事件发生后容易相互推诿，导致风险放大，潜在隐患巨大。

二、洗钱犯罪案件的侦查思路及要点

侦查机关对涉嫌洗钱犯罪案件的办理，通常是通过"由人到案"

和"由案到人"两种方式来进行，这是由洗钱活动的特点所决定的。

一种情况是，根据银行、金融机构、反洗钱监测部门提供的线索，或者其他方式得到的线索，侦查机关已初步掌握了从事洗钱活动的主要犯罪嫌疑人或关注对象。对此，可通过对嫌疑交易主体的经营交易背景入手开展落地核查，重点审查该主体日常经营活动的收支情况、账本、票据等，查清其资金来源以及洗钱手段、洗钱过程、犯罪结果和资金去向等，以准确认定犯罪嫌疑人的洗钱事实。在此过程中，侦查思路的起点是犯罪嫌疑人及其涉嫌洗钱的行为，简单说就是"由人及案"的侦查模式，侦查的重点是收集证据，证实犯罪。

另外一种是，侦查机关掌握的仅仅是洗钱行为可能发生的信息、情报或者是犯罪发生的部分证据，但从事洗钱活动的嫌疑人还不被掌握。此种情形下，侦查思路的起点是犯罪的相关线索、证据，通过对这些线索、证据进行逐一核实，分析、研判嫌疑人的基本信息，然后在对洗钱犯罪有清晰、确定、排它的认定之后，查获、证实洗钱犯罪的嫌疑人，这种侦查思路简单地说就是"由案及人"。

1.通过上游犯罪进行延伸侦查。充分利用上游犯罪潜在的线索，比如，在破获的金融诈骗、毒品案件中，从对上游犯罪的嫌疑人询问入手，获取案件线索，通过对不法分子所得资金的流向进行深入追查，顺藤摸瓜，挖出帮助不法分子洗钱的组织和人员。例如，协助转移、转换犯罪所得的人员、单位，以及用于洗钱的账号信息，是否将犯罪所得转换为金融票据，或将犯罪所得汇往境外等。

2.从金融机构提供的报告入手侦查。将洗钱犯罪的监视关口前移，利用商业银行、金融机构的可疑交易报告机制，使用与身份信息不符的假名账户，个人使用法人账户进行交易，账户大量现金与其经营活动性质不符的，有规律地或不正常地向海外转移资金等行为，要求银行工作人员及时向公安机关报告。

3.由公民个人申报纳税的情况着手侦查。目前，公民个人从事数额较大的金融交易必须到税务机关申报纳税情况，由税务机关出具纳税证明，然后才能进行相关交易活动。由于我国绝大多数公民的收入并不高，一次性进行较大数额金融交易的可能性较小。考虑到有些犯罪分子通过购买高档汽车、豪华别墅、珠宝黄金宝、古董字画等方式洗钱，因此通过纳税这一环节，确认交易人员的身份信息，在税务监管的同时发现洗钱活动的线索。

三、相关法律法规

（一）《刑法》基本规定

洗钱罪。根据《刑法》第一百九十一条的规定，明知是毒品犯罪、黑社会性质的组织犯罪、恐怖活动犯罪、走私犯罪、贪污贿赂犯罪、破坏金融管理秩序犯罪、金融诈骗犯罪的所得及其产生的收益，为掩饰、隐瞒其来源和性质，有下列行为之一的，没收实施以上犯罪的所得及其产生的收益，处五年以下有期徒刑或者拘役，并处或者单处洗钱数额百分之五以上百分之二十以下罚金；情节严重的，处五年以上十年以下有期徒刑，并处洗钱数额百分之五以上百分之二十以下罚金：

（一）提供资金账户的；

（二）协助将财产转换为现金、金融票据、有价证券的；

（三）通过转账或者其他结算方式协助资金转移的；

（四）协助将资金汇往境外的；

（五）以其他方法掩饰、隐瞒犯罪所得及其收益的来源和性质的。

单位犯前款罪的，对单位判处罚金，并对其直接负责的主管人员和其他直接责任人员，处五年以下有期徒刑或者拘役；情节严重的，处五年以上有期徒刑。

（二）司法解释及司法解释性文件

2009 年 11 月 11 日，《最高人民法院关于审理洗钱等刑事案件具体应用法律若干问题的解释》（法释〔2009〕15 号）。

（三）行政法规与部门规章

2006 年 10 月 31 日，《中华人民共和国反洗钱法》（中华人民共和国主席令第 56 号）。

2006 年 11 月 14 日，《金融机构反洗钱规定》（中国人民银行令〔2006〕第 1 号）。

2006 年 12 月 28 日，《金融机构大额交易和可疑交易报告管理办法》（中国人民银行令〔2006〕第 2 号）。

2007 年 6 月 11 日，《金融机构报告涉嫌恐怖融资的可疑交易管理办法》（中国人民银行令〔2007〕第 1 号）。

2007 年 6 月 21 日，《金融机构客户身份识别和客户身份资料及交易记录保存管理办法》（中国人民银行 中国银监会 中国证监会 中国保监会令〔2007〕第 2 号）。

2014 年 11 月 15 日，《金融机构反洗钱监督管理办法（试行）》（银发〔2014〕344 号）。

2009 年 8 月 18 日，《证券公司反洗钱客户风险等级划分标准指引（试行）》（中证协发〔2009〕110 号）。

2005 年 3 月 10 日，公安部、中国人民银行《关于可疑交易线索核查工作的合作规定》（公通字〔2005〕15 号）。

2014 年 12 月 29 日，中国银监会、最高人民检察院、公安部、国家安全部《关于印发银行业金融机构协助人民检察院公安机关国家安全机关查询冻结工作规定的通知》（银监发〔2014〕53 号）。

本章思考题：

1. 假币犯罪案件有哪些特点？

2. 银行、公安机关如何强化反假币情报信息沟通？

3. 如何防范电信诈骗案件发生？

4. 洗钱犯罪活动有哪些途径和手段？

5. 中央银行及监管部门应如何强化对洗钱活动的分析、监测？

6. 洗钱犯罪的侦查思路有哪些？

后 记

本书由我与文武联手著作，我们两人之间也实属一见如故。需要说明的是，几乎在同一时间发生的三件事，属于促成法定数字货币科研启动的直接因素。

第一件事，陈亮先生忽然打电话给我说，美国硅谷创业的文武师兄拟回国讨论法定数字货币，希望寻找这方面的专家热议。陈亮先生提议我们二人共同接待他，认为这样最适宜，并商量请中国人民银行数字货币研究所、中国印钞造币总公司货币研究部门和金融时报社的有关专家一起会面，实质上形成了为期一天的法定数字货币专家研讨会。简言之，我与文武先生针对法定数字货币长时间论证一拍即合，在基本观点上存在绝对程度上的共识。

第二件事，我赴中国金融出版社递送《再论法定数字货币》论文，赵华主任看到后即说："两篇论文已经长达几万字，应该出版一本有关法定数字货币的书啊！而且这事儿只有货币专家才能说清。"王璐副总编更是热忱嘱托，强烈支持撰写出版此书。至此，我似胸有成竹，满怀信心地开始组织编撰事宜，得到参与本书写作各位朋友的全力响应并立即付诸行动。陈亮先生如此说："陈老师、文武师兄！您两位合作出书，既有现金与法定数字货币关系架构顶层设计，有中央银行货币发行与管理的角度和高度；又有法定数字货币技术与产业生态的最新进展，有国际范围的应用场景与变化趋势，这对中国目前研究法定数字货币有引领和导向作用，意义重大！您两位把握大局大势，具体工作由我和司晓玲多做些。"

第三件事，司晓玲博士迅速搭建了微信群——"货币研究书群"，启动了《法定数字货币》出版工作，吹响了货币革命的进军号。"货币研究书群"的建立借助了现代信息网络条件，群中各位多为在职从业者、创业者，工作比较繁忙，能够聚集在一起面议一些事情可谓难上加难，所以最佳的联系方式就是网络通信。另外，文武先生在大洋彼岸的美国旧金山硅谷，遥遥万里，距离决定了"货币研究书群"更为高效地架起了撰写《法定数字货币》一书的七色彩虹、桥梁纽带。

看到同志们雄心勃勃、信心百倍，兵贵神速，我立即拉出一份书目提纲，自行套上于8月、最迟9月完稿的紧箍咒，以雷厉风行的办事风格开始拼搏，书稿最终于10月18日正式完稿。

《法定数字货币》一书从策划到定稿，"货币研究微信群"的同志们都付出了很多的努力，在此对参与部分章节写作、中英文翻译，参与有关论证，协助制图、数据资助等工作的同志梁红、王晓霓、苏丽、陈亮、王华庆、青子、陈斌、王雪阳、夏博、陈凌、尉苏蕾、孙霞、陈芬、杨敏、刘容、邓淼、宋玉巧、刘梦宇、刘培英、刘莹莹、龚媛媛、尚可、武雨、吉松涛、胡钢、李莉、左秀辉、于波、张彦昆、黄美娥、刘志嘉、王恒义、司晓玲、李慧佳、王刚、王静懿、李杏兰表示衷心的感谢。

另外，要特别感谢周芷莉女士对本书出版工作的鼎力支持，作为中华儿女，她爱国，倾心为人民币立于世界之林努力不懈。

宝山

2017 年 10 月 18 日于北京

·